教科書に争
4

JN113506

FROM ENEMIES TO PARTNERS
Vietnam,the U.S. and Agent Orange

敵対から協力へ
―ベトナム戦争と枯れ葉剤被害―

レ・ケ・ソン　チャールズ・R・ベイリー　【著】

北村元　野崎明　生田目学文　石野莞司　桑原真弓　【訳】

梨の木舎

FROM ENEMIES TO PARTNERS
Vietnam, the U.S. and Agent Orange
by Le Ke Son and Charles R. Bailey
Copyright © 2017 by Le Ke Son and Charles R. Bailey

Japanese translation published by arrangement with
G. Anton Publishing, LLC

G. Anton Publishing LLC, Chicago, Illinois, USA is the publisher
of the original 2017 English edition of "From Enemies to Partners:
Vietnam, the U.S. and Agent Orange."

本書を故ヴォー・クイ教授に捧ぐ
1929〜2017 年

___

鳥類学者
エージェントオレンジ問題の先駆的提起者
ベトナムにおける環境活動創始者
科学者
教師
友人

日本の読者への手紙

レ・ケ・ソン

ベトナム天然資源環境省　国家運営委員会　元事務局長

　日本の読者のみなさまにこの手紙を書かせていただけることを光栄に思います。

　今からちょうど50年前、私はわずか18歳のときに大学の講堂を後にして、戦争の最も激しい最中に軍に入隊しました。それからしばらくして、私は首都ハノイに爆弾を落とすB52戦略爆撃機を目撃しました。ベトナムでは、至るところで反米のスローガンが掲げられていました。

　軍医であった1983年、私はベトナム南部ベンチェ省でエージェントオレンジの種々の影響に関する研究に参加しました。私は同僚とともにエージェントオレンジの撒布地域に住む人々を診察し、撒布されていない地域に住む人々の疾病状況と比較しました。私たちにできたのは、健康診断と血球、肝臓、腎臓の機能検査をすることくらいでした。当時は環境や人体に残るダイオキシン濃度を測定する技術がなく、遺伝子検査やホルモン検査もできませんでした。エージェントオレンジの有害性については、主に疫学調査に基づいた結論しか導き出せない状況でした。

　当時を振り返ると、枯れ葉剤を使用した戦争とそれがベトナムの環境と人々に与えた影響について、私の理解は不完全でした。その後、ベトナムのエージェントオレンジ被害者保護基金の理事や、ベトナム戦争でアメリカが使用した有毒化学物質の影響を克服するための国家運営委員会（33委員会）の事務局長として勤務していたとき、ベトナム、日本、アメリカ、ドイツ、カナダなどの科学者たちとの研究や話し合いを通じて、より慎重に学ぶ機会を得ました。また、ベトナムとアメリカ両国政

府の機関や関係者の交流、協力に関する資料も探しました。これらの活動を通して、私はエージェントオレンジ／ダイオキシンについてより正しい理解を深めたと言えるでしょう。

　20 年続いたアメリカ政府の対ベトナム禁輸措置により、エージェントオレンジの影響に関する科学的研究は多くの困難に見舞われました。資金や技術には限界があり、国際的な研究協力がほとんどない状況下で、エージェントオレンジの影響を調査するための国家委員会（10-80 委員会）が設立されました。しかし、得られた結果にはまだ課題が残りました。

　両国の国交正常化後 10 年近くにわたって、両国政府は多くの情報を交換してきました。しかし、特にエージェントオレンジがもたらす人体への有害な影響を巡って、見解や認識の違いから、交流が膠着状況に陥ることが多々ありました。アメリカ政府はダイオキシンと多少なりとも因果関係のある病気のリストを発表しました。同様にベトナム政府もダイオキシンによって引き起こされる病気のリストを発表しました。アメリカ政府が公表したダイオキシン関連疾患のリストには、ベトナム側が常々提示してきた先天性異常の疾患が含まれることはありませんでした。

　いつ果てるともしれない科学上の議論ばかりに注力しても、何十年も前から存在しているダイオキシン汚染地域はいまもなお環境汚染の温床であり続け、ダイオキシンにさらされた人々が病気で苦しみ続ける現状が打開されることはありません。私は、ハノイのアメリカ大使館職員や、エージェントオレンジに関するベトナム・アメリカ合同諮問委員会（JAC）のアメリカ側委員に、会議室での議論や手紙のやり取りではなく、エージェントオレンジを取り巻くベトナムの現実に目を向け、問題の本質を理解しましょう、と対話に挑み続けました。

　そして、流れを一変させるある 2 つの出来事によって転機がもたらされたのです。2006 年夏、私はマイケル・マリーン駐ベトナムアメリカ大使を直々に案内して、ダナン空港のダイオキシン汚染地域を視察しま

した。強い塩素臭を放つ休耕地、そして汚染地域近くにある湖の泥の中で検出された高濃度のダイオキシン等の光景が、大使の脳裏に焼き付いたようです。その後、国務省での勤務を終えたマイケル氏にアメリカで再会したとき、「なぜ、ベトナムのエージェントオレンジの影響に関心を持たれたのですか」と尋ねてみたのです。マイケル・マリーン氏は、「アメリカ大使館には、ベトナムのエージェントオレンジ問題には関心を持つなと言う人がいましたが、私はこの物語の中にこそ提起すべきアメリカの倫理上の問題を見出したのです」と答えました。

大使の言う「倫理上の問題」は、科学の理論、法律の垣根を超えて、ベトナムとアメリカとの関係構築を担う人たちだけでなく、多くのアメリカ人の思考の潮流となったのです。

次に、フォード財団理事長スーザン・ベレスフォード女史と、フォード財団ハノイ駐在事務所長を10年近く務めたチャールズ・ベイリー博士の役割に触れずにはいられません。フォード財団は、ベトナムに残された爪痕を乗り越える上で先駆的役割を果たした組織であると言えます。被害者救済のための資金援助、会談・会議の開催、科学的知見等の交流、政府・非政府のパートナーの紹介など、両国の理解と協力を深めるための活動は非常に重要であり、効果的でした。

ダナン空港のダイオキシン汚染地域の浄化、ビエンホア空港のダイオキシン処理、エージェントオレンジ被害者を含む障がい者への支援など、2005年、2006年当時では考えられなかったようなことが、今、アメリカ側で起きているのです。30年近くエージェントオレンジが「闇」に葬られていた時代から、ここ僅か15年で大きな1歩を踏み出しました。

しかし、まだまだ期待通りにいかないこともあります。不完全で間違った認識を、責任ある地位の人々をはじめとして多くの人々が持っているのです。この分野では、不思議に思うこと、心配することがほとんど日常茶飯事に起きています。だからこそ、私が退職するとき、チャールズ・ベイリー博士が私に、他に何か残されていることはないだろうか

と訊ねたのです。私は旧友に、エージェントオレンジに関する本を執筆することを打ち明けたのです。その結果、チャールズ・ベイリー博士と私は、皆さんが手にしているこの本を共同執筆するに至りました。

　この本の執筆の道のりは、決して平坦ではありませんでした。ベトナムのエージェントオレンジに関連することは、余すところなく言及しました。私たちは、最大限の努力と誠実さをもって、回避することなく、3年以上にわたってひたすら推敲を重ねてきました。メールを何通交換し、原稿を何枚書いたかわかりません。最終的に発行された本は、当初のアウトラインとは全く異なるものになっていました。

　かつて、ベイリー博士と私がベトナムの元副首相ヴー・コアン氏を取材した際、「ベトナムのエージェントオレンジの話はいつ終わるのですか」という私たちの質問に対して、「問題は、いつ終わるかではなく、終わらせるために何をするかです」と氏が答えたことを思い出します。

　おそらく私たちの本も、この世紀の悲しい出来事に終止符を打つための1つのきっかけになったのではないでしょうか。ベトナムのエージェントオレンジの物語は、ここ数年ベトナムでかなり有名になったベトナム国営テレビ4チャンネル制作によるベトナムのエージェントオレンジについての映画の題名にあるような、「終わり無き旅」であっては絶対にならないのです。

　この悲しい物語は、1945年にアメリカが日本に投下した2つの原爆の物語とどこか共通する点があります。甚大な被害をもたらした事実を否定することはだれにもできないでしょう。あの恐ろしい記憶を、簡単に拭い去ることはできないはずです。日本にはあの忌まわしい悲劇の資料館が存在します。しかしその存在意義は、憎しみのためではなく、人類があの悲劇を2度と繰り返すことのないように思い出させるためのものでしょう。ともに和解し、成長することほど素晴らしいことはありません。

　日本の読者がこのような気持ちを理解し、共有してくださることを

願っています。私たちの本に、そして私の祖国において繰り広げられた戦争の悲惨な現実に目を向けてくださったことに、心からお礼申し上げます。

　さらに、ベトナムのエージェントオレンジ被害者のために、多くの時間と労力を費やしてくださった長年の友人、北村元氏に感謝いたします。本書の日本語訳に半年以上も汗を流してくださった仙台市の4人の大学教授のみなさま方に感謝いたします。この本を出版してくださった梨の木舎、クラウドファンディングで出版実現に協力してくださった幅広い応援団にも感謝します。

　最後に、親愛なる日本に最大の敬意を込めて。

日本語版の読者のみなさまへ

チャールズ・R・ベイリー

アメリカ合衆国ワシントン州ルミ島にて　2022 年 3 月 12 日

　日本の読者のみなさまにこの手紙を書くことができることを光栄に思います。

　本書の原著である From Enemies to Partners を書くとき、この本がエージェントオレンジの被害者とその将来についての疑問に正確に答える必要があると、ソン博士と私は意見が一致しました。本書は私たちに関する本でも、執筆する以前に私たちが果たした役割についての本でもありません。ベトナム戦争中にアメリカがエージェントオレンジを使用したことによって後に残された人間の悲劇と環境汚染を、今日、可能な限り解決するため、本書は参考図書であると同時に未来のためのロードマップでもあるべきです。それがあなたが今手にしているこの本なのです。

　しかしこの手紙では、私がどのようにして無知から理解へと変わっていったかについて、より個人的な話をしたいと思います。

　1968 年、ベトナム戦争中のアメリカによる除草剤撒布作戦の最盛期に、私はネパールの辺境にある学校で農業を教えていました。私が持ってきたトマトの種を、生徒たちが注意深く植えました。彼らは、これらのトマトがそれまでに食べていたものよりも大きくてジューシーになると確信していました。苗木は学校の庭で育ちましたが、ある日、バッタの大群が現れ、トマトを食い荒らし始めました。私はこの貪欲な大群を撃退するためにハンドスプレーを持ち出しました。そのとき、何人かの年長の生徒たちが偶然通りかかりました。私が噴霧するのを見て、そのうちの 1 人が「それはアメリカ人がベトナムの森林を殺している方法で

す！」と叫びました。こうして私は初めてエージェントオレンジについて知りました。

　私は、政府から独立した民間の非営利慈善団体であるフォード財団で経歴を積み、やがてベトナムに行くことになりました。1998年、私は中央高地の農業プロジェクトを訪問しました。山腹はまだ森林が破壊されたままで、人々はアメリカ人がそこにエージェントオレンジを撒布した事実を知っていました。ネパールでの事件から30年を経て、私は「あぁ、あの生徒は正しかったのだ！」と気づきました。そして私はエージェントオレンジの影響を目の当たりにし、何もなされていないことに驚き、そして失望したのです。

　当時アメリカとベトナムが膠着状態に陥っていたことを、私はまもなく知りました。アメリカ政府は、未知ではあるが潜在的に大規模な影響があることを懸念し、ベトナム人はその結果を誇張しているのだ、と述べていました。彼らは科学的な意見の不一致だけに焦点を当てることで責任を回避しようとしているように見え、私は憤りました。1人のアメリカ人として、私たちはエージェントオレンジについて何かをすべきである、そう考えたのです。私たちの政府は耳を傾け、対応し、率先して行動し、積極的に行動する必要があります…。しかし、物事は正しい方向に進んでいませんでした。他の団体や諸政府は、関与することをためらったり、恐れたりしました。私には意志があり、私たちちすべてに必要なのは機会だけでした。それに続く7年間はそうした機会がほとんどありませんでしたが、私が出会った3つの出来事が、私や他の人々にエージェントオレンジについての深い理解をもたらしました。

　2000年、ベトナム赤十字社はフォード財団からの助成金15万ドルを使って、撒布された3つの省で枯葉剤の被害者たちを直接支援しました。私は多くの被害者とその家族が必要としているものが緊急かつ切迫したものであることを目の当たりにしました。また、私たちの寄付によって、フォード財団は誠実で、好意的で、耳を傾けているということが、ベト

ナム人たちに伝えられました。これらの感情が、後に実現するすべての
舞台を用意することになりました。

　2002年、保健省の10-80委員会と協力機関であるカナダのハット
フィールド・コンサルタンツ社は、28万9000ドルの助成金を用いて、
ベトナムの旧アメリカ軍基地でダイオキシンのホットスポット*訳注を見
つけました。彼らの仕事は、アメリカ上院議員のパトリック・リーヒー
と補佐官であるティム・リーザーがダイオキシンのホットスポットの浄
化を開始しようと議会の予算を得るために必要とした証拠となりました。
その後、リーヒー上院議員とリーザーは、エージェントオレンジの被害
者を支援するために資金を獲得する、というさらなる一歩を踏み出しま
した。

　2003年、外務副大臣のレ・ヴァン・バン大使は、2国間関係の未来に
ついての会議を開催することを呼びかけました。私たちは7万6000ド
ルの助成金でこれに応えました。公式および非公式の会議出席者である
アメリカ人とベトナム人は、急成長する貿易から地域の安全保障、戦争
の遺産まで、両国関係のあらゆる側面について検討しました。これらの
議論では、エージェントオレンジの問題を単独で検討するのではなく、
アメリカとベトナムの関係の全体像の中に置くことによってエージェン
トオレンジの問題を進展させることができる、ということを示しました。
彼らはまた、厳密に公式な関係の外でもさらなる進歩が可能であるかも
しれない、ということを示しました。

　エージェントオレンジ問題にとって突破口となった2006年に、これ
らの3つの経験をはじめとするさまざまな要素が1つにまとまりました。

　この年の1月の10-80委員会の報告は、空港の除染という、この問題
への別の切り口をベトナム人に示しました。3月、私はこの委員会の調
査結果について、マイケル・マリーン駐ベトナムアメリカ大使と話し合
いました。彼は、アメリカには支援する道徳的責任があるとの結論を下

---

* 有毒物質による汚染濃度が周囲より高い場所・地域。

しました。フォード財団では、被害者への援助、ホットスポットの除染、そしてさらなる調査を開始するために7件の助成金を承認しました。ジョージ・W・ブッシュ大統領が11月にハノイを訪問したとき、彼とチャン・ドゥック・ルオン国家主席は、アメリカが旧アメリカ軍基地のダイオキシンの浄化を支援することに同意しました。ティム・リーザーは12月末にハノイに到着し、アメリカ議会がエージェントオレンジに関するベトナムとの協力に資金を提供する、とジャーナリストたちに語りました。そして数週間後、持続的な非公式の意見交換のための場として「エージェントオレンジ／ダイオキシンに関するアメリカ・ベトナム対話グループ」が生まれたのです。

　この時点で、エージェントオレンジの問題での私の役割は終わったと思いました。しかし念のために、フォード財団がこれ以上何かをする必要があるのかどうか、外務省のバン大使に尋ねました。彼は少し考えてから答えました。「はい、続けてください。　レ・ケ・ソン博士と協力すべきです。　レ・ケ・ソンこそあなたが必要とする男です！」彼の答えは正しかったのです。こうして、今日まで続くソン博士との友好的で実り多い協力関係が始まりました。

　ダイオキシンの浄化は、技術的に複雑で費用がかかるものの、エージェントオレンジ問題では取り組みやすい部分であることが証明されたため、協力を開始するのにふさわしい課題でした。私はさらにフォード財団の資金を手配し、ソン博士はダナン空港のダイオキシンを封じこめて雨水の流出を管理しました。2008年1月にさらに試験を行い、ダナン空港のダイオキシンがついに周辺地域の人々の健康と福祉に差し迫った脅威をもたらさなくなった、ということが明らかになったとき、私たちは心から幸せに感じました。アメリカとベトナムはダナンでの浄化を完了し、ビエンホア空軍基地のダイオキシン浄化に着手しました。

　エージェントオレンジの被害者にとって、統一性の欠けるアメリカ政府の体制は苛立たしい結果と喜ばしい結果の両方を生み出しました。一

方で、歴代のアメリカ政権は、大統領の年間予算に資金を組み入れることで被害者への長期的な支援を優先したことは一度もありません。彼らは責任の所在について避け続け、「原因のいかんを問わず」アメリカの障がい者支援がベトナムに向けられている、と主張しています。もう一方では、過去15年にわたってアメリカ議会はエージェントオレンジの被害者への人道支援を増加させ、現在では年間1500万ドルの資金を提供しています。現在の歳出法では、障がいのある人々がベトナム国内のどこで見出されようと、その資金は「エージェントオレンジの使用とダイオキシンへの曝露に関連する健康と障がいのプログラムに行き渡り、重度の上半身または下半身の運動機能障がいまたは認知機能障がいまたは発達障がいのある人を支援する」ということが義務付けられています。

　まだ支援が届いていないエージェントオレンジのベトナム人被害者が数多く存在しているので、今後数年間でアメリカからの支援が少なくとも2倍から3倍となることを私たちは望んでいます。私たちの政府はこれを行うことができるでしょうか。それは大きな一歩です。これまでのところ、エージェントオレンジの被害者への援助は人道的対応であると自分自身に言い聞かせてきました。それで私たちは満足しています。しかし、自主的な人道援助から義務的な道徳的対応へと、次の発想への一歩を私たちは踏み出すことができるでしょうか。昨年エージェントオレンジに関する私のウェブサイトにアクセスしてくださった7万人の訪問者に私は勇気づけられています。その3分の2はアメリカ人です。そのような人々が私に希望を与えてくれます。

　北村元氏のお力、この本を翻訳してくださった研究者たち、そして日本語版を実現してくださった出版社とご支援をしていただいた皆さまに感謝申し上げます。出会ったことのない人たちに、このように公に認められた作品を持つことができたことをとても光栄に思います。いつの日かまた、あなたの美しい国を訪れ、みなさんにお会いできることを願っています。

目　次

著者紹介

「この天気は間違いなくバーモント州ではないね！」パトリック・リーヒー上院議員は蒸し暑いダナン空港に到着したとき、笑みを浮かべて言った。彼は、ベトナム戦争で使用されたエージェントオレンジの残留物であるダイオキシンに汚染された土壌の最初の処理開始に立ち会うために、ダナンにやって来たのである。現場に集まった両国政府役人、技術者、および非政府組織の関係者に向けた挨拶で、彼は1つの目標に言及した。「長い年月が経ちましたが、アメリカはこの問題を無視していなかったということを示します。今、この問題に対処するために、私たちはこの地に戻ってきたのです」と。さらに、もう1つの目標を確認した。「エージェントオレンジによって引き起こされた可能性のあるものを含め、原因のいかんを問わず、障がい者のためのサービスを改善することです」これは、エージェントオレンジをめぐって、アメリカとベトナムの間で何十年にもわたって論争が続いた末の画期的な声明であった。その日、リーヒー上院議員は、アメリカ議員としては初めてエージェントオレンジの被害者家族を訪問した。2014年4月19日のことだった。リーヒー上院議員の言動により、エージェントオレンジをめぐるアメリカ・ベトナム間の協力は新しい段階に移った。

その日、リーヒー上院議員に随行したのは、この瞬間まで何年もこの問題に取り組んできていた2人の人物だった。その人物とはレ・ケ・ソン博士とチャールズ・R・ベイリー博士である。

ソン氏は、毒物学の博士号を持つ医師で、アメリカ政府との公正な道を見出そうとするベトナム政府の努力を牽引した。彼は、ベトナム赤十字社のエージェントオレンジ被害者基金の元理事長であり、ベトナム戦争でアメリカが使用した有毒化学物質の影響を克服するための国家運営委員会（33委員会として知られる）の事務局長を務めた。さらに、ベトナム天然資源環境省環境総局副局長、そしてアメリカ・ベトナム合同

諮問委員会のベトナム側共同議長も務めた。

　一方のベイリー氏は農業経済学の博士号を持つ公共政策の専門家で、ベトナムフォード財団の代表であり、1997 年から 2007 年までの 10 年間、ハノイ事務所の所長を務めた。その後、エージェントオレンジ／ダイオキシンに関するフォード財団のプロジェクトをニューヨークで主導した後、2011 年にそのプロジェクトをアスペン研究所に移した。ベイリー氏は、国民のみならず、政府・政治家の関心を引き起こす働きかけを行ない、被害者の救済とダイオキシン浄化のための資金集めに奔走し、ベトナムの現場での進捗を評価し、公開レポート、政府関係者との会議、そして主要な利害関係者の会議を通じて、独自の調査と分析に取り組んできた。

　ベイリー氏とソン氏は、ベトナム外務省がフォード財団と 33 委員会が連携して作業することを推奨した 2006 年 12 月に初めて出会った。2人はその後数年にわたり、枯れ葉剤問題の打開策——アメリカがベトナム戦争中に使用したエージェントオレンジが残した問題をベトナムとアメリカが協力して解決するための作戦行動——の突破口を共同で開いていった。ソン氏とベイリー氏は、ともに 2014 年 6 月に職を退いたが、再び力を合わせることを決意した。今度は、アメリカとベトナムが20世紀を象徴する環境破壊および人災を、ついに解決することになった経緯について執筆することにしたのである。

　本書の執筆にあたって 2 人は、過去 15 年にわたって蓄積してきた経験、メモ、文書に加えて、37 人のアメリカ人とベトナム人へのインタビューによって、これまで何が起こったのかを探り、さらに、今後の道のりについて提言している。ソン氏の知識、信頼性、さまざまな人脈によって、ベトナムにおけるエージェントオレンジ／ダイオキシン問題を徹底的に解明することが可能となった。ベイリー氏は、エージェントオレンジ／ダイオキシンに長く関わり、また、主要な人物たちに精通している。それにより、アメリカ側の視点を十分に理解することができるようになった。

パトリック・リーヒー
アメリカ上院議員

ヴー・コアン
元ベトナム副首相

「ベトナム人が被害を受けた人々の要望に応えることを重要視していることは、誇張してもしすぎることはないでしょう。長年にわたって私たちを分断させてきたエージェントオレンジ問題の負の遺産が、今や私たちを1つに団結させているのです」

「私はこのままではいけないと思ったのです。この問題に対して、私たちは何かしなければならないという道徳的な義務があるのです」

「私の目標は、端的に言えば、エージェントオレンジを、敵対心と恨みの象徴から、最も困難で感情が絡んだ戦争遺産にアメリカ・ベトナム両政府が協力して取り組んだ象徴へと変えることでした」

「私たちは長い道のりを歩んできました。そして、さらに先へと進む必要があります——」

「この基金は、『重度の運動機能障がいおよび／もしくは認知機能障がいまたは発達障がい』に苦しむ個人を優先すべきです。資金は限られていますから、最も重度の障がいを抱えた人々を助けるために使用したいのです」

2010年アメリカ議会記録および2015年
戦略国際問題研究所の発言記録より

「現在のアメリカとベトナムの関係における成果は、過去数年では想像もできなかったものです…」

「石が邪魔をしている橋を渡るという民話があります。いくつか方法があるでしょう。私たちもそうしたように、石を踏み越えて向こう側に行くという方法もあるでしょう。しかし、石はまだそこに転がっていて、人々は（今も）苦労しながら行ったり来たりしているのです。だから、石をどけるか、川に落とすか、解決策を考えなければならないのです」

「アメリカの政治家は賢いので、解決策を見つけることができると思います。私は何も提案しませんが、私たちの心の中には、常にこれ（エージェントオレンジ）が障害になっていました。橋の上にあった大きな石はすでに撤去されました。今は小さな石ころが1つあるだけで、これを解決する方法を見つけなければなりません」

「どうしたら終わりを知ることができるか？…いつ終結できるかに答えを出すことはできません。むしろ、どのように終わらせるべきかを問う必要があります。どのように終わらせるかを考えた先にこそ、解決策が見つかるでしょう」　　　2015年、ハノイにて

序文

戦争の痛手

　ベトナム戦争は 20 年にわたって続いた。1955 年 11 月から 1975 年の
4 月までである[1]原注。冷戦の産物としてのベトナム戦争は、公式には
北ベトナムと南ベトナムの戦いだった。ソビエト連邦と中国、およびそ
の同盟国は北ベトナム軍を支援し、一方、アメリカは韓国、オーストラ
リア、タイなどの同盟国とともに南ベトナム軍を支援した。戦闘のほと
んどは南ベトナム領土で行われたが、アメリカは、ラオス、カンボジア
の一部、さらには北ベトナムも激しく爆撃している。最終的には、アメ
リカ兵 5 万 8220 人が戦死しただけでなく、南北双方のベトナム人兵士
と民間人のおよそ 330 万人が命を落とした。この戦争においてアメリカ
は、ナパーム弾、武装ヘリコプター、空中から撒布した除草剤などの軍
事兵器を使用した。

　以下の事実に、今、誰も異論を唱えることはできない。1961 年、ア
メリカ軍は、当時「南ベトナム」と言われていた領土を支配する政府を
支援するため、枯れ葉剤の一種であるエージェントオレンジや他の除草
剤の撒布をベトナムで開始した。それは敵軍の隠れ場所である森林を枯
らし、生活の手段を奪うために食糧となる穀物などを枯らすことが目的
であった。エージェントオレンジと他の除草剤の一部には、ダイオキ
シンという有毒物質が含まれていた。1961 〜 1970 年に、南ベトナムの
数か所の空軍基地では、1950 万ガロン（7381 万 5530 ℓ）の除草剤が貯
蔵、混合、処理され、撒布作戦のために航空機に積み込まれた。撒布
により、南ベトナムの 1 万 160 平方マイル（2 万 6314km²）にわたる森

林が剥ぎ取られ、穀物が破壊された。南ベトナムの国土面積6万7108平方マイル（17万3808km²）のうち、丸裸にされた森林の面積1万160平方マイル（2万6314km²）は、南ベトナム全土の15％にも及んでいる。他の地域と比較すると、枯れ葉剤の撒布面積のおおよそが把握できる。アメリカ、マサチューセッツ州の面積が1万555平方マイル（2万7337km²）、ベルギーが1万1787平方マイル（3万528km²）である。そして、ベトナム以外では、ベトナムと国境を接するカンボジアとラオスの一部にもアメリカは除草剤を撒布した。これは国土の被害にすぎない。410万人ものベトナム人と280万人ものアメリカ軍兵士が除草剤に曝露した可能性がある。1970年になって、ようやくニクソン政権は撒布作戦中止の命令を下した。

1991年以来、アメリカ医学研究所*訳注は、ダイオキシンが疾病や先天性欠損症増加の危険因子であるという見解を示している。そしてこの研究はベトナム人科学者の研究によって裏付けられた[2]。終戦から32年後の2007年、ベトナムとアメリカの両国政府がベトナム領土におけるこの戦争遺産の問題に取り組み始めた。

ベトナムにおけるエージェントオレンジ問題という負の遺産を十分に理解するには、過去を理解する必要がある。私たちはいかにしてここに至ったか。実際、本書は過去の出来事に数多く触れている。しかし、本書の目的は未来の行動の喚起とその道案内にある。ベトナムには多数のエージェントオレンジの被害者がいる。しかし、正確な数を知っている者は誰もいない。被害者の多くはダイオキシン曝露に関連する深刻な障がいを抱え、自宅で暮らしている。ベトナムは彼らを支援するために多くのことをしてきたが、被害者とその介護者は、より大きな尊厳とともに、より快適な生活が可能になる水準の支援を依然として待ち焦がれている。ビエンホア空軍基地のダイオキシン汚染は、近隣に住む何万人もの住民のさらなる曝露を防ぐためにも、浄化する必要がある。この浄化

*　現アメリカ医学アカデミー。

には数億ドルの費用がかかり、10年単位の大掛かりな事業となる。それゆえに、本書のほとんどは実践的な事柄に焦点を当てている。そして本書は、将来の計画の基礎となる重要な質問に対して信頼できる回答を示すものである。

　50年前にアメリカ軍が、いかにして、そしてなぜエージェントオレンジやその他の軍用除草剤を使用したかには複雑な背景がある。それらの使用による痛手と、その後の影響がさらに複雑であるという認識は共有されており、今なお激しい議論がなされている。1980年からベトナム政府が実施した調査ならびに科学的研究はごく最近まで機密扱いとされ、そのため、ベトナム内外のジャーナリストや科学者、他国の政府はこれを入手することができなかった。世界的な影響力と信頼性を持つ優れた科学研究は、高度な訓練を受けた科学者が最新の設備で働き、国際的な査読付き*訳注学術誌で論文を発表することが必要だ。ベトナムには多くのすばらしい科学者がいる一方で、科学的な基盤整備はこの10年でようやく追いつき始めたばかりである。ダイオキシン、環境、健康に関する専門家の国際会議において、ベトナムの科学者が初めて発表を行ったのは2006年であった[3]。2009年には、ベトナム天然資源環境省が、土壌、堆積物、食物、人間の血液、そして母乳に含まれたダイオキシン濃度を1000兆分の1レベルで検査できるベトナム初の研究所を開設した[4]。

エージェントオレンジ／ダイオキシンという言葉

　アメリカ軍と（旧南ベトナムの）サイゴン政府軍は撒布計画で使った化学物質を除草剤だと説明し、その枯れ葉剤としての使用目的は、森林

* 査読とは、投稿された論文をレフェリーと呼ばれる第三者の専門家が読み、掲載にふさわしいかどうか判断する作業のこと。査読を経た論文は、信頼性が高まる。

の隠れ場所を取り除き、穀物を破壊することだとした。最も頻繁に使用された枯れ葉剤は、2,4-D（2,4-ジクロロフェノキシ酢酸）と 2,4,5-T（トリクロロフェノキシ酢酸）の混合物であった。それが入っていたドラム缶の側面にオレンジ色の線（暗号）が塗られていたために、一般にエージェントオレンジと呼ばれるようになった。

　アメリカによるエージェントオレンジのずさんな製造（使用された他の除草剤の一部も同じ）によって、意図したわけではないものの、極度の毒性を持つ汚染物質、ダイオキシンが作り出されてしまった。多くの著者はベトナムにおける環境と人間の健康に対する除草剤の影響をエージェントオレンジの結果としているが、事実、エージェントオレンジは実際の有毒汚染物質であるダイオキシンの運搬役に過ぎないのである。ごく最近になって、記事の執筆者やさまざまな人たちが「エージェントオレンジ／ダイオキシン」という用語で、撒布計画の始まりとその結末を追っている。ベトナム語の執筆者は「エージェントオレンジ」を「有毒化学物質」あるいは、誤って「オレンジ色の毒物」と表現している。ベトナム政府の法的文書の一部や、ベトナムその他の地域の新聞記事の一部では、「枯れ葉剤」「エージェントオレンジ」の代わりに「有毒化学物質」という文言が使用されている。それが「化学戦争」というもう 1 つの用語にもつながっている。エージェントオレンジ／ダイオキシンの問題に取り組むため、ベトナム政府が設立した高官レベルの委員会は、ベトナム戦争でアメリカが使用した有毒化学物質の影響を調査する国家委員会（10-80 委員会）、または、ベトナム戦争でアメリカが使用した有毒化学物質の影響を克服するための国家運営委員会（33 委員会）と命名されている。

　VAVA とは、The Vietnam Association of Victims of Agent Orange/Dioxin（ベトナム・エージェントオレンジ被害者協会）の略である。これはエージェントオレンジ／ダイオキシンの被害者に代わってさまざまな主張をする組織である。これらの用語は、化学兵器に関する科学的定義と

国際会議に関連するベトナム政府の立場から生まれたものである。

　これらの異なる表現やラベルによって、除草剤の結果に対する結論や対処法が異なっている。アメリカ国務省とアメリカ国際開発庁（United States Agency for International Development, USAID）は「エージェントオレンジ被害者」という用語を使用していないが、アメリカ議会はその用語を使用するといった具合である[5]。本書では、ベトナムで一般的なこの用語を用いる。ダイオキシン曝露に関連した可能性が高い障がいのある人々を指すために使用されるからである。多くの科学的な議論が行われてきた中で、「エージェントオレンジ／ダイオキシン」あるいは「エージェントオレンジ」という用語が最も説得力があるため、他の用語よりも頻繁に使用されている。事実、ベトナムとアメリカ両国間の科学会議や公式の2国間交流の場でこの用語が受け入れられてきた。

　本書は、ベトナム戦争中に使用されたエージェントオレンジの影響に対する特別な取り組みについて書かれたものである。本書はまた、政治面・法律面から激しい抵抗に遭遇しながらも、深刻で複雑な問題に対処することがどうすれば可能であるかも教えてくれる。私たちは本書を、政策立案者、擁護団体と寄付者、ジャーナリスト、障がい者支援や環境浄化に取り組むプログラム管理者、そして戦争と負の遺産について学ぶ人たちのために執筆した。

　各章の初めには内容を要約した文章を記載した。特定の内容について必要な読者が、各々の要約を確認した上で章全体を読むかどうかを判断できるよう配慮した。

（原注）

[1] ベトナム戦争に関する文献は数多い。手がかりとなる良い文献は次の2つである。

Christopher Goscha, *Vietnam: A New History,* Basic Books, New York, 2016.

Leslie H.Gelb and Richard K.Betts, *The Irony of Vietnam: The System Worked*, Brookings, Washington, D.C., 2016.

[2] National Academies of Sciences, Engineering, and Medicine, *Veterans and Agent Orange: Update 2014*, The National Academies Press, Washington, D.C., 2016. http://www.nationalacademies. org/hmd/Reports/2016/Veterans-and-Agent-Orange-Update-2014.aspx. 鍵となるベトナム研究は後述する。

[3] 第26回ハロゲン化残留性有機汚染物質国際シンポジウム、オスロ、ノルウェー、2006 年。シンポジウムは、残留性有機汚染物質（POPs）について研究している世界の科学者たちの毎年恒例の最も権威ある査読会議である。ベトナム人科学者は2006年以来、毎年シンポジウムでその時々の研究を発表してきた。

[4] ダイオキシン研究室、環境監視センター、ベトナム環境総局、ハノイ、2009年。

[5] Michael F.Martin, "Vietnamese Victims of Agent Orange and U.S. -Vietnam Relations", Congressional Research Service, August 29, 2012, https://fas.org/sgp/crs/row/RL34761.pdf.

エッセイ

私たちはいかにしてここにたどり着いたか、そして次の目標は何か

私たちはいかにしてここにたどり着いたか

　ベトナム戦争が終結した 1975 年から 2006 年にかけて、エージェントオレンジ問題はきわめて慎重な扱いを要する問題であり、論議の的だった。公式の見解は 2 極化され、情報は乏しく、意見の相違は隔たりが大きく、アメリカ・ベトナム双方の疑心暗鬼が高まった。その結果、この問題に対処するための資力もほとんどなかった。そして、非政府組織（Non Governmental Organization, NGO）や他の援助資金提供者たちはこの問題から距離を置いた。沈黙し、無為のときにあっても、ベトナム政府はエージェントオレンジ被害者とその家族のための所得補助およびその他の支援のために、予算措置を講じて毎年これを増額した。そして、旧アメリカ軍基地におけるダイオキシン汚染の封じ込めと除染の対策にも、相当額の予算を割り当てた。しかしこの時期、ベトナム戦争の有毒な遺産問題に取り組む計画への外国からの援助はごくわずかだった。

　転機となったのは 2006 年に起きたいくつかの出来事だった。アジア太平洋経済協力会議（Asia Pacific Economic Cooperation, APEC）に出席するアメリカのブッシュ大統領のベトナム訪問に先立ち、アメリカのメディアがエージェントオレンジ問題を取り上げたのである。ブッシュ大統領とベトナムのグエン・ミン・チエット国家主席との共同声明は、この戦争遺産問題に言及している[1]原注。それは、ベトナム政府との公開情報の共有化、在ベトナム・アメリカ大使館とフォード財団ハノイ事務

所の迅速な情報の追跡、アメリカ議会での初期予算の決定、というものであった。これが、除染やエージェントオレンジ被害者支援のため海外から官民の資金流入をもたらした。2007年以来、ベトナム・アメリカ双方の主要な政府高官や民間団体が動き出し、ベトナムにおけるエージェントオレンジ問題が両政府間の積極的な協力課題へと引き上げる力になった。この過程の中で参加する組織もより幅広くなり、新しいプランが生まれ、予算割当額が拡大し、より明確で具体的なものとなっていった。たとえば、アメリカ議会のおかげで健康と障がいに対するアメリカの支援は「原因のいかんを問わず」に行われていたが、その後大量に散布されたベトナム南部の省の住民も対象となり（2013年）[2]、さらにこれらの地域内に住む重度の障がい者も対象になった（2015年）[3]。要するに、両国は人道的対応の責任を共有するに至ったのである。2016年現在、アメリカ国務省はエージェントオレンジ／ダイオキシン問題に関するアメリカの立場を次のように説明している。

　　アメリカの支援は、気候変動やその他の環境問題へのベトナムの対応、枯れ葉剤／ダイオキシン汚染の修復、ベトナムの保健・教育システムの強化、*社会的弱者への支援*も目指している。アメリカとベトナムは、ダナン国際空港のダイオキシン汚染浄化の第一段階を成功裏に終え、ビエンホア空軍基地のダイオキシン除染に向けて重要な貢献をするために、提携していくことを約束した。[4]

　2018年現在、アメリカ議会は2億3120万ドルを計上し、障がい者支援とダイオキシン浄化対策に振り分けており、アメリカはこの取り組みに対する海外で唯一最大の支援国となった。遅まきながら、アメリカ政府も対応を急ぎ、テコ入れされた資金とその後の継続的な補填が実現した背景には、2000年から2011年にかけて1710万ドルを提供したフォード財団の大きな存在がある。

　ダナンとビエンホアの残留ダイオキシンを浄化するというアメリカの約束は、歴史に残るものである。これに匹敵するものは、旧日本軍が引き起こした環境汚染の修復のために自主的に費用を負担したのが唯一の例かもしれない。1999年、日本は、第2次世界大戦の終わりに旧帝国陸軍が中国の北東部一帯に埋めた推定70万発ともいわれる化学兵器の場所を特定し、破壊することに同意した。この作業は継続中であり、最終的には16億ドルかかる可能性がある[5]。ベトナムへのアメリカの約束は、他の国から賠償責任を求められる前例となってしまう、というそれまでの危惧を覆している。アメリカ国務省の概況報告書では、アメリカは「社会的弱者への支援」によってベトナムを支援すると述べている。障がいを持ったベトナム人は社会的弱者であるという理由で、ベトナムにおける健康と障がいのための支援にはベトナムのエージェントオレンジ被害者が含まれている。実際、エージェントオレンジに関するアメリカ政府の仕事が拡大するにつれて、公式ではないが、事実上の行動によって、アメリカ政府は責任を受け入れたのである。そして、パトリック・リーヒー上院議員や歴代の国務長官らアメリカ政府高官は、声明で同様にその責任を認めている。

次の目標は何か

　アメリカが方針を転換してエージェントオレンジ／ダイオキシン浄化と障がい者支援に取り組むようになったのは、タブー視されていたテーマを人道的な関与の対象とするようになった倫理的感性の進化を示す例である。
　アメリカの初代大統領ジョージ・ワシントンは「告別の辞」の中で、「美徳や道徳は、人民政府の必要な源泉である」と述べている。アメリカ人は、政府が自分たちのために行動し、その行動は道徳の原則に基づ

くべきであると考えている。私たちの考える道徳とは、好奇心（知りたい、理解したいという積極的な気持ち）、共感（他者の気持ちに関心を払うこと）、互恵性（他者が同じルールに従えば、自分も良くしてもらえる）の3つの柱である。ここから3つの原則が導かれる。アメリカ人は幼い頃から、「散らかしたものはきれいにする」ことを学ぶ。もし誰かを傷つけたならその人を助け、可能な限り無条件で正す。そして、緊急を要するものは後回しにしない。この3つの原則すべてが、ベトナムのエージェントオレンジの遺産にも当てはまる。

　どの国も戦争を始める時に、戦争の後先のことを考えることはない。しかし、私たちは、銃声が止み、兵士たちが戦場を離れた後も、ずっと未来に影を落とすことを知っている。どの国も、他国の領土に対して行った軍事行動が招いた結果と向き合うことには消極的である。環境修復ならびに被害者の健康と障がいへの援助には、驚くほど膨大な費用がかかり、他国で起こした混乱の後始末を強いられるような前例を作ることを望む国はない。戦争が人間の健康と環境に与える影響を制限する国際法は脆弱で強制力を欠くため、何の解決策にもならない。ベトナム戦争後に調印された条約や協定は、軍事行動について広範な例外規定を設けているのである[6]。

　アメリカは、1995年に締結した国交正常化協定の条件下では、ベトナムに対する法的義務はないと考えており、ベトナム人原告が損害賠償を勝ち取るためにアメリカの裁判所で起こした複数の訴訟は失敗に終わった。アメリカは、ベトナムに運んで撒布したエージェントオレンジが、ベトナム人の間で発症している各種の疾病と先天性欠損症の原因であることを示す証拠が不十分だと主張し続けている。ベトナム側にしても、個々の事例で因果関係を証明することは困難である。仮にベトナムがエージェントオレンジによる被害者を特定できたとしても、アメリカは依然として実際に責任を認めることを躊躇する可能性がある。

　エージェントオレンジ／ダイオキシン被害に関する状況は、現時点で

は前向きだが、あまりにも脆弱だと私たちは考えている。私たちが恐れているのは、アメリカ政府の大胆でより広範な約束がなければ、数年後にはベトナム人の健康と障がいへの支援に対するアメリカの公式の援助が減少してしまうのではないか、ということである。エージェントオレンジ問題はアメリカでは大きな進展を遂げてきた。そして、エージェントオレンジ問題の解決に向けて、ベトナムと最後までやり遂げる道徳的義務があるという意識が高まってきている。しかし、より多くの擁護者と国民の意識の向上が必要とされている。

　著名な伝記作家で、アスペン研究所の元所長であるウォルター・アイザックソン氏は、次の点を強調している。「アメリカには、ベトナムにダイオキシンやその他の問題を残した責任があります。…私は、エージェントオレンジ問題は倫理的な問題であり、アメリカ人としての良識と、私たちがしたことに対する責任を負う意志につながっていると考えています…今日の政治制度では、何かに資金提供するのは非常に難しいことです。アメリカ人は問題があっても、長い間気に留めないという過ちを犯し、やがて他の問題へと移行してしまうことがあります。そのため、ほとんどのアメリカ人にとって、これは差しあたって考えるべき問題ではありませんが、ベトナム人にとっては眼前の問題なのです。ゆえに、アメリカでは1つの挑戦として、政府と国民の間でこの問題に対する意識を高め続ける必要があるのです。」[7]

　ベトナムの元国会議員であるトン・ヌ・ティ・ニン大使＊訳注は、「両国関係が成熟し、ベトナムがむきにならずに人権について耳を傾けることがより容易になり、またアメリカ側もエージェントオレンジ問題に触れることが両国関係を破壊することにはつながらない［と理解する］ことが容易になったときが、エージェントオレンジ問題の解決のときなのです。そして、…［この問題は］一部を動かしました。しかし、まだ道

＊　元駐ベルギー・EU大使。

半ばです。念のために言いますが、アメリカ政府にはこの問題を脇に押しやらないようにしていただきたいのです。しかし、これは私たち役人にも同じことが言えます。役人は、貿易や経済協力についての話し合いをより円滑に進めたがるので、種々の期待や圧力が社会から高まってきます…国民が政府を煽っていくでしょう。」[8] と述べている。

この場合、アメリカの道義的懸念が戦略的懸念と一致している。ベトナム人の大多数は、今となっては遠い昔の戦争中の行為について、もはやアメリカを非難してはいない。実際、ベトナムはアジアで最も親米的な国家の1つである[9]。2013年「ベトナム・アメリカ包括的パートナーシップ」に調印し、2015年には国交樹立20周年を祝ったことで、今ではベトナムとアメリカは歴史上最も良好な関係になった。両国の貿易は過去7年間でほぼ3倍に増加し、年間の貿易額は今や450億ドルを超え、今後も成長し続けるだろう。毎年1万9000人近くのベトナム人がアメリカで学んでいる。両国は南シナ海での海上警備行動に協力しており、アメリカ海軍の艦船がベトナム中部の深海港であるカムライン湾に寄港を始めた[10]。1776年のアメリカ独立戦争以来、航行の自由はアメリカ外交政策の目標とされてきたが、南シナ海ほどこの目標の障害となっている地域はない。この課題に取り組んでいるベトナムは、この地域ではアメリカにとって最強のパートナーなのである。

1975年に祖国を離れ、後にアメリカに定住したベトナム人の大半は市民権を得た。彼らと彼らの子ども、そして孫たちは現在約200万人のアメリカ人となっている。多くはベトナムでのビジネスや慈善活動に貢献し、家族の絆を維持している。アメリカ人にとってまたとない機会が巡ってきているのであり、ベトナム系アメリカ人はエージェントオレンジ問題の長年の負の遺産からアメリカを解放する使命を担っている。彼らのベトナムに対する見識に基づいて訴える支援の意義は、高い信頼性をもって他のアメリカ人に聞き入れられるだろう。「さぁ、エージェントオレンジ問題を解決しよう。これは自分たちの手でどうにかでき

る、人道的課題だ」。実際、ベトナム系アメリカ人が声を上げて、アメリカの政治指導者に「ベトナムは重要な国だ。今、この問題を解決しよう。それは倫理的に正しいことなのだ」と発言するようになって初めて、アメリカはエージェントオレンジ問題を解決する方向に進むようになるだろう。

　現在に到るまでの両国の実質的な成果に基づき、エージェントオレンジ／ダイオキシン問題という負の遺産の解決に向けて、私たちは、アメリカとベトナムが共同で人道的努力を遂行するよう呼びかける。

　ベトナムとアメリカはエージェントオレンジという負の遺産問題に終止符を打つことができるのである。そのためには両国政府のトップレベルの指導者たちの合意が必要となる。今はベトナムにとって、この問題の解決が両国関係における最優先課題であり、その期待をアメリカに正式に伝える必要がある。一方アメリカは、今後何年にもわたって提供する支援の規模と範囲について考える必要がある。

　そのような和解に至るまでは、アメリカが1年毎に予算を割り当てるという現行制度を辛抱強く続けていく必要がある。

　この場合、両国政府は、2国間協力の複数年にわたる共同計画、もしくは枠組みの合意と、実施を監視するための共同委員会を設立する必要がある。共同委員会は両国の公式、非公式のメンバーから成り、年2回の会合を開く。ヴー・コアン元副首相は、今後の審議はエージェントオレンジという負の遺産問題をいつ終結するかではなく、終結するために何をすべきかに焦点を絞ることを要請した。両国政府は、除染の次の段階はビエンホア空軍基地の環境修復である、ということですでに合意している。複数年計画であれば、これらの作業を組みこむことができる。アメリカの現物による支援を障がいのある子どもや若者とその家族に割り当て、外国からの支援が終了した後は、当該者たちに支援を継続する関係を構築するために、共通の理解と合意を確立する必要もある。また、性と生殖に関する健康支援や、新生児の集団検診、乳児の健康管理など、

考えられる支援の優先順位を明記すべきである。この計画は、他の企業からの支援を受けるための枠組みを提供するもので、ベトナム政府とベトナム非政府組織がより緊密に協力するための基盤となりうる。

　加えて、両国政府は資金を提供し、人間の健康と福利に及ぼすダイオキシンの長期的な影響に関する複数年の科学的研究プログラムを立ち上げるべきである。ベトナムはすでに、ダイオキシンの疫学、遺伝、環境の分野における研究では先頭に立っている。そしてその調査結果は、毎年行われるハロゲン化残留性有機汚染物質国際シンポジウムにおいて、世界中の科学者たちから注目を集めている。しかし、ダイオキシンや他の環境汚染物資の性質や影響についてのより科学的な解析に関する研究能力については、依然として限界がある。

　共同の取り組みの効果を確実にするために、各政府が独自に取り組むことができるいくつかの前向きな措置がある。

アメリカの場合

● 2007年以来、アメリカ議会はベトナムの障がい者支援と、ダイオキシン汚染の浄化の予算を増額しながら割り当ててきた。アメリカのこの対ベトナム援助予算の永続的な効果を最大にするため、大統領は、アメリカ国際開発庁（USAID）とアメリカ国防総省への年間予算にこの重要な計画を継続するのに必要な財源を含めるべきである。

●障がい者支援は、最も大量に撒布された省、およびそこに住む最も重度の障がい者に焦点を絞るべきである。

●アメリカの障がい者支援プログラムは、障がいのあるベトナム人の

生活の恒久的な改善、ならびにその人たちに支援を提供する地方自治体の能力の恒久的な向上、これら両方をめざすべきである。

● 国務省と USAID は、ベトナム国内にあるアメリカおよび諸外国の協力団体だけでなく、アメリカとベトナムにおけるその他の寄付者を探して積極的な支援を奨励し、開発援助と企業の慈善事業計画を通じて、健康および障がいへの支援事業を援助すべきである。

ベトナムの場合

● 政府、特に国防省とビエンホア省人民委員会は、ただちに、ビエンホア空軍基地にあるすべての湖沼、ならびに同基地外にあるダイオキシンに汚染されているすべての湖沼の魚と他の水生動物を収集して処分し、これらが再侵入することを防止する必要がある。

● 政府は、すべてのエージェントオレンジ被害者に平等に適用する、一貫性のある、包括的かつ長期的な利益を提供する法令を発する必要がある。

● この法令では、エージェントオレンジ被害者を、ダイオキシン関連の疾病と障がいを持つ者、かつ枯れ葉剤撒布地域もしくはダイオキシン汚染地域に居住している、または居住したことのある者、と定義すべきである。この規定は一般的で人道的なものだが、現在の科学的な知見と現実を考慮すれば、依然として最善の対処法である。これはアメリカ政府の退役軍人に対する対処法でもある。

● 政府は、協力機関の構成、責任、および権限を見直して、実効性を

確保する必要がある。各省庁、セクター、関連機関に割り当てられる具体的な任務を、ベトナムにおけるエージェントオレンジの影響に対する救済措置に関する1つの政令に盛り込むべきである。

● 政府は、障がいのある人々とその現況および要望に関する既存の情報を、大量の撒布を受けた省を手始めに、すべての県（区）および省について統合する必要がある。そうすれば、寄付者がこれらを利用できるようになり、プログラムや必要な資金の全体的なレベルに関する意思決定に役立てられる。

● 政府は、ダイオキシン被害の環境修復、社会福祉、ダイオキシンの影響を受けた人を含む障がい者への手当、および関連費用の年次報告書を発行すべきである。そうした情報は、これらの課題に取り組むベトナム政府の主導的役割を浮き彫りにし、アメリカの政策立案者により寛大な対応を促すのに役立つだろう。

● 政府は、ベトナム開発フォーラムの年次会合の前にエージェントオレンジの問題を提起し、開発援助計画における健康と障がいに関するプロジェクトに対する寄付者の支援を呼びかけるべきである。

支援の進展に役立たない、中止すべき行為もある。たとえば、健康状態や障がいが保健省が定めた基準に達しないベトナム人を「エージェントオレンジ被害者」と決めつける行為である。障がいには多くの原因があり、ダイオキシンへの間接的な曝露が原因であると特定できるのは、ベトナム人障がい者の約15％に過ぎない。もう1つは、エージェントオレンジの遺産について、「巨大であり、管理不能であり、長期化する」と記述している点である。これは、2007年以来両国政府がともに達成してきた進歩を無視、あるいは矮小化するものである。ダイオキシン曝

露の多様な影響を完全に解決することはできないが、重度の障がい者や
ダイオキシン汚染土壌の浄化など持続可能な支援計画によって、実質的
な進展が可能である。

　中止すべきもう1つの行為は、さらなる法廷闘争である。ベトナムは
アメリカ政府に対してエージェントオレンジの影響を克服するための支
援を求め、一方でアメリカの化学会社を告訴してきた。これらは矛盾し
ており、逆効果である。ベトナムを支援するように法廷闘争によってア
メリカ政府に圧力をかけるのは単純すぎる考えであり、アメリカの政府
機関の一部が拒絶反応を起こす可能性は高まるだろう。確かに、アメリ
カや他の国における訴訟によって、エージェントオレンジ問題がベトナ
ムで今でも負の遺産となっていることに国際的な理解が得られた。しか
し訴訟は、本質的に政治的・人道的な問題に有効な解決策をもたらさな
かった。

（原注）
[1] ジョージ・W・ブッシュ大統領とグエン・ミン・チエット国家主席の共同声明、ハノイ、
　　2006年11月17日。
[2] H.R.933 −連結継続歳出法、2013年。
[3] H.R.2029 −連結歳出法、2016年。
[4] U.S. Department of State, "U.S. Relations With Vietnam", Bureau of East Asian and Pacific Affairs
　　Fact Sheet, August 25, 2016. 重点追加。
[5] Clay Risen, "The Environmental Consequences of War: Why militaries almost never clean up the
　　messes they leave behind", *Washington Monthly*, January/February 2010, A8.
[6] 同上。
[7] アスペン研究所所長兼 CEO で、エージェントオレンジ／ダイオキシンに関するアメリ
　　カ・ベトナム対話グループのアメリカ側共同議長ウォルター・アイザックソンとのイン
　　タビュー、ワシントン D.C.、2015年4月30日。
[8] ベトナム国会外交委員会前副議長で、エージェントオレンジ／ダイオキシンに関する
　　アメリカ・ベトナム対話グループのベトナム側共同議長トン・ヌ・ティ・ニン大使との
　　インタビュー、ホーチミン市、ベトナム、2016年1月12日。
[9] Christopher B.Whitney, "Soft Power in Asia: Results of a 2008 Multinational Survey of Public
　　Opinion", The Chicago Council on Global Affairs, p12, 2009.

36

[10] Prashanth Parameswaran, "Third U.S. warship visits Vietnam's Cam Ranh International Port: Visit a reminder of the increased defense collaboration between the two sides", *Diplomat,* December 16, 2016, http://thediplomat.com/2016/12/third-us-warship-visits-vietnams-cam-ranh-international-port/.

1章

南部ベトナムでは今もなお ダイオキシン汚染が存在しているのか

　ベトナムおよび外国の科学者たちは、1960年代に撒布された地域とベトナム南部の旧アメリカ軍基地のダイオキシンについて、土壌と堆積物の調査を長年にわたって行ってきた。科学者らはダイオキシンを検出したが、今日では除染のために設定された閾値*訳注を下回り、かなり低い水準で存在していることが多いとわかっている。ダイオキシンは現在、ビエンホア、ダナン、フーカットの旧アメリカ軍の3基地において、土壌と堆積物の浄化を必要とする水準で存在している。ビエンホアとダナンでは、科学者の調査で、空港労働者、漁師、および空港やその周辺で育った魚を食べている住民の血液中のダイオキシン濃度が上昇していることも分かった。フーカット空港のダイオキシン除染は終了しており、ダナン空港の作業は2018年に完了することになっている。しかし、ビエンホア空軍基地とその周辺の湖沼は高度に汚染されたままである。当局は、魚やアヒルを住民が飼育するための湖沼の使用をさらに厳しく禁止する必要がある。

　50年以上も前にベトナム南部で使用されたエージェントオレンジや他の軍用除草剤に含まれる汚染物質であるダイオキシンの現況はどうなっているのだろうか。依然として市民の健康に脅威を与えているのだろうか。もしそうであるなら、それに対して何がなされたのか。私たちは、大量に撒布された省と、除草剤を貯蔵、混合し、それを撒布機に積み込んだ旧アメリカ軍基地、そして現在その近隣に住むベトナム人のために証拠と結果について調査している。次に、私たちは他のダイオキシン汚染源およびベトナムがそれらをどのように管理しているかについて説明する。

　ベトナム人科学者たちと海外の協力者たちは、エージェントオレンジや他の除草剤に含まれるダイオキシンが最も多く残留していると思われ

---

* いろいろな反応がこの値以上で起こり、この値以下では起こらない場合の境界となる値を意味する表現。限界値とも言う。

る、大量に撒布された省を優先して調査している。1993 〜 2010 年の 17
年間、以下に報告する多数の研究およびその他の研究において、科学者
たちは人間の血液と母乳、土壌や堆積物の数千のサンプル、そして魚と
その他の動物の数百のサンプルを分析した。

　測定したほとんどすべてのサンプルにおいて、撒布地域のダイオキシ
ン濃度は、ベトナム政府が定めた農村部の住宅地の土壌に対する閾値で
ある 120 ppt TEQ（1 兆分の 1 の毒性等量の意）、および池や湖の堆積物
に対する閾値 150 ppt TEQ を大幅に下回っていた（用語の説明は、附録
1 を参照）[1] 原注。一部のサンプルでは、ダイオキシンがまったく検出さ
れなかった。唯一の例外は、コントゥム省サータイ県のある地区の複数
の土壌サンプルであった[2]。エージェントオレンジの残留ダイオキシン
は、今日のベトナムのほぼ全域において、実質上、生活者、労働者、そ
して訪問するすべての人々に直接の脅威とはなっていない。土壌表面の
残留ダイオキシンは太陽光によってすでに分解され、長年にわたる降雨
によって土壌や堆積物にある残留ダイオキシンは洗い流されてきた。

　科学者たちはさらに、有毒な化学物質が長期間にわたって継続的に処
理、保管、使用された場所で、ダイオキシンによって汚染されたホット
スポットまたは汚染源が特定されると仮定して、旧アメリカ軍基地を優
先した[3]。その結果、多くの旧アメリカ軍施設のうち、ベトナムの閾値
を超えるレベルのダイオキシン汚染があったのは、フーカット、ダナン、
ビエンホアのわずか 3 か所の空港だけである。フーカット空港では汚染
土壌と堆積物を封じ込め、ダナン空港およびビエンホア空港では環境修
復が進んでいる。依然として重大な懸念事項は、ダナン空港で働いた
人々や、ビエンホア空港周辺で獲れた魚、アヒル、カタツムリなどの水
生動物を食べている人々の血液と母乳に含まれるダイオキシンが高い水
準で検出されていることである。

　現代ベトナムの工業化経済の中で、ダイオキシンを含む残留性有機汚
染物質（POPs）は多くの潜在的な発生源を持っている。そのため、ベ

40

トナム環境総局は将来の汚染物質を検出し、浄化するための技術力を開発し、規制基準を導入した。

ダイオキシンの閾値レベル

多くの国は、使用された種類に応じて土壌中のダイオキシン、および水域の堆積物中のダイオキシンの閾値を設定している。これらの閾値を超えた場合は環境評価と浄化が行われる。表1.1はベトナム[4]、日本、アメリカ[5]の閾値を示したものである。

表1.1　ダイオキシン閾値レベル

土壌と堆積物	ベトナム	日本	アメリカ
年間耕作地の土壌	40 ppt TEQ(1)	N/A(2)	N/A
森林および多年生樹林の土壌	100 ppt TEQ	N/A	N/A
農村住宅用地の土壌	120 ppt TEQ	N/A	50 ppt TEQ
小川および池の堆積物	150 ppt TEQ	150 ppt TEQ	N/A
都市住宅用地の土壌	300 ppt TEQ	N/A	51 ppt TEQ
レクリエーション用地の土壌	600 ppt TEQ	N/A	N/A
商工業用地の土壌	1200 ppt TEQ	1000 ppt TEQ	730 ppt TEQ

注：（1）pptは1兆分の1／TEQ：Toxic Equivalent, 毒性の強さを加味したダイオキシン量の単位
（2）データなし
（出所）本章注［5］, US. Agency for International Development (USAID) (2016).

食糧と木材の生産に使用される土壌、および人々が頻繁に接触する土壌の閾値は最低レベルの閾値である。小川および池の堆積物は、小川や池の底の淡水、海洋環境にある土壌である。堆積物はダイオキシンを食物連鎖の中に混入させる可能性がある。そしてダイオキシンは、食物連鎖を介して生物に蓄積する傾向があり、人体の組織からも検出される[6]。

商業用および工業用の土壌には、空港および空軍基地の土壌が含まれる。ベトナム政府の規制により、上記の閾値を上回る浄化が必要な地域がある。加えて、500 〜 1200 ppt TEQ の範囲のダイオキシンを含む商業用土壌と 50 〜 150 ppt TEQ の範囲の堆積物では、継続的な監視が必要となる。

　ベトナムの閾値レベルは国際基準に近いので、エージェントオレンジの撒布による残留ダイオキシン量の有意性を判断する基準となる。

南部における撒布地域

　ベトナムの科学者たちは、カナダ、日本、ドイツ、チェコ、ニュージーランド、アメリカの科学者たちと協力して、1990 年代からベトナムの残留ダイオキシン濃度の調査と評価を行なってきた。そして、除草剤撒布地図とアメリカ国防総省のデータを基に、大量撒布された地域を優先した。アーサー・H・ウェスティング（1976 年）[7]、アーノルド・シェクター（1995 年）[8]、そして J・M・ステルマン（2003 年）[9] による分析は、エージェントオレンジのダイオキシンがその後どうなったかを解明するのに重要な貢献を果たした。

　1961 〜 1970 年に、アメリカ軍は推定 7378 万 253 ℓ（約 1950 万ガロン）の除草剤 [10] を使用して沿岸部のマングローブ林を枯らし、内陸部の森林、道路、鉄道、送電線、運河、軍事基地周辺の植生を消失させて見通しをよくし、また作物を破壊した。これらの戦術は、敵軍から隠れ場所となる森林を奪い取り、敵軍の食糧源を減らすことを意図したものであった。ほぼすべての除草剤が C-123 輸送機から撒布された。約 2％の除草剤は、軍事基地周辺の植生を除去する目的で背負式の噴霧器、トラック、あるいはヘリコプターによって撒布された。

表1.2　ステルマンの研究：エージェント別[(1)]、撒布年別[(2)]の南ベトナム共和国で撒布された除草剤の量（ℓ）と割合（%）の分布（1962 〜 1971 年）

年	パープル	ピンク	オレンジ	ホワイト	ブルー	不明	合計	累積割合
1962	14万2085				1万 31		15万2117	0.2%
1963	34万 433						34万 433	0.7%
1964	83万1162				1万5619		84万6781	1.8%
1965	57万9092	5万 312	186万8194			1万8927	251万6525	5.2%
1966			760万2390	217万9450	5万9809	12万6474	996万8124	18.7%
1967			1252万8833	514万1117	151万8029	8万6288	1927万4267	44.9%
1968			874万7064	835万3143	128万9144	24万9750	1863万9101	70.1%
1969			1267万9579	398万7100	103万5385	27万4291	1797万6356	94.5%
1970			225万1876	84万5464	76万2665	9万6509	395万6514	99.9%
1971				5万 251	5万 698	9085	11万 34	100.0%
合計	189万2773	5万 312	4567万7937	2055万6525	474万1381	86万1325	7378万 253	
割合	2.6%	0.1%	61.9%	27.9%	6.4%	1.2%	100.0%	

(1) データには、1961年に試験撒布された9471ジノキソールおよび5481トリノキソールは含まれていない
(2) データは修正された HERBS ファイルから取得
（出所）本章注 ［9］, Stellman, et al. (2003).

　枯れ葉剤総量の3分の2（4762万1022ℓ）はダイオキシンに汚染されていた。それらは色で識別され、エージェントオレンジ、エージェントピンク、エージェントパープルなどと呼ばれていた。東南アジアの枯れ葉剤撒布に関するアメリカ軍の作戦コード名であるランチハンド作戦[*訳注]では、最終的に167万9734ha（415万713エーカー；1万6797km^2）の面積に撒布された。これは南部ベトナムの面積のおよそ15%に相当する。9年以上にわたる作戦で多くの地域に繰り返し撒布された[11]。ステルマン教授によると、「人口データがある集落のうち、3181の村に直接撒布され、少なくとも210万人、おそらくは480万人もの人々が撒布された範囲にいたと思われる。」[12]
　ランチハンド作戦の標的にされた地域と1km^{2}当たりの撒布強度は、

---

* 牧場使用人の意。

163 ページの地図に示されている。

　最も集中して撒布された省は、今日でも残留ダイオキシンが確実に検出されると予想される地域である。北から南へ地名を挙げると、クアンチ省（カムローとゾーリン）、トゥアティエンフエ省（アールオイ）、コントゥム省（サータイ）、ビンズオン省（タンウエン）、ビンフオック省（ブーザーマップ）、タイニン省（タンビエン）、ドンナイ省（マダー）、ホーチミン市（カンゾー）そしてカマウ省である。ベトナムの科学者たちはニャチャン湾とサイゴン川河口の残留ダイオキシンレベルの環境評価も行った。これらの地域はすべて大きな影響を受けており、ダイオキシン残留物が戦争時から残っている可能性のある地域の今日の状況をほぼ完全に把握することができた。

クアンチ省：カムローとゾーリン[13]

　クアンチ省は戦争中、南ベトナムと北ベトナムの国境沿いにあった。当時、ここには非武装地帯（DMZ）があり、非武装地帯での戦闘は最も激しいものだった。220 万 4348 ℓ のエージェントオレンジを含む、合計 285 万 2843 ℓ の枯れ葉剤と除草剤がこの地域に撒布された。

　2000 年から 2004 年にかけて、アメリカが戦争中にベトナムで使用した化学物質の影響を調査するベトナム保健省の国家委員会（10-80 委員会）、およびベトナム・ロシア熱帯研究センターは、70 の土壌サンプル、15 の堆積物サンプル、2 つの水質サンプル、10 匹の魚類サンプルの、計 97 のサンプルを採取し、ダイオキシン濃度を測定した。分析では土壌サンプル中の TCDD 濃度を検査した。TCDD（2,3,7,8- テトラクロロジベンゾ -p- ジオキシン）はダイオキシン化合物の中で最も毒性が強い。他のダイオキシン類の毒性は TCDD の毒性を基準に測定される。2,3,7,8-TCDD がサンプル中の毒性等量（TEQ）の 80 〜 100% を占める場合、このサンプルは、エージェントオレンジかランチハンド作戦で使用された他の除草剤に由来することが推定される。土壌サンプルの

TCDD 濃度は検出不可能な水準から最大で 10.4 ppt TEQ の範囲であった。堆積物サンプルでは、TCDD 濃度は検出不可能な水準から最大 3.4 ppt TEQ であった。水質サンプルからはダイオキシンは検出されなかった。また魚類サンプルでは、TCDD 濃度はゼロから最大 0.13 ppt TEQ の範囲であった。

トゥアティエンフエ省：アールオイ県

アールオイ県は、フエ市西部の山間部、ラオスとの国境沿いに横たわる渓谷にある。この地域には枯れ葉剤と除草剤が 453 万 2729 ℓ 撒布されたと報告されており、そのうちの 344 万 5604 ℓ がエージェントオレンジだった。

1996 ～ 1999 年に、10-80 委員会とハットフィールド・コンサルタンツ社は、101 の土壌サンプル、20 の堆積物サンプル、19 匹の魚類サンプルを収集して、ダイオキシンの検査を行なった。877 ppt TEQ という最大濃度を示したのは、アーソー（アメリカ軍はアーシャウと呼んでいた）にあった旧アメリカ軍の空港から採取した 2 つの土壌サンプルだった。他の 2 つの空軍基地はそれ以下の濃度だった。アールオイ空軍基地での 9 つのサンプルにおける平均濃度は 12 ppt TEQ であり、ターバット空軍基地の 7 つのサンプルの平均は 13 ppt TEQ だった。20 の堆積物サンプルでは、TCDD の平均濃度は 5.6 ppt TEQ で、分析された 19 匹のソウギョのサンプルの平均濃度は 16.1 ppt であった。10-80 委員会とハットフィールド・コンサルタンツ社は人間の血液と母乳も分析し、ダイオキシンを検出した。このように、土壌と堆積物から魚、そして人間への汚染の連鎖を示すことができた。

コントゥム省：サータイ県

コントゥム省は、ラオス、カンボジアとの国境の合流点の東にある中部ベトナムの山岳地帯である。1961 年 8 月 10 日[14]に、アメリカ軍は

国道 14 号線沿いをゴクホイ県からサリー丘を越え、省都のコントゥム市の北部まで撒布し、除草剤の最初の試験撒布飛行を行なった。以後 10 年間で、エージェントオレンジ 286 万 1154 ℓ を含む合計 392 万 1047 ℓ の枯れ葉剤と除草剤がコントゥム省に撒布されたが、そのほとんどはサータイ県とゴクホイ県であった。

　ベトナム・ロシア熱帯研究センターは、2003 年にサータイ県サーニョン村で採取した 14 の土壌サンプル、6 つの堆積物サンプルの分析をしたが、これらのサンプルからはダイオキシンは検出されなかった。

　ベトナム科学技術院のレ・スアン・カイン氏の研究グループは、2010 年に 3 つの地域から 15 の土壌および堆積物のサンプルを採取した。その 3 か所とは、きわめて大量に撒布されたコントゥム省サータイ県のサックリー、そこよりは撒布量の少ないクアンナム省ナムザン県チャーヴァル*訳注、その対照群として、撒布を受けていないコントゥム省のチューモンザイである。サックリーの山岳地帯の麓で採取した土壌サンプル中の TCDD 濃度は 482 〜 845 ppt TEQ の範囲であり、堆積物サンプルでは 135 〜 619 ppt TEQ の範囲であった。チャーヴァルの堆積物中の TCDD 濃度は 107 〜 430 ppt TEQ の範囲であった。撒布されなかったチューモンザイの土壌サンプル中のダイオキシンは 345 ppt TEQ であった。このコントゥム省の 3 か所はさらに調査が必要である。

ビンズオン省：タンウエン県およびフーザオ県

　ビンズオン省はホーチミン市の北部に位置する低丘陵地帯である。同省は戦争中に多量に撒布された省であり、枯れ葉剤と除草剤 547 万 6469 ℓ が撒かれ、そのうちエージェントオレンジは 255 万 7908 ℓ であった。

　2000 年に、ベトナム・ロシア熱帯研究センターがビンミー村で 19 の土壌サンプルを採取した。それらの平均ダイオキシン濃度はわずか 14

＊　県央でラオスに近い。

ppt TEQ だった。また、チャインミー村の 4 つの土壌サンプルのダイオ
キシン濃度は 5.6 ppt TEQ であった。この 2 か所の村の 14 の魚類サンプ
ルのダイオキシン濃度は 3 〜 4 ppt TEQ であった。

　もう 1 つの研究では、ベトナム熱帯技術環境保護研究所の科学者が、
2009 年に、タンウエン県とフーザオ県から 36 の土壌サンプル、4 つの
堆積物サンプルを採取した。土壌サンプル中のダイオキシン濃度は 1
〜 27 ppt TEQ（平均 4.8 ppt TEQ）の範囲だった。4 つの堆積物サンプル
では、ダイオキシン濃度は 1 〜 5.3 ppt TEQ（平均 2.5 ppt TEQ）の範囲
だった。

ビンフオック省：ブーザーマップ県およびフオックロン市

　戦争中、ビンフオック省にはおよそ 942 万 722 ℓ の枯れ葉剤や除草剤
が撒布され、それにはエージェントオレンジが 482 万 2006 ℓ 含まれて
いた。省内では、ブーザーマップ県とドンフー県が最も多量に撒かれた。

　ベトナム・ロシア熱帯研究センターは、2003 年にフオックロン市の
ドゥックハイン村で採取した 16 の土壌サンプル、6 つの堆積物サンプル、
2 つの魚類サンプルを検査した。その結果、土壌サンプルの平均ダイオ
キシン濃度はおよそ 1 ppt TEQ、堆積物サンプルの平均濃度はほぼ 1ppt
TEQ、そして魚類サンプルの濃度は 0.1 ppt TEQ 未満だった。

　2010 年、天然資源環境省のベトナム地球科学鉱物資源研究所のファ
ム・ヴァン・タインの研究グループが、ブーザーマップの農地と森林で
採取した 153 の土壌サンプルを検査した。その結果は 0.4 〜 8.6 ppt の
TCDD 濃度だった。

タイニン省：タンビエン県およびザウティエン県

　タイニン省は特に大きな被害を受けた省である。タイニン省に撒かれ
た枯れ葉剤は 523 万 8,098 ℓ、そのうちの 221 万 483 ℓ がエージェント
オレンジであった。そのほとんどがタンビエン県とタンチャウ県に撒布

された。ザウティエン湖は、タイニン省のザウティエン県と、隣接する
ビンフオック省ホンクアン県にまたがっている。この湖の湛水面積は
45.6km^2 である。貯水量は約 15 億 8000m^3 で、タイニン省とビンフオッ
ク省の家庭用水と灌漑用水を供給する非常に重要な役目を果たしている。

　松田宗明たちの研究グループ（日本、1993 年）は、ザウティエン湖
周辺で採取した 54 の土壌サンプルを検査した。TCDD が検出されたの
は 14 の土壌サンプルだけで、濃度の範囲は 1.2 ～ 38.4 ppt TEQ（平均は
14 ppt TEQ）だった。

　ベトナム・ロシア熱帯研究センターは 1995 年から 1998 年にかけてタ
ンビエン県のタンビン村で 24 の土壌サンプルを採取した。平均ダイオ
キシン濃度は 14 ppt TEQ であった。また、同センターは 7 匹の魚類サ
ンプルを検査したが、ダイオキシンの平均値はわずか 3 ppt TEQ に過ぎ
なかった。

　同センターは 2000 年、チャンバン県ドントゥアン村で 39 の土壌サン
プルを採取した。そのうち 32 のサンプルからダイオキシンを検出した
が、濃度は 1.4 ～ 27.8 ppt TEQ の範囲（平均値は約 7 ppt TEQ）であり、
さらに 6 つの堆積物サンプルを検査した結果、ダイオキシン濃度は 5.8
～ 13.2 ppt TEQ の範囲だった。また、1 匹の魚類サンプルのダイオキシ
ン濃度は 4.2 ppt TEQ であった。

ドンナイ省：マダー森林およびチアン湖

　ドンナイ省はすべての省の中で最も多量に撒布された省であった。有
名な軍事基地 D が存在するマダー森林が注目されていたからである。
ドンナイ省に撒布された枯れ葉剤と除草剤の総量は、944 万 115 ℓ と報
告されている。そのうち、エージェントオレンジは 494 万 550 ℓ であっ
た。チアン湖は、1984 ～ 1987 年に建設されてできた、ドンナイ川の水
力発電所のダム湖である。同湖は、ビエンホア市北東約 35km のヴィン
クー県にあり、湛水面積は 323km^2 で、貯水量は 2 兆 7,650 億 m^3 である。

チアン湖は、ドンナイ省、ビンズオン省とホーチミン市の一部の家庭用水および灌漑用水として重要な淡水源である。

　検査の結果、土壌中の平均ダイオキシン濃度は 2.2 ppt TEQ、堆積物では 2.9 ppt TEQ、小魚では 1.3 ppt TEQ であった。採取した 4 つの水質サンプルからはダイオキシンは検出されなかった。

　1997 年、10-80 委員会とハットフィールド・コンサルタンツ社は、ランラン森林区の 3 つの土壌サンプルとバーハオ湖の 2 つの堆積物サンプルを検査し、土壌サンプルから 2.4 〜 20.3 ppt TEQ の範囲のダイオキシン濃度を検出した。堆積物サンプルでは 2.6 および 8 ppt TEQ であった。また、マイ・トゥアン・アインの研究グループが 2003 年にランラン森林区から採取した 7 つの土壌サンプルからは、TCDD は検出されなかった。

ホーチミン市カンゾー県およびカマウ省のマングローブ林

　カンゾー県はサイゴン川の河口にあり、ホーチミン市の中心部から 50km の場所に位置している。カンゾー県のサック森林は多量に撒布された地域である。森林地帯の全面積 10 万 5000ha（1050km^2）のうち、およそ 6 万 232ha（602km^2）に、377 万 6650 ℓ の枯れ葉剤と除草剤が撒布され、そのうちエージェントオレンジは 214 万 9,899 ℓ だった。

　ハノイ国家大学のグエン・ドゥック・フエ博士と 10-80 委員会はサック森林の 7 つの土壌サンプルを検査した。TCDD 濃度の平均値はわずか 16 ppt TEQ（範囲は 0 〜 45 ppt TEQ）であった。松田たち（1993 年）はカマウ省のマングローブ林から 16 の土壌サンプルを検査した。その結果、すべての土壌サンプルで 1 ppt TEQ 以下のダイオキシン濃度を示した。

ニャチャン湾およびサイゴン川河口

　ダイオキシンが海洋に移動したことをさらに調査する目的で、ベトナム・ロシア熱帯センターは 2002 年、カインホア省ニャチャン湾で 24

の堆積物サンプルを採取し検査した。その結果、22のサンプルから0.1
〜1.2 ppt TEQの範囲でTCDDが検出された。サンプルのうちの2つは
19.3および15.5 ppt TEQのTCDD濃度を示した。（93.0％および86.3％
のTEQを占めており、この数値はエージェントオレンジ由来であるこ
とを意味する。）

　塩崎彬たちの研究グループは、2009年にサイゴン川河口からの5つ
の堆積物サンプルを検査し、7.2 pptの合計TEQのうち平均2.5 ppt TEQ
のTCDD濃度を検出した。サイゴン川の上流の5つの堆積物サンプルは、
1.3 pptの合計TEQのうち平均が0.2 ppt TEQ未満であった。TCDD濃度
がそれぞれの合計TEQに対して高い割合を占めていなかったため、彼
らは河口及び川底のダイオキシンはエージェントオレンジに由来するも
のではないと結論づけた。

ダイオキシンが閾値以下の旧アメリカ軍基地

　1996年から1999年まで、10-80委員会はカナダ・バンクーバーにあ
るハットフィールド・コンサルタンツ社と共同で、戦争中アールオイ渓
谷に大量に撒布された残留ダイオキシンによる環境破壊の影響を評価
した。アールオイはラオスと国境を接して南北に50km延びる、トゥア
ティエンフエ省の最西端に位置する県である。この調査の過程で、アー
ルオイ渓谷の土壌と堆積物のダイオキシン濃度は、先に報告したように、
アーソーの旧アメリカ軍基地を除いて、閾値をはるかに下回っているこ
とが明らかになった[15]。これらの結果とベトナム全土の撒布地域で実
施した他のサンプル調査の結果をもとに、10-80委員会とハットフィー
ルド・コンサルタンツ社は、すべてではないにしても、主に他の旧アメ
リカ軍基地で閾値を超える濃度でダイオキシンが存在することを示した

[16]。2002 〜 2006 年に、入手可能な公開情報や保管資料の調査をもとに、彼らはアメリカが軍事施設として使っていたベトナム南部の 2735 か所について評価を行なった。そして徐々に、潜在的に高濃度のダイオキシンが検出される場所を 28 か所にまで絞りこんだ。そしてこれらより、ランチハンド作戦の要衝となったことが保管資料により明らかで、かつ、潜在的に人間の健康に最大のリスクを与えた 18 か所を選んだ。10-80 委員会とハットフィールド・コンサルタンツ社の科学者たちは、2004 年に 18 か所すべてで現地調査を行い、収集した情報に基づいて 2005 年にサンプル採取と検査のための 7 か所を選んだ。

　この研究は、「土壌、堆積物に記録されたダイオキシン濃度に基づいて、ダナン、フーカット、ビエンホアの各空港が深刻なホットスポットとして特定された」と結論づけた。さらに、プレイク、ニャチャン、カントーおよびタンソンニャットの各空港の周辺から採取したサンプルを分析し、これらの基地は深刻なホットスポットではない可能性が高いと推測した[17]。この暫定的な結論は、国連開発計画／地球環境ファシリティ（United Nations Development Programme/Global Environment Facility, UNDP/GEF）プロジェクトのもとで、ベトナム国防省によって、上記の基地内部で採取されたサンプルの分析で確認された。その結果については以降の頁で報告する。

トゥアティエンフエ省：アーソー、アールオイ、ターバット各旧空軍基地

　1996 年、10-80 委員会とハットフィールド・コンサルタンツ社は 3 つの旧アメリカ空軍基地の土壌サンプルを検査した。アーソー空軍基地の 2 つの土壌サンプルからは、877 ppt TEQ という最高濃度の値が検出された。アーソーの他の土壌サンプルはわずか 94 ppt TEQ、アールオイ空軍基地の 9 つの土壌サンプルの平均 TCDD 濃度は 12 ppt TEQ、ターバット空軍基地で採取した 7 つのサンプルの平均 TCDD 濃度は 13 ppt TEQ であった[18]。

ザーライ省：プレイク空軍基地

　2012年、33委員会とベトナム・ロシア熱帯研究センターは、プレイク空軍基地の深さ最大40cmから17の土壌サンプルを採取した。TCDD濃度の最高値は5.5 ppt TEQだった。他のほとんどの土壌サンプルは1 ppt TEQ未満のTCDD濃度であった[19]。

アンザン省：ヴァムコン空軍基地

　2012年、33委員会はベトナム・ロシア熱帯研究センターと協力し、ヴァムコン空軍基地で最大60cmの深さから20の土壌サンプルを採取した。ほとんどの土壌サンプルは、1 pp TEQ未満の濃度だった。TCDD濃度の最も高いものは1.79 ppt TEQであった。

ホーチミン市：タンソンニャット空軍基地

　2008年、ベトナム国防省化学司令部は、撒布に使用されたヘリコプターのための枯れ葉剤搭載区域から27の土壌サンプルを採取した。TCDDの最高濃度は1097 ppt TEQで、2番目に高い濃度は643 ppt TEQであった。このことから搭載区域には他にも汚染された場所がある可能性があり、さらに土壌サンプルを採取する必要性を示唆している。他のほとんどのサンプルはダイオキシン濃度が1.1 ～ 10.0 ppt TEQの範囲であった。

ニントゥアン省：ファンラン空軍基地

　2008年、ベトナム国防省化学司令部は、ファンラン空軍基地で採取した15の土壌サンプルを検査した。いくつかのサンプルは78.5 ppt TEQまたはそれ以下のTCDD濃度を示したが、他のサンプルのほとんどは10 ppt TEQまたはそれ以下のTCDD濃度だった。

カインホア省：ニャチャン空軍基地

2008年、ベトナム国防省化学司令部は、最大20cmまでの深さの3つの土壌サンプルと、30〜50cmの深さから1つの土壌サンプルを採取した。これらのサンプルのダイオキシン濃度はそれぞれ50、23、22、9 ppt TEQ だった。

フーイェン省：トゥイホア空軍基地（現ドンタック空港）

2008年、ベトナム国防省化学司令部は、最大1mまでの深さから4つの土壌サンプルを採取した。最も高いダイオキシン濃度は38 ppt TEQ であった。他のサンプルのダイオキシン濃度はそれぞれ2.6、3.7、8.6 ppt TEQ であった。

航空機墜落現場におけるダイオキシン汚染

戦争中に、エージェントオレンジを撒布する航空機が時々、離着陸時あるいは撒布任務中に墜落事故を起こした。そのような墜落事故の件数、場所、および航空機が積載していた除草剤の混合物がどうなったのかについては、ほとんど知られていない。2008〜2009年に、アメリカとベトナムはトゥアティエンフエ省で墜落現場を発掘した。その後、33委員会は21の土壌サンプルと、17の堆積物サンプルを検査した。最も高いダイオキシン濃度は5.7 ppt TEQ であり、これは、農村住宅用地の土壌にベトナムが定めた閾値をはるかに下回っている[20]。

ダイオキシンが閾値以上の3つの旧アメリカ軍基地

ビエンホア、ダナン、フーカットの空軍基地は、ベトナム南部のランチハンド作戦の主要拠点であり、撒布に使われたC-123輸送機の基地で

あった。この3つの空軍基地は、エージェントオレンジと他のランチハンド作戦用の除草剤の大量貯蔵と供給施設としての役割も果たした。貯蔵区域は、除草剤が漏れ出したり、また、完全に空になることがほとんどない除草剤のドラム缶の不適切な廃棄によって、深刻な汚染に見舞われた。残留ダイオキシンが蓄積し、最終的にこれら3つの基地では59万2300m³の土壌と堆積物が汚染された。これらの土壌と堆積物の85%がビエンホア空軍基地で、14%がダナン空軍基地、1%がフーカット空軍基地にそれぞれ存在する。土壌の浄化作業はすでに始まっている。

ドンナイ省：ビエンホア空軍基地

　ビエンホア空軍基地はランチハンド作戦の最大の拠点である。ビエンホアでのダイオキシン汚染は、エージェントオレンジとその他の除草剤の処理・貯蔵・混合・積載作業、そして漏出の結果によるものである。ビエンホア空軍基地では3基の大型貯蔵タンクが除草剤の貯蔵に使用された。エージェントオレンジ、エージェントホワイト、エージェントブルーの貯蔵用である。さらに、この空軍基地で使用された追加の除草剤として、エージェントパープル、エージェントピンク、エージェントグリーン、その他の除草剤が含まれていた。

　アメリカ国防総省のデータによると、アメリカ軍は戦争中に同基地で、55ガロン（208ℓ）入りのドラム缶17万個の除草剤を貯蔵した。そのうち9万8000個のドラム缶にエージェントオレンジが、4万5000個のドラム缶にエージェントホワイトが、1万6000個のドラム缶にエージェントブルーが入っていた。エージェントパープル、エージェントピンク、エージェントグリーンなども同基地に貯蔵されていた。1969年12月〜1970年3月に、主として貯蔵タンクからの漏出により、およそ2万5000ℓのエージェントオレンジと2500ℓのエージェントホワイトがビエンホアの土壌に入り込んだ。1972年、アメリカの請負業者がペーサー・アイヴィ作戦の名の下で、エージェントオレンジと他の除草剤の

入った 1 万 1000 個のドラム缶を除去した。1978 年に太平洋東部のジョンストン島でドラム缶の内容物は焼却された。同基地でのエージェントオレンジや他の除草剤の広範囲の使用と貯蔵を考えると、ビエンホア空軍基地は最大かつ最も複雑なダイオキシン汚染地となっている。

1990 年以来、ベトナムはダイオキシン濃度の評価と分析をするために、ビエンホアで多くのプロジェクトを実施してきた。採取された最初の土壌サンプルは、ロシア科学アカデミーで検査が行われ、5 万 9000 ppt TEQ が検出された。1990 年代の研究で、アーノルド・シェクター教授の報告によると、ビエンホア市とビエンホア空軍基地でのダイオキシン濃度は検出不能から 100 万 ppt を超える TEQ の範囲であった[21]。しかし、サンプルの採取場所は不明である。その後、ベトナム国防省、10-80 委員会、33 委員会は、ハットフィールド・コンサルタンツ社と協力して、ベトナム政府、フォード財団、そして国連開発計画（UNDP）の資金協力を受け、より幅広い研究を実施した。

空軍基地内にある 3 つの主要汚染区域は、基地の南中部の Z1 区域（旧ランチハンド作戦基地）、Z1 区域の西に位置する基地境界付近の南西区域（ペーサー・アイヴィ作戦の除草剤貯蔵場所と見られる区域）、そして同基地の西端のペーサー・アイヴィ区域（太平洋のジョンストン島に運搬する前に除草剤をドラム缶に積み替えるために使用された場所）である。

2009 年に、ベトナム国防省は Z1 区域の 4.7ha（4 万 7000m^2）にわたる 23 か所の重度汚染地点を隔離し、掘り起こした。埋め立て地には全量で 9 万 4000m^3 の土壌が使用された。これには、ベトナム科学技術院の科学者が開発した、生物学的環境修復（バイオレメディエーション）技術で処理した 3 か所の 3384m^3 の土壌が含まれていた。

ビエンホア空軍基地の地形は全般的に南に傾斜しており、流出したダイオキシンは市内南東部、南部、南西部の湖や池に運ばれた可能性が最も高い。2011 年のビエンホア人民委員会の調査では、市中心部のビエンフン湖の堆積物から 1370 ppt TEQ のダイオキシンが、同空軍基地南

西部のビューロン区の土壌から 2752 ppt TEQ のダイオキシンがそれぞれ検出された[22]。同空軍基地とその周辺には 20 の湖があり、一部には深刻なダイオキシン汚染を受けている湖もある。北東区域のある湖の堆積物からは 8900 ppt TEQ という検査結果が出た。基地南端の Z1 湖の魚ティラピアの脂肪については 1440 ppt TEQ の濃度だった。2 番ゲート湖から採取された魚の脂肪は 1520 ppt TEQ の濃度だった[23]。

　2012 年に 33 委員会は、国防省および国連開発計画／地球環境ファシリティ（UNDP/GEF）と協力してホットスポットの境界地図を作成した。汚染区域からの雨水の流出を捕捉する排水システムを建設し、汚染地や湖にフェンスを張り巡らし、警告の看板も設置した。また、ビエンホアの環境修復のための基本計画も作成した。

　2016 年、ベトナム国防省とアメリカ国際開発庁（USAID）は、環境評価を完了した。ビエンホアの評価では、ダイオキシンで汚染された土壌と堆積物の範囲と深さを特定し、暫定的な緩和策を推奨し、主要な浄化作業の戦略と技術を評価した[24]。両者は 1400 以上の土壌サンプルと堆積物サンプルを採取した。これは、ベトナムでこれまで行われた最大規模のサンプル採取計画となった。両者の評価作業によって、Z1 区域、南西区域とペーサー・アイヴィ区域でダイオキシン汚染土壌が確認された。空軍基地内の北西および北東区域にある湖の堆積物で、また基地外では、2 番ゲート湖とビエンフン湖およびペーサー・アイヴィ区域西の排水路の堆積物でダイオキシン濃度の上昇が確認された。165 ページのビエンホア空軍基地の地図では、赤色の斜線部分が以前の研究で特定され、アメリカ国際開発庁（USAID）の調査でも確認されたダイオキシンの汚染地である。黄色の点線は、ダイオキシン汚染としてすでに知られる地域と潜在的な地域の範囲を示している[25]。

　ダイオキシン汚染のベトナムの閾値レベルを適用して、2016 年の評価では処理を必要とするダイオキシン汚染の土壌と堆積物の推定量が表 1.3 の通り算出された。

表 1.3　ビエンホアの汚染土壌と堆積物

	基準量（m³）	不測の事態の基準量（m³）
土壌	31 万 5700	37 万 7700
堆積物	9 万 2800	11 万 7600
合計	40 万 8500	49 万 5300

（出所）表 1.1 と同じ

　ビエンホアで処理される土壌と堆積物の全量は 49 万 5300m³ である。この量は、将来の修復事業の過程でさらにダイオキシンが発見される可能性を含めた数値である。次に、この研究は、種々の異なる技術とそれらの技術の組み合わせを駆使して、49 万 5300m³ の土壌と堆積物の処理費用を推定した。これらの手法のうち、3 つの手法とそれぞれの導入に必要な推定費用と時間は下表のとおりである。実際の費用は、最終的に処理に必要な資材の量と修復プロジェクトの完了に必要な時間に応じて、下の表に示すように変動する可能性がある[26]。

表 1.4　ビエンホアの土壌と堆積物の修復に必要な費用の見積もりと時間

技術	見積額（100 万米ドル）	範囲		完了までの年数
		-40%（100 万米ドル）	+75%（100 万米ドル）	
受動埋め立て*訳注	137	82	239	8-11
熱伝導加熱	640	384	1121	17-21
焼却	794	476	1389	11-15

（出所）表 1.1 と同じ

　受動埋め立て方式は最も費用のかからない手法である。すべての汚染された土壌と堆積物を収集し、処理することなく長期間保管する必要が

＊　汚染土壌を掘り起こし、深く掘った穴の壁面と底部を凝固剤で凝固する。防水の硬質シートを穴の全面に敷いてから汚染土を埋め戻し、ダイオキシン漏れを監視するセンサーをつけて防水硬質シートを密封する方式。

ある。熱伝導加熱および焼却は、汚染された土壌と堆積物を非常に高温で加熱することによりダイオキシンを破壊する。熱伝導加熱は、インパイル熱脱着という独自の名前で知られており、ダナン空港の土壌の浄化に使われた技術である。焼却は最も費用のかかる技術で、8 〜 14 億ドルの費用がかかり、時間も 11 〜 15 年を要する[27]。

　ビエンホアのダイオキシンの浄化には費用と手間がかかるだろう。ベトナムとアメリカはどの技術を使うか決めておらず、両国政府は資金調達の方法を特定していない。浄化にかかる費用が高いことから、作業は複数の技術を導入して段階的に実施される可能性もある。

　それまでの間、ベトナム政府は、ビエンホア軍事基地およびその周辺にある 16 の湖や池で、住民がダイオキシンに汚染された魚の養殖、販売、食用に供することを禁止すべきである。2016 年の環境評価で引用された 2009 年と 2011 年の調査では、これらの湖や池に生息するすべての魚、その脂肪と身には、ベトナムの基準を超える濃度のダイオキシンが含有されていると記録されている。また、ダイオキシンはビエンホアに居住する住民の血清や母乳からも検出されている。最も高い濃度は、空軍基地の湖のティラピアや他の種類の魚を定期的に消費する人々から検出されている[28]。しかし、広報活動、フェンスや警告標識の設置、2010 年に制定された禁漁令などにもかかわらず、ビエンホアの人々は空軍基地内や周辺で養殖や漁業を引き続き行なっている。

　ベトナム政府、特に国防省とビエンホア人民委員会は、空軍基地内のすべての湖と空軍基地外のダイオキシンに汚染されたすべての湖に生息する魚、アヒル、その他の水生動物をただちに捕獲、殺処分にし、再侵入（再流入）を阻止すべきである。

ダナン空港
　ダナン空港はランチハンド作戦の主要拠点の 1 つであり、C-123 輸送

機の撒布飛行活動の回数、貯蔵・使用された除草剤の量という点でも、ビエンホアに次ぐ第2の空港であった。アメリカ軍は5万2700バレル（873万8630ℓ）のエージェントオレンジを含む9万4900バレル（1508万7894ℓ）の枯葉剤と除草剤を貯蔵した。ペーサー・アイヴィ作戦の間にも、8220バレル（130万6876ℓ）のエージェントオレンジを貯蔵していた。除草剤流出事故が何度も起きており、結果として深刻な土壌汚染をもたらした。

　ベトナム・ロシア熱帯研究センターは1995年に、ダナン空港で残留ダイオキシンに関する最初の調査を行なった。その後の研究は、10-80委員会（2003〜2005年）と33委員会（2006〜2009年）がハットフィールド・コンサルタンツ社と共同で、フォード財団の資金援助を受けて行なった。2006年、ベトナムはダイオキシン汚染の調査でアメリカ環境保護庁（United States Environmental Protection Agency, USEPA）と協力した。研究の結果から、撒布用航空機が枯れ葉剤を搭載した区域や、除草剤の混合作業をした区域だけでなく、以前の除草剤のドラム缶の貯蔵区域および上述の2区域から流れ込むセン湖でも、ダイオキシン汚染が閾値レベルを超えていることがわかった。許容基準を超えたサンプルの採取場所は、167ページの地図に赤色またはオレンジ色の点で示してある。空港外の土壌と堆積物のダイオキシン濃度は許容限度以下だったため、これらの地域の修復作業は必要ではない[29]。

　2003〜2005年の調査と2006年の調査に基づいて、フォード財団は2007年の初期に、次の目的のために33委員会と国防省に資金援助を行なった。まず、旧ランチハンド作戦の混合作業場所と撒布用航空機への積載場所を重コンクリート厚板で覆い、汚染された堆積物を含む雨水を貯めて処理するための暫定施設＊訳注を建設した。また、ホットスポットに人が近づけないようにし、空港北端にあるセン湖およびその周辺で、すべての魚の捕獲や農業を禁止するために空港周囲にフェンスを建設した。2009年からの調査結果に基づいて、これらの暫定的な緩和策により、ダナン空港北端やそ

の近隣住民の潜在的なダイオキシン曝露経路を減らすことができた[30]。

　この経験を活かして、USAID は 2010 ～ 2011 年にダナンで環境影響評価を実施した。2012 年 8 月 9 日、USAID とベトナム国防省はダナン空軍基地で汚染土壌と汚染堆積物 7 万 2900m³ を除染するための計画に着手した。USAID は、格納構造物の中で汚染土壌を摂氏 330℃ まで熱する、炉内加熱脱着方式という技術を選択した。作業員の安全性については防護服の強制着用で対処した。この事業は当初 2016 年に完結することになっていた。しかしながら、排水溝および隣接する湿地帯からの汚染された堆積物の量は、当初推定したものよりもかなり多量であった。加熱脱着技術から出る排水と蒸発物に含まれるダイオキシン量も予想より多く、ダイオキシン除去のために 240 トンの活性炭が必要だった。使用済みの活性炭は処理と廃棄のために、その後船でベトナムからスイスへ運ばれた。これによって、ダナン空港のダイオキシン除染作業は当初考えられていたより時間がかかり、費用も増加した。ダナン空港の除染施設は 2017 年後半にダイオキシン汚染土壌の最終処置をしたあと、2018 年に閉鎖されることになっている。最終的にこのプロジェクトは、9 万 m³ の汚染土壌と汚染堆積物の除染を達成する。総費用は、現時点で 1 億 800 万ドルに達する見込みである。

　まとめると、ダナン空港プロジェクトは複雑であると同時に、ベトナムでこのような規模で行われるのは初めてでもある。アメリカを含め、世界の国々における大規模浄化プロジェクトにおいて、汚染物質の量や、

＊「暫定施設」とは、ダイオキシンの破壊という長期的な解決策を待たずに、すぐに実行に移せる施設のことをいう。具体的には、2007 年にダイオキシンがどこに、どのくらい、どのようにダナン空港周辺の地域に移動しているのか、環境動態を明らかにした。その結果、ダイオキシンは周辺住民の健康を脅かす危険物質であることが明らかになり、これ以上時間をかけず、すぐに対策を講じる必要があった。そのための費用 130 万ドルがフォード財団を通じて提供され、ダイオキシンを封じ込め、隔離するためのさまざまな仮設構造物を作り、目標の 2008 年 1 月までに完成した。しかし、USAID と国防省による実際のダイオキシン除去プロジェクトが 2012 年からやっと始まり、2017 年に完了した。つまり、2008 ～ 2017 年の 9 年間、ダイオキシンを 100％封じ込めた「暫定施設」が公衆衛生を守る陰の立役者となった。

60

除染にかかる費用と時間が過小評価されることは珍しくはない。

フーカット空軍基地

　フーカット空軍基地は、ビンディン省の省都クイニョンの北西約50km に位置する農村地域にある。この空軍基地は、1 万 7000 バレル（270 万 2784 ℓ）のエージェントオレンジを含む枯れ葉剤と除草剤 2 万8900 バレル（459 万 4733 ℓ）を貯蔵するために使われていた。1999 年の初め、ベトナムは同基地で残留ダイオキシンの調査を実施し、ダイオキシンで汚染された地域が約 2000m^2 であることが判明した。表土直下の最も高いダイオキシン濃度は 1 万 1400 ppt TEQ、深さ 60cm では 1456 ppt TEQ、深さ 90cm では 926 ppt TEQ であった。

　アメリカ国防総省のペーサー・アイヴィ作戦に関する追加データを受けて、33 委員会はベトナム・ロシア熱帯研究センターおよびハットフィールド・コンサルタンツ社と共同でさらに調査を進め、平均 3000 ppt TEQ のダイオキシン汚染地域 400m^2 を追加確認した。ここでの平均ダイオキシン濃度は 3000 ppt TEQ であった。サンプルの中には、8 万 9879 ppt TEQ という高濃度のものもあった。空軍基地内のいくつかの湖では、堆積物中のダイオキシン濃度は検出不能から 127 ppt TEQ までの範囲であった。

　2012 年、33 委員会とベトナム国防省は、ダイオキシン汚染土壌 7000m^2 を基地内の遠隔地にある埋立地に搬出し、受動埋め立て技術により埋め立てた。国連開発計画／地球環境ファシリティが埋め立て資金を提供した。チェコ共和国は同国に本社を置くデコンタ社に資金を提供し、埋め立ての継続監視ができるように、機材の提供とフーカット空港での国防省職員の技術指導を援助した。埋め立て地からダイオキシンが漏出しないように、半年ごとの監視が必要である。

　表 1.5 は、3 つのダイオキシン・ホットスポットの状況をまとめたものである[31]。

表1.5　3か所のエージェントオレンジ／ダイオキシン・ホットスポットのダイオキシン濃度

	ビエンホア	ダナン	フーカット
ダイオキシン濃度　土壌中	96万2559 ppt TEQ	36万5000 ppt TEQ	23万8000 ppt TEQ
の最高レベル　　堆積物中	5970 ppt TEQ	8580 ppt TEQ	201 ppt TEQ
汚染土壌及び堆積物の総量	49万5300m³	9万m³	7000m³
除染技術	未選択	パイル内熱脱着方式	埋め立て方式
除染費用(海外からの支援)	8億ドル(焼却)	1億1200万ドル(推定)	500万ドル
除染完了年	2030年	2018年	2011年
協力団体	ベトナム国防省・アメリカ国際開発庁	ベトナム国防省・アメリカ国際開発庁	ベトナム国防省／天然資源環境省／国連開発計画／地球環境ファシリティ

（出所）本章注［31］, Boivin, et al, (2011).

　3か所のホットスポットのうち、土壌のダイオキシンTEQが最大だったのはビエンホア基地で、ベトナムの最大許容値1200 pptの800倍であった。他の2地点の土壌ダイオキシン類TEQは、最大許容値の200〜300倍を上回っていた。ビエンホアはダイオキシンのホットスポットであり、汚染された土壌と堆積物の量はダナンとフーカットの合計の5倍である。

ダナンとビエンホアのダイオキシンと食物連鎖

　10-80委員会とハットフィールド・コンサルタンツ社は、アールオイ渓谷の最初の研究と、ダナンおよびビエンホア空軍基地のその後の研究で、TCDDが全血と母乳から測定されたことにより、汚染土壌から魚の生息する池の堆積物へ、魚やアヒルの組織へ、そして人間へと食物連

鎖で移行したことを疑いなく証明した[32]。64 ページの表 1.7 および 65 ページの表 1.8 は、1999 ～ 2001 年にかけて行なわれた旧アーソー空軍基地周辺に住む住民の体内に存在する TCDD 濃度の調査結果の要約である。

ダナン空港のセン湖に生息する魚ティラピアに関して実施された 2009 年の研究では、魚の脂肪に 8350 ppt TEQ もの高濃度の汚染物質が検出された。また、この他に高い測定値が得られたのは、魚の身（82.2 ppt TEQ）、卵（1290 ppt TEQ）、そして肝臓（1540 ppt TEQ）であるが、これらすべてが、ハットフィールド・コンサルタンツ社があるカナダ保健省の閾値 20 ppt TEQ を超えていた。2006 年に分析されたセン湖のティラピア脂肪組織も、同じように非常に高い TEQ 値（3120 ppt）を示した。ダナン空港内のその他の湖や池から採取した魚は、概ねカナダ保健省の閾値未満で推移した[33]。その後、セン湖は水抜きされ、汚染された魚や堆積物は、ダナン空港の環境修復プロジェクトの一環として処理されている。

2010 年の研究では、ビエンホア空軍基地のティラピアの TCDD 濃度がダナンで報告されたものと一致した。基地内外のすべての湖と池でサンプルとして採取したティラピアの脂肪組織の濃度は、アメリカおよび国際的に適用される濃度を超えていた。魚の脂肪組織で最も高い値を記録したのは 4040 ppt TEQ だった[34]。ビエンホアの住民の健康を守る適切な方法は、アヒルや巻き貝をはじめとした他の魚や水生動物同様、住民がティラピアを食用にしないことである。これらは空軍基地で育ち、捕獲されているものである。しかしながら、空港当局はアヒルの飼育と魚の養殖および販売禁止に手間取っている。

人間がダイオキシンにさらされる原因の 90％以上は、汚染された食品を摂取することによってもたらされる。つまり、ベトナムでは、汚染された池や湖で、魚やアヒル、カタツムリなどの水生動物が生息していることを意味する。ダイオキシンは脂溶性で、脂肪組織に蓄えられる傾

向がある。その結果、化学物質は授乳中に血液、乳房組織、母乳に蓄積する。母乳で育てられた乳児が、人間ではダイオキシンの影響を最も受けやすい。ダイオキシンが母乳に蓄積することにより、体重 1kg 当たりに換算すると、幼児や成人が母乳以外のものから摂取するよりも、乳児がより多くのダイオキシンを母乳から摂取してしまうのである。

　多くの国では基準やガイドラインを設けて、ダイオキシン曝露からヒトの健康を守る取り組みを行ってきた。2009 年と 2010 年のダナンおよびビエンホアでの調査では、このガイドラインを適用して、ヒトの血液と母乳中のダイオキシン濃度を評価した。

表 1.6　ダイオキシンの閾値レベル

ダイオキシンレベル	ガイドライン値	説明
全血	3 〜 7 pg/g（脂質）TCDD	3 〜 7 pg/g は先進国の一般人の典型的な範囲であり、10 pg/g を超えることは稀である
血清	30 ppt TEQ	30 ppt は 4 pg/kg/ 日の長期にわたる 1 日の摂取量に相当する
母乳	30 ppt TEQ	30 ppt は WHO の生涯摂取できる 1 日の許容量のガイドライン 4 pg TEQ/kg 体重 / 日に相当する

（出所）本章注［35］, Nguyen, et al. (2011).

　表 1.7 および 1.8 が示すように、空港労働者、漁師、および空港敷地内で養殖された魚を食用にしている人々のダイオキシン濃度の高いことが調査によって実証された[35]。

表 1.7　人間の血液中のダイオキシン濃度（ダナンおよびビエンホア）

ダナン			ビエンホア		
サンプル全体の濃度					
101件の全血サンプル-2009年			*42件の血清サンプル-2009年*		
	TCDD ppt	TEQ ppt		TCDD ppt	TEQ ppt
平均値	59.0	96.4	平均値	181.50	197.9
中央値	10.4	50.7	中央値	67.75	82.9
ダイオキシン濃度上位5人					
	TCDD ppt	TEQ ppt		TCDD ppt	TEQ ppt
男性	1340	1410	男性	1970	2020
男性	1150	1220	女性	1130	1150
女性	785	893	男性	1040	1080
女性	589	696	男性	327	347
女性	567	662	男性	322	343

（出所）表 1.6 と同じ

　ダナン市住民の全血ダイオキシン濃度は、1.7 〜 1340 ppt TCDD の範囲で、大多数が閾値を超えた。空港での労働作業で血液中の TCDD と TEQ が大幅に増え、多くのサンプルは TCDD と TEQ の比率が高く、ダイオキシンがエージェントオレンジまたは他の除草剤に由来していることを示している。ビエンホア空軍基地の労働者の血清ダイオキシン濃度は 19.3 ないし 2020 pg/g 脂質ベースの範囲だった。1 例を除いてすべてのサンプルの TEQ 濃度が WHO 基準の 30 ppt を超えていた。ビエンホア空軍基地で魚や蓮を収穫した人から、TEQ の上位 3 つの数値が検出された。彼らのダイオキシン濃度は閾値の 35 倍以上であった。

表 1.8　人間の母乳中のダイオキシン濃度（ダナンおよびビエンホア）

ダナン			ビエンホア		
サンプル全体の濃度					
13件のサンプル–2009年			22件のサンプル–2010年		
	TCDD ppt	TEQ ppt		TCDD ppt	TEQ ppt
平均値	22.2	39.1	平均値	6.5	11.6
中央値	5.1	20.8	中央値	2.7	7.5
ダイオキシン濃度上位5人					
	TCDD ppt	TEQ ppt		TCDD ppt	TEQ ppt
女性	232.0	263.0	女性	30.30	39.6
女性	24.4	53.2	女性	13.80	31.8
女性	23.6	45.8	女性	22.50	28.6
女性	6.76	42.4	女性	9.85	14.0
女性	7.0	29.8	女性	<12.30	13.7

（出所）表 1.6 と同じ

　すべての母乳サンプルは、WHO の 4pg TEQ/kg 体重 / 日という許容摂取量ガイドラインを超える数値を示した。平均では、ダナンの母乳サンプルの TCDD 濃度はビエンホアのサンプルよりも高かった。ダナン空軍基地労働者の母乳サンプルは、232 ppt TCDD（263 ppt TEQ）で最も高いダイオキシン濃度だった。その女性労働者は、ダナン空港北端のセン湖の堆積物のダイオキシンを大量に含んだ魚を食べていた。ビエンホアの最も高い濃度は 30.3 ppt TCDD（39.6 ppt TEQ）で、第 2 子に授乳していた 29 歳の母親の母乳サンプルから検出された。

他の汚染源からのダイオキシン

　2012 〜 2013 年に、33 委員会はベトナム・ロシア熱帯研究センター、

ベトナム環境総局ダイオキシン研究所と共同で、多くのセメント工場、鉄鋼工場および数か所の廃棄物処理工場においてダイオキシン排出に関する調査・研究を行なった[36]。結果として、調査対象地域の一部では廃水と大気中のダイオキシン量が許容基準を超え、時には大幅に上回っていることがわかった。

ビエンホアでは、グエン・フン・ミンの研究グループが2015年に、2か所の産業廃棄物処理工場からのダイオキシン排出について調査した[37]。排出ガスのサンプルは、アメリカ環境保護庁（USEPA）の23方式 *訳注 に準拠した当速度法を用いて収集された。微細な灰のサンプルは集塵装置で収集された。排水サンプルは曝気水処理槽**（無処分）から採取した。またダイオキシン調査のために、排水処理プラントの近くからいくつかの土壌サンプルも収集された。

研究者は、ある廃棄物処理工場で排出される大気中のダイオキシン濃度が 10.3 〜 34.4 ng TEQ/Nm^3 の範囲であることが分かった。この単位は、ガス排出物中のポリ塩化ジベンゾ・パラ・ジオキシン（PCDDs）とポリ塩化ジベンゾフラン類（PCDFs）の濃度で、ノルマルリューベ***（通常のm^3）あたりのダイオキシン毒性等量がナノグラム（ng）で表わされる。もう1つの工場の濃度は、0.967 〜 4.95 ng TEQ/Nm^3 であった。これらの濃度はともに、ベトナム（1.2ng TEQ/Nm^3）と欧州連合（0.1ng TEQ/Nm^3）の許容濃度よりも高い。また施設内の土壌サンプルの平均ダイオキシン濃度は 391 ng TEQ/Nm^3 であった。飛灰****のサンプルではダイオキシン濃度は 2755 ng TEQ/kg にもなり、これもまたベトナムの基準

---

* 固定発生源からのポリ塩化ジベンゾ -p- ジオキシン（PCDD）及びポリ塩化ジベンゾフラン（PCDF）の排出量の測定に適用されるアメリカ環境保護庁（USEPA）の方式のこと。

** 下水処理の工程で、排水中に空気を吹き込み活性汚泥内の微生物を活性化させ、排水を処理するタンク。

*** 空気量の単位で、大気圧、0℃の時の体積のこと。

**** 燃料を燃焼させたりごみを焼却するときに発生する排ガスに含まれる煤塵。フライアッシュという。

を超えている。

　グエン・フン・ミンの研究グループは工場内の空気のサンプルを分析した[38]。その結果、ビエンホアの製紙工場にある蒸気発生式焼却炉からの大気排出物中のダイオキシン濃度は 0.4 ～ 1.1 ng TEQ/Nm^3（ベトナムの基準より低い）で、同焼却炉処理水中のダイオキシン濃度は 0.148 ～ 0.156 ng TEQ/L ＊訳注 であり、焼却炉で生産された粉塵中のダイオキシン量は 38.8 ng TEQ/kg と、比較的低かった。

　ダナンでも同様の研究が実施された。研究の結果は、ダナンの廃棄物処理施設のダイオキシン濃度は 5.1 ～ 7.5 ng TEQ/Nm^3 の範囲で、ベトナムの基準を超えていた。同施設で採取された土壌サンプルでは、ダイオキシン濃度は 316 ～ 583 TEQ/g の範囲で、一様ではなかった。

　エージェントオレンジが 1 度も撒布されなかった複数地域における 33 委員会の別の研究では、鶏肉と豚肉のダイオキシン濃度が欧州連合の許容レベルを超えていることがわかった[39]。このような研究は依然として数は少ないが、ベトナムにおける他の原因によるダイオキシン汚染に関して強い警告を発している。

　グエン・フン・ミンの研究グループは 2014 年に、枯れ葉剤や除草剤由来のダイオキシンと他から発生したダイオキシンとの違いについても研究した。主な違いは、枯れ葉剤や除草剤由来のダイオキシンのサンプル中の TCDD の割合が、高レベルまたは非常に高レベル（50 ～ 90％）であったことである[40]。

ベトナムにおけるダイオキシン管理

　1980 年に 10-80 委員会、そして 1999 年にベトナム戦争でアメリカが

＊　水質については pg TEQ/L、土壌については pg TEQ/g といったように、対象によって異なる単位を用いる。

使用した有毒化学物質の影響を克服するための国家運営委員会（33 委員会）が設立されたことで、枯れ葉剤に含まれるダイオキシンの影響の研究と治療におけるベトナムの懸念と責務が示された。ベトナムは2004 年に「残留性有機汚染物質（POPs）に関するストックホルム条約」に加盟した。

2014 年 6 月、ベトナム国会は環境保護法を制定し、2015 年 1 月 1 日から施行した。第 61 条第 4 項では、「戦時中に使用された除草剤に由来するダイオキシンに曝露した土壌および堆積物を含む土地、農薬、およびその他の残存する有害物質は、環境保護規則で定められた必要な基準を満たすために、調査、評価、制限、処理をしなくてはならない」と規定している。同法は政府に、この問題に関する施行細則を定めるよう指示しており、その任務は天然資源環境省に割り当てられている。天然資源環境省の組織、権限、役割に関する法令で指定されているように、同省は枯れ葉剤と除草剤の影響に関する研究と修復策をまとめるために、他の省庁および地方の省の人民委員会に対して主導的な役割を果たし、また調整を図ることになっている。

ベトナムには現在、2 つのレベルの高いダイオキシン研究所があり、ベトナムの研究結果はドイツと日本にあるダイオキシン研究所でクロスチェックされている。1 つは、ビル＆メリンダ・ゲイツ財団とアトランティック・フィランソロピーズからの資金で設立されたベトナム環境総局のダイオキシン研究所、もう 1 つはベトナム・ロシア熱帯研究センターのダイオキシン研究所である。この他、ハノイ市、ホーチミン市、カントー市にあるいくつかの研究・訓練サービスセンターにも、ダイオキシン検査のための最新設備が備わっている。

（原注）

[1] Government of Vietnam, Ministry of Natural Resources and Environment, "National Technical Regulations on Allowed Limits of Dioxin in Soils", QCVN 45:2012/BTNMT, Hanoi, 2012.

［2］ Ministry of National Resources and Environment, National Research Program KHCN-33/11-15,"Report on Research on the Impact of Agent Orange/Dioxin on Environment", Hanoi, 2012.

［3］ L.W.Dwernychuk, et al., "Dioxin reservoirs in southern Viet Nam － A legacy of Agent Orange", *Chemosphere* 47, pp.117-137, 2002.

［4］ 注［1］の文献参照。

［5］ U.S. Agency for International Development, "Environmental Assessment of Dioxin Contamination at Bien Hoa Air Base － Environmental Assessment － Final", CDM International Inc. and Hatfield Consultants, pp.46-47, May 3, 2016.

［6］ Office of the National Steering Committee 33, Ministry of Natural Resources and the Environment(MONRE) and Hatfield Consultants, "Environmental and Human Health Assessment of Dioxin Contamination at Bien Hoa Air Base, Vietnam", Final Report, pp.1-19, August 2011.

［7］ Arthur H.Westing, "Ecocidal Warfare (& Related) Publications (1967 － 2008)", Westing Associates in Environment, Security & Education, Putney, Vermont, http://www.agentorangerecord.com/images/uploads/modules/Ecocide_refs_-_AHW.pdf.

［8］ Arnold Schecter, et al., "Agent Orange and the Vietnamese: The Persistence of Elevated Dioxin Levels in Human Tissues", *American Journal of Public Health* 85, no.4, pp.516-522, April 1995, http://www.agentorangerecord.com/images/uploads/resources/studies/AJPH(2)%201995.pdf.

［9］ J.M.Stellman, et al., "The extent and patterns of usage of Agent Orange and other herbicides in Vietnam", Nature 422, pp.681-687, April 2003, および私信。

［10］ 同上および私信。

［11］ 同上。

［12］ 同上。

［13］ クアンチ、トゥアティエンフエ、コントゥム、ビンズオン、ビンフオック、タイニン、ドンナイ、ホーチミン市、カマウ、ニャチャンおよびサイゴン川に関する調査結果は、天然資源環境省の次の報告書に記されている。National Research Program KHCN-33/11-15, "Report of Research on Impact of Agent Orange/Dioxin on the Environment", Hanoi, 2012.

［14］ アメリカがベトナムで除草剤撒布計画の実行を開始した 1961 年 8 月 10 日にちなみ、ベトナムは 8 月 10 日をエージェントオレンジの日としている。

［15］ 注［3］の文献参照。

［16］ L.W.Dwernychuk, "Dioxin hotspots in Vietnam － Short Communication", *Chemosphere* 60, pp.998-999, 2005.

［17］ Hatfield Consultants Partnership and 10-80 Committee, Ministry of Health, Vietnam, "Identification of New Agent Orange/Dioxin Contamination Hot Spots in Southern Vietnam － Final Report", x, January 2006,.

［18］ アーソー、ターバット、タンソンニャット、ファンラン、ニャチャンおよびトゥイホアに関する調査結果はベトナム国防省の次の報告書に記されている。"Analysis of Dioxin Contamination in Former Military Air Bases", Z-9, Hanoi, November 2010.

［19］ ブレイクおよびヴァムコンの検出物の調査結果は、ベトナム国防省の次の報告書に記されている。"Evaluation of Dioxins/Furans and Dioxin-like Pollutants in Peiku Airport, Gia Lai Province and Vam Cong Airport, An Giang Province", Hanoi, November 2013.

［20］ UNDP/GEF, "Results of Dioxin Analysis at Spray Plane Crash Site, Thua Thien-Hue", Project for Management of Dioxin Hotspots in Vietnam, Hanoi, January 2012.

［21］ Arnold Schecter, L.C.Dai, O.Päpke, J.Prange, J.D.Constable, M.Matsuda, V.D.Thao, A.L.Piskac, "Recent dioxin contamination from Agent Orange in residents of a Southern Vietnam city", *Journal of Occupational & Environmental Medicine* 43, pp.435-443, 2001,.

［22］ Office of Steering Committee 33, Minister of Natural Resouces and the Environment (MORNE), "Comprehensive Report － Agent Orange/Dioxin Contamination at Three Hotspots: Bien Hoa, Da Nang and Phu Cat Air Bases", pp.49-52, updated November 2013.

［23］ 同上、42 ページ。

［24］ 注［5］の文献参照。

［25］ 同上、図 2-1、50 ページ。

［26］ これらの技術の詳細な記述については同上、129-144 ページ。

［27］「この段階でのこの代替案の評価に関しては、これらは非常に概念的であり、未確定な部分が多い。これを考慮し、見積りコストに精度の幅をもたせた。ビエンホアの環境評価（EA）に適用された範囲（-40 から +75%）は、アメリカにおけるスーパーファンド / 修復プロジェクトのコスト見積り作成のためのアメリカ環境保護庁（USEPA）ガイダンスに基づいている。」環境評価（EA）については、注［5］の文献、25-27 ページ、33 ページ。

［28］ 注［5］の文献、10 ページ。

［29］ 注［22］の文献、73 ページ。

［30］ Office of the National Steering Committee 33, MORNE and Hatfield Consultants, "Comprehensive Assessment of Dioxin Contamination in Da Nang Airport, Vietnam: Environmental Levels, Human Exposure and Options for Mitigating Impacts － Final Summary of Findings", November 2009.

［31］ T.G.Boivin, et al., "Agent Orange Dioxin Contamination in the Environment and Food Chain at Key Hot Spots in Viet Nam: Da Nang, Bien Hoa and Phu Cat", paper presented at the 31st International Symposium on Halogenated Persistent Organic Pollutants, Brussels, August 21-25, 2011.

［32］ 注［3］の文献、117-137 ページ。

［33］ 注［31］の文献参照。

［34］ J.T.Duran, T.G.Boivin, H.R.Pohl, T.Sinks, "Public health assessment of dioxin contaminated fish at former U.S. air base, Bien Hoa, Vietnam", *International Journal of Environmental Health Research* 25, no.3, pp.254-264, 2015, http://dx.doi.org/10.1080/09603123.2014.938026.

［35］ M.H.Nguen, et al., "Dioxin concentrations in human blood and breast milk near key hotspots in

Vietnam: Da Nang and Bien Hoa", paper presented at the 31st International Symposium on Halogenated Persistent Organic Pollutants, Brussels, August 21-25, 2011.

［36］研究資金は、UNDP/ 地球環境ファシリティ（GEF）の、重度に汚染された地域におけるダイオキシン処理計画による。アトランティック・フィランソロピーズ、ビル＆メリンダ・ゲイツ財団ならびにベトナム政府が共同で、ベトナム環境管理のためのダイオキシン研究所の建設と装備に資金を提供した。

［37］Nguyen Hung Minh, et al., "Research to identify the concentration and movement of dioxin from Agent Orange in Bien Hoa and Da Nang and distinguish dioxin from Agent Orange and other sources of emissions and propose solutions to prevent dioxin exposure", *Research on Overcoming the Consequences of Agent Orange/Dioxin Used by the U.S. in the War on Environment and Human Health in Vietnam,* National Research Program of Science and Technology, 2011-2015, Hanoi, October 2015.

［38］Nguyen Hung Minh, et al., "Dioxin Emissions From Industry and Waste Treatment", report published by Office 33, UNDP/Global Environmental Fund, Program on Dioxin treatment in hotspots in Vietnam, 2014.

［39］Vu Chien Thang, "Identification of Dioxin Levels from Agent Orange and Other Sources in Human Blood and Common Foods in Different Areas of Vietnam", *Research on Overcoming the Consequences of Agent Orange/Dioxin Used by the U.S. in the War on Environment and Human Health in Vietnam,* National Research Program of Science and Technology, 2011-2015, Hanoi, October 2015.

［40］Nguyen Hung Minh, et al., "Research for identifying the remaining and spreading of Agent Orange dioxin in Bien Hoa and Da Nang and the difference in characteristics of dioxin from other sources", under the Science and Technology Research Program KHCN-33/11-15, 2014.

2章

エージェントオレンジ／ダイオキシンに
誰が曝露したのか。また、ベトナムには
エージェントオレンジの被害者は
どのくらいいるのか

撒布された地域に住んでいた住民全員がダイオキシンに曝露したわけではなく、曝露した人数を明確に挙げることも、曝露の頻度、期間、強度、結果としての体内のダイオキシン濃度、および将来の健康と子孫に対する影響について把握することもできない。このような理由から、ベトナムにおけるエージェントオレンジの被害者の実数を把握することは不可能である。それでも人口という点から見れば、健康状態の悪化、短命、先天性欠損症といった、ダイオキシンがベトナム人に及ぼした影響の重大さがわかる。障がいのあるベトナム人全体の約10％ないし15％がエージェントオレンジの被害者である。彼らは主に、聴覚、視覚、言語の障がいよりもむしろ、運動機能障がいや精神障がいを抱えて生活している。これらの障がいは彼らに深刻な影響を及ぼしている。

この問題を考察するには、いくつかの事実確認から始めなければならない。

● ダイオキシンで汚染されたエージェントオレンジおよびその他の除草剤はアメリカによってベトナムに持ち込まれ、ベトナム戦争中に隣接するラオスとカンボジアの国境地域で使用された。隣国での撒布についてはほとんど知られていない。ベトナムでは、撒布されたダイオキシンの総量についてさまざまな数値が挙がっている。最も低いのはジャンヌ・マガー・ステルマンらが推定した366kgである[1] 原注。

● 多量に撒布された南部の地域（ダナンとトゥアティエンフエ省）における住民の血液中のダイオキシンレベルは、北部に住んでいる人々（ハイフォン市）よりもかなり高かった[2]。

● 旧アメリカ空軍基地のダナンとビエンホアでダイオキシンに曝露した人々から採取した血液サンプルと母乳サンプル中の残留ダイオキシンは、使用されたエージェントオレンジおよび他のいくつかの除草剤に見られる種類のものである。ダイオキシンの発生源は、エー

ジェントオレンジおよび色の識別コードが使われた除草剤由来のものであることが確認されている[3]。

● ダイオキシン類は人類がこれまでに発見して作り出した物質のうちで最も有毒な物質の 1 つである。

● ベトナムとアメリカの研究機関は、ダイオキシンへの曝露が人間に及ぼしうる影響について、いくつかの疫学研究を実施してきた。ベトナムの退役軍人 4 万 7000 人を対象とした調査では、ダイオキシンへの高曝露歴の人の病気の発生率は、ダイオキシン曝露歴のないグループと比較すると統計的に有意であることが判明した[4]。アメリカ空軍の 1982 ～ 2002 年の健康調査では、ランチハンド作戦で撒布飛行に携わった空軍兵士 1047 人の罹患率、死亡率、生殖に関する結果と、1962 ～ 1971 年に東南アジアの他の場所において C-130 航空機で飛行した乗員と整備要員 1223 人のそれらを比較した。この研究では、血清中のダイオキシン濃度と罹患率の増加との関連を示す証拠はほとんど見つからなかった。しかしこの研究は、他の空軍要員のグループと比較して、ランチハンド作戦の参加者、特に地上要員ではあらゆる原因による死亡リスクが増加していることを示した[5]。

　科学的研究では、ダイオキシンがしばしば人生の後半に体内で病気を引き起こす可能性があるとか、あるいは次世代の先天性欠損症につながっていくかもしれないというような、体内の生理学上のプロセスを依然として説明できていない。個々の症例の面でも、種々の疾病の原因がダイオキシンであるということを私たちは確認することができない。ただし、今後の研究で、私たちの理解がさらに深まる可能性はある。

　たとえばベトナム科学技術院のゲノム研究所は、ノン・ヴァン・ハイ准教授の指揮の下、2000 ～ 2015 年の間、血液中のダイオキシン濃度の増加が見られた人々の遺伝子変異に関するいくつかの研究プロジェクト

を実施した。ハイ准教授の研究グループは、ダイオキシンに曝露した経験がある退役軍人の家族の遺伝子 P53、Cyp1A1、AhR、および MSH2 に変化があることを突き止めた。（彼らはエージェントオレンジが撒布された地域に住んでおり、血液中のダイオキシン濃度が増加していた。）彼らが研究した 5 つの家族には、それぞれの遺伝子に突然変異が認められ、その数は P53 では 17、Cyp1A1 では 8、AhR 31 では 31、MSH2-E13 では 6 であった。これらの変異は、いくつかのがんに関連するアミノ酸を変化させる。

　これは、ダイオキシンにさらされた人の遺伝子変異を新たに発見したものだ。しかし、人々は、同様の突然変異を引き起こす要因（物理的、化学的、生物学的）が他に存在するのか、またこれらの要因を我々は排除してきたかどうか、疑いの余地がある。答えは行き詰まっている。これらの人々は、ダイオキシンが有害であるという科学的な根拠をよくわかっていない。ダイオキシンと体調不良は、タバコと体調不良のケースと似ている。しかし、ダイオキシンの毒性は煙草に含まれている化学物質よりはるかに強い。タバコ会社には、喫煙が肺がんや心臓病の原因になるという注意書きをタバコのパッケージに印刷することが義務付けられている。ところが、タバコを吸ったことのない人が肺がんになった例や、タバコを吸っていても肺がんになったことがない人もいる。したがってエージェントオレンジ被害者の判定は、タバコを吸えば肺がんを引き起こすという論理を踏襲する必要がある。

　エージェントオレンジあるいはその他の発生源からダイオキシンが人体に入る経路は 4 つある。ダイオキシンで汚染された特定の食物を食べて消化管を通過、ダイオキシンを含んだ粉塵を吸入、皮膚が損傷している場合はそこから浸透、そして乳幼児の場合は、これら 3 つの経路のいずれかでダイオキシンを体内に取り込んでしまった母親の母乳からの摂取である。これらの 4 つの経路のうち、最初の経路である、ダイオキシンに汚染された食品の摂取による曝露が最も一般的である。

　1960 年代にエージェントオレンジが撒布された地域に住んでいた人、あるいはその後、数少ない旧アメリカ空軍基地で働いていたり、その近くに住んだりした人は、土壌中に含まれるダイオキシンに曝露したり、ダイオキシンに汚染された土壌で栽培されるか池で育ったものを食べたりしたことで、ダイオキシンを体内に取り込む可能性がある。これらの地域で生産された食品が他の場所で販売された場合にも、消費者はダイオキシンに曝露する可能性がある。さらに、撒布地域の下流に住む人々は、モンスーンの激しい豪雨によって下流に運ばれたダイオキシン汚染の堆積物の影響を受ける可能性もある。このようなすべての要因を考慮すると、曝露した可能性のある人を確実に特定するのは難しいということがわかる。

　さらに、撒布時に撒布された省に住んでいたというだけでは、曝露の確実な証明にはならない。それを証明するには、ダイオキシンが特定の地域の環境を汚染し、ダイオキシン濃度がそこに住む人々の健康に影響を与えるのに十分であるという実証が必要となる。半世紀も前にベトナムの土壌と食物に存在していたかもしれないダイオキシン濃度を、今になって測定することは不可能である。広範囲を網羅する歴史的なデータは存在しない。さらに、今日のベトナム各地域でそのような種類のデータを収集することも実行不可能である。

　したがって、1972 年以前または 1975 年以前に撒布地域に住んでいたすべての人が曝露したと主張するには科学的根拠がない、ということになる。このように、ダイオキシンに曝露した人の定義は非常に幅広いものとなる。たとえばアメリカ退役軍人省は、1961 〜 1975 年にベトナム南部のどこかにいたアメリカ退役軍人で、後に列挙された病気または病状を発症した人はすべて曝露したと推定する。この推定曝露の定義は、現実的かつ人道的である。

　一部の人々は、ダイオキシンの曝露の有無を判断するために血液サンプルを分析する必要があると考えている。この考えは、最近ダイオキシ

ンに曝露した人のみに該当する。1960 年代に多くの人がダイオキシン
に曝露したが、身体は徐々にダイオキシンを除去していく。ダイオキシ
ンの半減期は 7.6 年である[6]。つまり、この期間内に半分が体内から失
われていく。残りの濃度は徐々に低くなり、検出できないレベルになる
のだが、ダイオキシンの影響は残る。したがって、ある人は過去にダイ
オキシンに曝露していたかもしれないが、今日の血液検査では検出され
ない、あるいは、実際に曝露した当時よりも濃度が低くなっている可能
性がある。

　ダイオキシンに曝露したダナンの人々についての研究では、血液中の
ダイオキシン濃度は病気の発生率と相関関係がないことが示された。ダ
イオキシン濃度が低いにもかかわらず、リンパ腫や前立腺がんなどの典
型的なダイオキシン関連疾患を発症している人々がいる。ダイオキシン
濃度が非常に高いにもかかわらず、健康的な生活を送っている人々もい
る。たとえば、ダイオキシンに汚染されたダナン空港内の湖で魚を養殖
し消費した女性からは、1220 ppt TEQ という非常に高い濃度の血中ダイ
オキシンが検出された。しかし、彼女は病気の徴候を示さなかった。彼
女は曝露していたにもかかわらず健康だった。そのような場合は、曝露
期間と強健な免疫システムが要因である可能性がある[7]。

　医師たちは、生物学的な実験によって裏づけられた典型的な症状を用
いて、有毒な化学物質に曝露した可能性のある人の症例を判定する。し
かし、ダイオキシン毒性の場合、医師は典型的または特有の症状を認め
ることができず、特定の生物学的試験もない。したがって、診断はダイ
オキシン曝露に依拠しなければならず、他の原因を排除するしかない。
そして、医学研究者たちは疫学研究に目を向け、曝露集団と非曝露集団
の疾患発生率を比較して、集団レベルでの関係性を確立する必要がある。

　現在利用できる医学研究と診断能力では、私たちは 2 つの質問に対す
る答えに基づいてダイオキシン毒性を診断するしかない。1 つは、患者
がダイオキシンに曝露する機会があったのか。もう 1 つは、患者の病気

や症状がダイオキシン曝露に関連する病気や症状のリストに載っているのか、である。この 2 つの基準は実用的かつ人道的であり、現在ベトナムとアメリカの両国で採用されている。しかしこの 2 つの基準では、曝露の有無が不明、あるいは、因果関係が確立されていないため、間違いなく曝露したはずの患者を見落とす可能性がある。

　2008 年、ベトナム保健省は有毒化学物質／ダイオキシンへの曝露に関連する病気、形成不全*訳注、障がいのリストを公表した[8]。この保健省のリストは、主にアメリカ退役軍人省が 1990 年代に発表し、それ以降 2 年ごとに更新するエージェントオレンジに関連する退役軍人の疾病リストに基づいている。また、一方の機関では、他方の機関のリストにない疾患や症状も表示されている。

表2.1　ベトナムとアメリカの双方で承認されているダイオキシン曝露に関連する疾病と症状

ベトナム保健省 2008年	アメリカ退役軍人省 2015年	説明
1.軟部組織肉腫	軟部肉腫（骨肉腫、軟骨肉腫、カポジ肉腫、または中皮腫を除く）	筋肉、脂肪、血管、リンパ管などの体組織、および結合組織内のさまざまな種類のがんのグループ
2.非ホジキンリンパ腫	非ホジキンリンパ腫	リンパ腺および他のリンパ組織に影響を与えるさまざまなタイプのグループ
3.ホジキン病	ホジキン病	リンパ節、肝臓、脾臓の進行性の肥大と進行性貧血を特徴とする悪性リンパ腫（がん）
4.肺および気管支がん	呼吸器がん（肺がんを含む）	肺、喉頭、気管、気管支のがん
5.気管がん	（上記参照）	（上記参照）
6.喉頭がん	（上記参照）	（上記参照）
7.前立腺がん	前立腺がん	前立腺のがん、男性で最も一般的ながんの1つ

* 原著の deformities を「形成不全」と訳した。

80

8. 原発性肝がん	ALアミロイドーシス（免疫細胞性アミロイドーシス）	異常なタンパク質であるアミロイドが組織や臓器に侵入したときに起こる、まれな病気
9. ケーラー病	多発性骨髄腫	骨髄中の白血球の一種である形質細胞のがん
10. 急性および亜急性の末梢神経症	末梢神経障がい、早期発症型	しびれ、チクチク感、運動能力の低下を引き起こす神経系の状態。アメリカの評価基準では、除草剤への曝露から1年以内に少なくとも10％の障がいがあることが必要
11. 二分脊椎症	スピナビフィダ（潜在性二分脊椎症を除く）	発育中の胎児の欠陥で、脊椎の閉鎖が不完全
12. クロルアクネ（塩素挫創）	クロルアクネ（或は類症のアクネ型の疾病）	化学物質への曝露直後に発生し、ティーンエイジャーに見られる一般的なニキビ様の皮膚の状態。アメリカの認定条件では、除草剤への曝露から1年以内に少なくとも10％の障がいであることが必要
13. II型糖尿病	II型糖尿病	身体がホルモンのインシュリンに適切に反応できないことに起因する高血糖値を特徴とする疾患
14. 晩発性皮膚ポルフィリン症	晩発性皮膚ポルフィリン症	肝機能障がい、および日光にさらされた部分の皮膚が薄くなる、および水疱形成を特徴とする障がい。アメリカの認定条件では、除草剤への曝露から1年以内に少なくとも10％の障がいがあることが必要

（出所）本章注［8］, Ministry of Health (2008).

表2.2　ベトナムまたはアメリカの一方が承認し、他方が承認してないダイオキシン曝露に関連する疾病と症状

ベトナム保健省のみが承認の疾病 （アメリカ退役軍人省は承認していない）	アメリカ退役軍人省のみが承認の疾病
異常出産	慢性 B 細胞白血病
形成不全および先天性欠損症	虚血性心疾患
精神障がい	パーキンソン病

（出所）表 2.1 と同じ

　2015 年、アメリカ退役軍人省は、134 万 7433 人の退役軍人に障がいへの賠償として 237 億ドルを支払った。彼らはベトナム戦争時に軍に勤務し、給付金の支払いに応じた人々で、 1 人あたりの金額は 1 万 7600 ドルだった[9]。このうち 52 万 7925 人は、ベトナム滞在中にエージェントオレンジへの曝露に関連する上記の疾病、または症状のうちの 1 つを発症している退役軍人だった[10]。

　エージェントオレンジの影響について尋ねられる最初の質問は、「どれほど多くの人が影響を受けているか」である。これは簡単に答えられる質問ではなく、回答はしばしば大きく異なる。実際、人数を特定することは不可能である。人数を把握するためには、まず、ダイオキシンに曝露した実際の人数を確認する必要がある。しかし、これは多くの実態が判明していないために確認することができない。たとえば、9 年間以上にわたって広域の撒布作業で地上にいる人々が実際に毎日浴びてきた量について、環境条件によってダイオキシンの半減期が異なることについて、そしてダイオキシンの撒布とダイオキシンのホットスポットから生じる環境中のダイオキシンが拡散することについて、など多くの不明な実態がある。しかし、仮にダイオキシンへの曝露が確実に証明されたとしても、ダイオキシンに関連する疾病や先天性欠損症には他の原因も考えられる。また、多数の人を正しく診断するにしても、専門的な知識や技術が必要であり、こういった施設は、通常、ベトナム国内すべてで

利用できるものではない。そのため、ベトナムにおけるエージェントオレンジ被害者数を確認することは不可能である。これは、アメリカの退役軍人とベトナム戦争に参加したアメリカの同盟国の退役軍人の間で、エージェントオレンジ被害者数を決定する際の課題とも類似している。

　それにもかかわらず、長年にわたりベトナムのエージェントオレンジ被害者の数を数える努力がなされてきた。

　2000年、元保健省副大臣兼ベトナムのエージェントオレンジ／ダイオキシン研究を担当する政府機関の10-80委員会委員長であるホアン・ディン・カウ教授は、約15万人の先天性欠損症の子どもたちを含むエージェントオレンジの被害者が約100万人いると推定した[11]。これは、以後多く引用された人数である。しかし彼の報告書には、推定方法やいかにしてこの数字にたどりついたかについての説明はない[12]。

　2003年には、現在コロンビア大学の保健政策・管理学の名誉教授であるジャンヌ・マガー・ステルマンの研究グループが、アメリカ国防総省の記録と地図、1960年代のベトナムの人口・居住形態に関するデータを用いて除草剤散布に関する分析を行ない、独自に発表している。「なんらかの人口データがある集落のうち、3181の集落が直接撒布され、少なくとも210万人、おそらく480万人もの人が撒布時に存在したであろう」[13]と述べている。両国の兵士の数も他の一時的な滞在者の数も、ラオスとカンボジアの数も入っていないため、分かっていない部分を考慮すれば、これらの数字は少なめに見積もられている。これが1960年代に曝露した人々の推定人数である。今日でも、エージェントオレンジ被害者が何人なのかが引き続き問われている。

　最初の5年間の研究プログラムで33委員会は、この課題を労働傷病兵社会省（MOLISA）に委託し、同省が全国のエージェントオレンジ被害者数を割り出す作業を開始した。同省のガイドラインでは、被害者は撒布された地域に居住していたことを証明することができ、保健省のリストにある1つかそれ以上の病気に現在罹患している人、と規定してい

る。MOLISA は 2005 年に被害者数の調査を完了し、被害者はその時点で約 50 万人とされた [14]。この報告書の再検討会議で、一部の当局者は、多くのベトナム人がエージェントオレンジの被害者として特定されるのを嫌がるため、この数字は実際の被害者数より少ないのではないかと考えた。多くの人が、被害者のレッテルを貼られることによって自分の子どもたちへの心理的影響と、自分や子どもたちの結婚への悪影響を心配しているのではないかと感じたのである。

　2006 〜 2007 年には、フォード財団および対話グループの記者会見、国連機関の関心やアメリカ大使館による積極的な行動、33 委員会からの新しい調査結果の発表などとともに、ダイオキシンに由来する障がいのある青少年を支援する外国の非政府組織に関する報道などの結果、エージェントオレンジ問題の遺産に対する社会の関心が高まった。こうした動きは、ベトナム政府高官がこの問題により関心を寄せるきっかけとなった。エージェントオレンジの被害者とその家族、およびベトナム・エージェントオレンジ被害者協会（VAVA）が声を上げ、支援を求めた。政府はエージェントオレンジの被害者に対する月額の手当を大幅に増額し、その結果、被害者登録者数が急増した。しかし、そのような登録者の 3 分の 1 から半分は、被害者登録の基準を満たしていないことが後に判明した。現在、ベトナム政府は被害者の認定作業を強力に推進しており、その手順および被害者認定に必要な書類を明確に指定した。それにもかかわらず、被害者の認定にはさまざまな論争と困難が続いている。被害者の利益のための政策が依然として悪用されている。被害者ではない人が実際に被害者として認定されているのである。他方で、必要な書類がないなど、現在の給付制度の枠外にいるため、被害者と認定されない人がいる。

　したがって、現在の受益者の数でさえも、ベトナムのエージェントオレンジ被害者の総数として捉えることはできない。

　エージェントオレンジのような、ダイオキシンに汚染された枯れ葉剤

の影響を受けた可能性のあるおおよその人の数を把握することはできる。彼らは、両親や祖父母（あるいは恐らく曽祖父母さえ）が撒布による直接曝露によって影響を受けた可能性がある。あるいは、親が旧アメリカ空軍基地のダイオキシン・ホットスポットの近くに住んでいた可能性もある。ここでは、直接曝露した人々の健康上の問題である種々のがん、ホジキンリンパ腫、塩素挫瘡、パーキンソン病、晩発性皮膚ポルフィリン症、虚血性心疾患、高血圧、Ⅱ型糖尿病などよりも、むしろダイオキシンへの間接曝露に関連する先天性欠損症から始まる障がいに焦点を当てる。

2009 年のベトナム人口と住宅の国勢調査（Vietnam Population and Housing Census, VPHC）[15] によると、ベトナムには 610 万人の障がい者がいると推定されている。しかし、ベトナムはアメリカにすべての障がい者を支援するよう求めているわけではない。ベトナムは、障がいのあるベトナム人全体の一部であるエージェントオレンジの被害者だけに援助を求めている。ベトナム政府はすべての障がい者が「エージェントオレンジ被害者」であるとは言っていない。この言葉はある特定の基準を満たした個人にのみ使う用語である[16]。

ベトナムのエージェントオレンジ被害者は誰なのか。この問いに答えるべく、ベトナム赤十字社と VAVA は過去 8 年にわたって、全国の県や省でさまざまな調査を行なってきた。しかし、さまざまな理由から、これらのデータを特定の省の全体像としてまとめるのは難しいことがわかった。唯一の例外はダナンである。

2006 年、ダナン市の 7 つの行政区で、当局がエージェントオレンジ被害者であると考えた 7000 人の個人情報および健康と障がいの状況に関するデータを集めた。2007 年、VAVA のダナン支部は 7000 人の各家庭にチームを派遣した。チームは、潜在的曝露があるかどうか、ダイオキシン関連の疾病や症状について健康状態が保健省の発表したリストに載っているかどうか、という 2 つの基準に照らして、個人の履歴と健康

と障がいの問題を検討した[17]。その結果、VAVA の調査チームはダナン市在住の 5077 人が 2 つの基準を満たしていると結論づけた。

　これらのデータから、ベトナムがどのような人をエージェントオレンジ被害者と考えているのかが見えてくる。2014 年の第 1 四半期、アスペン研究所のベトナム・エージェントオレンジ調査計画は、ダナンの 4 つの行政区[18]を選択し、エージェントオレンジ被害者とみられる全員の記録を調査した。このうちの 3 つは、タインケー区、ハイチャウ区、カムレー区で、ダナン空港を取り囲む地区である。空港には、アメリカが資金提供している環境修復プロジェクトの中心となるダイオキシンのホットスポットがある。第 4 の地区は、ダナンの後背地であるホアヴァン県である。ホアヴァン県はダナン市の西部に位置する山岳地帯で、撒布量が多かった他県の農村地域と類似している可能性があることから選ばれた。

　この分析では、ダイオキシンの間接曝露に関連する障害を持つ人々、つまり直接曝露した人々の子孫に焦点を当てている。アメリカ軍が、当時の南ベトナムでエージェントオレンジを使い始めたのは 1962 年だが、戦争で使われた除草剤のほとんどすべて（97.3%）は 1965 年以降に撒布された[19]。したがって、1965 年以前に誕生した子孫に親からのダイオキシン曝露の影響が受け継がれた可能性は低いと考えられる。VAVA の基準によると、1965 ～ 2004 年に誕生した 2369 人のエージェントオレンジ被害者が、タインケー区、カムレー区、ハイチャウ区、ホアヴァン県に住んでいる。この人たちは障がいを抱えており、その状況を表2.3 にまとめた。

表 2.3　ダナン 4 地区の人口、障がい者、障がいのあるエージェントオレンジ被害者数と割合

区	人口(人)	5歳以上の障がい者の総数(人)	5歳以上のエージェントオレンジ被害者総数(人)	障がい者総数に対するエージェントオレンジ被害者割合(%)	総人口に対するエージェントオレンジ被害者割合(%)
タインケー	17万4557	4808	451	9.4	0.3
カムレー	8万7691	4735	492	10.4	0.6
ハイチャウ	18万9561	7232	585	7.4	0.3
ホアヴァン	11万6524	6542	891	13.6	0.8
合計	56万8333	2万3317	2369	10.2	0.4

（出所）Vietnam Population and Housing Census 2009, VAVA/Da Nang Enumeration 2007.

　表 2.3 は、区別のエージェントオレンジ被害者数を示し、その数を、VPHC に基づいた区の人口および障がい者の総数と比較したものである[20]。エージェントオレンジ被害者は人口の 1% 未満であり、障がいのある人の約 10% にすぎない。

表 2.4　年齢層別エージェントオレンジ被害者数（単位：人）

区	エージェントオレンジ被害者総数（2007年VAVAダナン支部調査）	年齢			
		子ども（5-16歳）	青年（17-24歳）	成人（25-44歳）	成人（45歳以上）
タインケー	451	118	96	237	
カムレー	492	141	101	250	
ハイチャウ	535	139	118	278	
ホアヴァン	891	243	201	447	
合計	2369	641	516	1212	
ダナン市のエージェントオレンジ被害者の年齢層別割合(%)		27.1	21.8	51.2	0.0
ベトナムの全障がい者の年齢層別割合(%)		3.2	3.1	7.8	85.8

（出所）表 2.3 と同じ

　青少年は、エージェントオレンジ被害者に提供される多くの支援の対象者である（他のベトナム人障がい者も対象であるが）。彼らは、表2.4で示されたエージェントオレンジ被害者の半数弱を占める。被害者年齢の中央値は23歳である。図2.1で示されるように、障がいを持つ他のベトナム人全体では圧倒的に年齢層が高い。

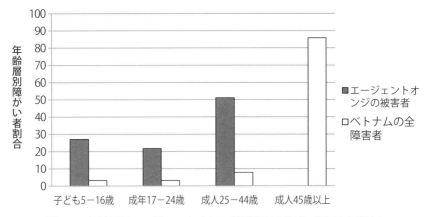

図2.1　年齢層別エージェントオレンジ被害者の割合（2007年現在）

　エージェントオレンジ被害者は全体として、全人口の中で出生率が低く、死亡率が高いという仮説を立てることができる。したがって、年齢の中央値は時間とともに上がり、エージェントオレンジ被害者数は減少していく。エージェントオレンジ被害者に対する将来の支援は、25歳以上の人々に徐々に移行していく必要がある。

　運動機能障がいおよび精神障がいはエージェントオレンジ被害者のほぼ90％（87.3％）の人たちを苦しめているが、この種の障がいを持つ人はベトナム人障がい者全体の中では40％弱となっている。

　エージェントオレンジ被害者のうち、聴覚、視覚、言語の障がいを経験している人の割合はわずか12.7％だが、エージェントオレンジ被害者ではない障がいを持つベトナム人全体の3分の2近くがこれらの障がい

を抱えている。エージェントオレンジ被害者への将来の直接支援は、主に運動機能障がいと精神障がいを持つ人々に焦点を当てていく必要がある。

表 2.5　障がい種別によるエージェントオレンジ被害者数と割合

区	回答者数（人）	障がいの種類			
		運動機能障がい	精神障がい	運動機能障がいと精神障がい	聴覚／視覚／言語障がい
タインケー	451	189	138	70	54
カムレー	492	220	114	88	70
ハイチャウ	533	202	156	131	44
ホアヴァン	887	384	205	167	131
計	2363	995	613	456	299
ダナン市のエージェントオレンジ被害者の障がい種別割合（%）		42.1	25.9	19.3	12.7
ベトナムの全障がい者の障がい種別割合（%）		20.1	13.6	5.6	60.7

（出所）表 2.3 と同じ

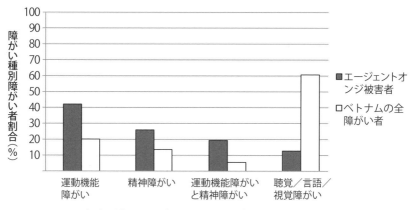

図 2.2　障がい種別エージェントオレンジ被害者の割合（2007 年）

　エージェントオレンジ被害者は、表 2.6 および図 2.3 で示されるように、より深刻な障がいも経験している。

表 2.6　障がいの重症度別エージェントオレンジ被害者

区	回答者数（人）	重症度		
		やや困難	困難	非常に困難
タインケー	370	133	149	88
カムレー	317	124	102	91
ハイチャウ	482	219	158	105
ホアヴァン	630	233	272	125
計	1799	709	681	409
ダナン市のエージェントオレンジ被害者の重症度別割合（%）		39.4	37.9	22.7
ベトナムの全障がい者の重症度別割合（%）		60.7	27.9	11.4

（出所）表 2.3 と同じ

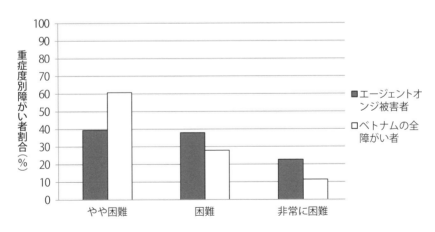

図 2.3　障がいの重症度別エージェントオレンジ被害者の割合（2007 年）

　エージェントオレンジ被害者の6割は、障害によって生活が「困難」または「非常に困難」になっており、重度で深刻な障がいをかかえていることを示唆している。これに対して、ベトナム人障がい者全体に占める重度障がい者の割合は4割である。

　上のデータは、ベトナムのエージェントオレンジ被害者として明確に定義されたグループの状況を初めて数値化したものだが、彼らが直面している問題をより的確に評価するには、この調査対象の2369人に関する履歴の説明書類が必要である。VAVAのチームは、次の用語を使用して、2007年にダナンで特定したエージェントオレンジ被害者たちの障がいの状態を特徴付けた。

身体障がい：顔の形成不全、片脚の形成不全、両足、または両足と両腕の形成不全。手の形成不全、両腕の形成不全に両足なし、両足なしに2本の指なし。左手の指に水かき、片足または両足の欠損。片腕の欠損。両腕の欠損。膝関節の欠損。弱い腕と脚。片足麻痺。両足麻痺。四肢の麻痺。全身麻痺。足の筋肉萎縮。先天性心疾患。口蓋裂。腕組み症状。鼠経リンパ節またはヘルニア。発育不全。赤くブツブツのある皮膚あるいはヘビ皮に見える皮膚。聾唖。二分脊椎症。視覚障がい。言語障がい。運動機能障がい。

精神障がい：慢性または先天性精神障がい。認知機能・知的障がい。発作。統合失調症。水頭症。ダウン症。てんかん。脳性麻痺。

　以上の議論から、次のことが結論づけられる。

● 1960年代にベトナムでエージェントオレンジが撒布されてダイオキシンに曝露した個人の実際の人数、曝露の頻度、期間および度合

い、その結果としての体内ダイオキシン濃度、そして将来の健康と子孫への影響について正確なリストを作成することはできない。しかし、健康状態の悪化、短命、先天性欠損症の観点から、人口レベルでの影響を推測することはできる。

●エージェントオレンジ被害者とみなされる人々の障がいの全体的な有病率について、信頼できる推定をすることはできる。

●ただし、第3世代および第4世代に新たな症例が発生する可能性があるが、エージェントオレンジ被害者は全体として高齢化している。彼らは、聴覚、視覚、または言語の障がいよりも、主として運動機能障がいと精神障がいを抱えながら生活している。これらの障がいは、被害者に深刻な影響を及ぼしている。

●ベトナム政府のエージェントオレンジ被害者の認定基準は適度に厳しく、プログラムによってダイオキシン曝露に関連する症状を持つ個人を対象に実施することができるはずである。

●エージェントオレンジ被害者として本書で紹介されている人の数は膨大だが、十分な資金があり、効率的に管理されたプログラムであれば、手が届かないというわけではない。

（原注）
[1] Jeanne Mager Stellman, Steven D.Stellman, Richard Christian, Tracy Weber and Carrier Tomasallo, "Extent and patterns of usage of Agent Orange and other herbicides in Vietnam", *Nature* 422, pp.681-687, April 2003.
[2] Nguyen Van Tuong, "Analysis of Dioxin in Blood and Milk of People Living in Sprayed Areas in Thua Thien-Hue and Da Nang Compared With Dioxin in Blood and Milk of People Living in Hai Phong", Japanese National Institute for Environmental Health, Fukuoka, 2004.

92

［3］ Hatfield Consultants and Office of National Steering Committee 33, "Comprehensive Assessment of Dioxin Contamination in Da Nang Airport, Vietnam: Environmental Levels, Human Exposure and Options for Mitigating Impacts Final Summary of Findings", p2, p4, November 2009; Nguyen Van Tuong, "Environmental and Human Health Assessment of Dioxin Contamination at Bien Hoa Air Base, Vietnam: Final Report", pp.3-43, August 2011.

［4］ Le Bach Quang, et al., "Nghien Cuu dich te hoc benh tat cua 47,000 cuu chien binh co phoi nhiem CDC va so sanh voi nhom cuu chien binh khong phoi nhiem", CDC, Hoc Vien Quan Y, Hanoi, 2005. ("Epidemiological study of the diseases of 47,000 war veterans exposed to Agent Orange and compared with group of veterans who were not exposed to Agent Orange", Military Medical University, Hanoi, 2005).

［5］ J.N.Robinson, K.A.Fox, W.G.Jackson, N.S.Ketchum, M.Pavuk and W.Grubbs. "Air Force Health Study － An Overview", *J.Organohalogen Compounds* 68, pp.752-755, 2006.

［6］ Joel E.Michalek and Ram C.Tripathi, "Pharmacokinetics of TCDD in Veterans of Operation Ranch Hand: 15 Year Follow-up", *Journal of Toxicology and Environmental Health* 57, Part A, no.6, pp.369-378, 1999.

［7］ Hatfield Consultants and Office of National Steering Committee 33, "Assessment of Dioxin Contamination in the Environment and Human Population in the Vicinity of Da Nang Air Base, Vietnam Report 3: Final Report", April 2007.

［8］ ベトナム保健省、決定 No.09/2008/QD-BYT、2008 年 2 月 20 日。

［9］ U.S. Department of Veterans Affairs, Annual Benefits Report 2015, http:// www.benefits.va.gov/REPORTS/abr/ABR-Compensation-FY15-05092016.pdf.

［10］ プロパブリカのチャールズ・オーンスタイン経由のアメリカ退役軍人省情報、私信、2017 年 1 月 3 日。

［11］ 10-80 委員会（ベトナム戦争でアメリカが使用した有毒化学物質の影響を調査する国家委員会）は 1980 年 10 月に創設され首相に報告された。1999 年に 33 委員会が創設されると、10-80 委員会は保健省に移され、後にハノイ医科大学に移された。

［12］ Hoang Dinh Cau, "Report on Consequences of Agent Orange in Vietnam", 10-80 Committee, 2000.

［13］ 注［1］の文献、685 ページ。

［14］ Ministry of Labor, Invalids and Social Affairs, "National Census of Agent Orange Victims in Vietnam", 2005.

［15］ ベトナム統計総局、「ベトナム人口と住宅の国勢調査（VPHC）2009」。ベトナム統計総局が、国連人口基金（United Nations Population Fund, UNFPA）からの技術支援を受けて 2009 年 4 月に VPHC を実施した。
http://www.gso.gov.vn/default_en.aspx?tabid=515&idmid=5&ItemID=9813.
その脚注のほとんどがベトナム語であるが、訳は次の通りである。
「基準については、ベトナム政府、保健省／労働傷病兵社会省の『抗米戦争に参加した人々およびその子どもたちへの有毒化学物質曝露に関連した疾患、障がい、形成不全を

決定する指針に関する政府通達文書』（ハノイ、2013 年 11 月 18 日）ならびに、ベトナム政府、官公庁の『決定——革命に価値ある奉仕をした人々の利益となる法令の数多くの条項を実行するための法規、指針』（2013 年 4 月 9 日）を参照のこと。」

[16] 基準に関しては、ベトナム政府、ベトナム保健省／労働傷病兵社会省の *Thong Tu Lien Tich Huong Dan Kham Gia Dinh Benh, Tat, Di Dang, Di Tat, Co Lien Quan Den Phoi Nhiem Voi Chat Doc Hoa Hoc Doi Voi Nguoi Hoat Dong Khang Chien, Va Con De Cua Ho*（ハノイ、2013 年 11 月 18 日）ならびに、ベトナム政府、官公庁の *Nghi Dinh-Quy Dinh Chi Tiet, Huong Dan Thi Hanh Mot So Dieu Cua Phap Lenh Uu Dai Nguoi Co Cong Voi Cach Mang*（2013 年 4 月 9 日）を参照のこと。

[17] 同上。VAVA ダナン支部が 2007 年に採択した基準は 2013 年に更新された。

[18] 4 つの区の人口は、ダナンの人口 88 万 7435 人（2009 年）のうちの 3 分の 2 を擁している。

[19] 1 章、表 1.2 を参照。

[20] VPHC は年齢 5 歳以上の障がい者を対象にしているので、VAVA ダナン支部のデータもこの年齢枠に統一した。

3章

ダイオキシンへの曝露は先天性欠損症と生殖障がいをもたらすのか

先天性欠損症はさまざまな要因によって起こるが、多くの症例におい
て、医者も医学研究者も原因を特定できていない。しかしながら、エピ
ジェネティクス*訳注の研究によれば、親のダイオキシンへの曝露とその
子どもの先天性欠損症との間にはある関係が示唆され、疫学研究でもこ
うした関係が指摘されている。ベトナムにおける3つの事例研究は、兵
役中の曝露およびダイオキシンの「ホットスポット」での曝露と子ども
たちの先天性形成不全との間にある関係性を明らかにした。他方、アメ
リカ空軍による研究では、撒布用航空機の任務に就いていたアメリカの
兵士にはこのような関係性は見つからなかった。また日本人研究者は、
母親の母乳に含まれるダイオキシンが幼児の発育に影響があることを明
らかにした。さらなる科学的な研究が必要ではあるが、私たちは科学が
より確実な発見を提供するまで待つことはできない。

先天性欠損症と生殖障がいは、エージェントオレンジが及ぼす人間へ
の影響の議論において最も複雑な問題であり、きわめて論争的である。
先天性欠損症は多くの要因によって発現するが、多くの症例において医
者も医学研究者も原因を特定できていない。先天性欠損症には多くの種
類と重症の程度があり、その病気に罹った個人と家族と社会に対して身
体的、精神的、経済的な負担をもたらす。

科学的な文献で一貫した研究結果がないため、エージェントオレンジ
／ダイオキシンへの親の曝露とその子どもの先天性欠損症との関係につ
いては論争が起きている。エージェントオレンジないしダイオキシンの
複数世代にわたる健康被害に関する科学研究には3つの種類がある。す
なわち、環境学／生態学、エピジェネティクス／複数世代間遺伝の研究、
そして疫学研究である。環境学／生態学の研究成果については第1章で
述べた。本章では、初めにエピジェネティクスの研究を要約し、次に疫
学研究の一連の研究結果を示す。

---

* 後成学あるいは後成遺伝学。

エピジェネティクスの研究

　エピジェネティクスの研究は、DNA 配列に何の変更も伴わない遺伝子に起こる変化に関する研究である。これらの変化は遺伝子のオンとオフを切り替え、細胞が遺伝子を読み取る方法に影響を与える可能性があり、遺伝子発現ないし細胞機能に変更をもたらす。エピジェネティクスにおける（DNA 配列への）修正は遺伝し、動態的であり、環境の要因にも影響される可能性がある。先天性欠損症とエージェントオレンジについて論じた『サイエンティフィック・アメリカン』誌の 2016 年のある論文によると、「科学者たちは、化学物質が持続的で複数世代にさえ影響を及ぼすと示唆するような重要な研究の進歩を成し遂げつつある。世界中の実験室でネズミを用いた実験結果によると、ダイオキシン（TCDD）はエピゲノムを変異させる…化学物質が体内から取り除かれた後も持続的に現れる影響を伴いながら、ダイオキシンはエピゲノムの制御プログラムを作り変えることができる」[1]原注。最も新しい研究（2012 年）が、ラットを用いたそれ以前の実験結果に加えて、「次のことを実証している。すなわち、ダイオキシン、環境中にある毒物、エージェントオレンジのような除草剤に含まれる汚染物質は、妊娠中に曝露した F0 世代（母親）から直接曝露していない子どもや孫への病気のエピジェネティックな世代間遺伝を促す可能性がある」[2]。こうした研究は、環境がダイオキシンに曝される危険に関して重要な意味を持つ。科学雑誌『プロスワン』の論文において、筆者たちは次のように観察を行っている。

　　退役兵がベトナム戦争中にエージェントオレンジ（ダイオキシンで汚染された除草剤）に曝露した後に見られる病気リストの項目は

増えている。同様の観察は台湾、イタリアのセベソ、中国、日本での曝露についても見られた。

　ダイオキシンは人間の体内に蓄積され、10 年の半減期があるために、ダイオキシンに曝露した後の 20 年間に妊娠する女性には、胎児とその後の世代にダイオキシンの影響を及ぼす危険がある。イタリアのセベソで曝露した人々に関する世代間の研究は、母親が曝露してから 25 年後に生まれた子どもたちに健康被害があるとする考え方を支持している。こうしたダイオキシンへの曝露に関して、複数世代間の影響に着目している研究はこれまでほとんどない。

疫学研究

　2006 年にテキサス大学のアイン・D・ゴーを中心とした研究チームは、ベトナム人による 13 の研究とベトナム人以外による 9 つの研究を総合報告した。その報告によると、「エージェントオレンジへの曝露と関連した先天性欠損症の大まかな相対リスク（RR）は研究ごとにかなりのばらつきがあるが、1.95（95% の信頼区間は 1.59 ～ 2.39）であった。ベトナム人による研究では大まかな相対リスク（RR=3.0；95% の信頼区間は 2.19 ～ 4.12）は、ベトナム人以外による研究結果（RR=1.29；95% の信頼区間は 1.04 ～ 1.59）よりも高かった。エージェントオレンジに曝露した人々の曝露の程度と期間、およびダイオキシンの濃度で測った場合に、エージェントオレンジに曝露した度合が大きくなるにつれて、関連性の程度が増す傾向があった。エージェントオレンジへの親の曝露は先天性欠損症のリスク増加と関係がありそうである。」[3] と著者たちは結論づけた。

　同年にアーノルド・シェクターとジョン・D・コンスタブルは、この

研究を論評した際、次のように書いている。「1970年以前に始めた研究に基づき、エージェントオレンジに含まれるダイオキシンによる汚染物質の毒性について疑う余地はない、という見解を持っている。このダイオキシンは人間に対して深刻な健康被害をもたらしてきた。私たちを含む他の多くの研究者たちは、1970年にはベトナム人の残留ダイオキシンは高い水準だったが、現在はその水準にある人は誰もいないことを明らかにした。戦時中と戦後に多くのベトナム人がこの有毒化学物質を取り込んだのは疑う余地はない。多くの国の毒物学と疫学の研究から、私たちは、このダイオキシンがおそらくベトナムで重大な健康被害をもたらしたであろうと確信している。しかしながら、除草剤ないしダイオキシンと先天性欠損症を結びつけるベトナム人による研究は、現状では示唆に富むと言える以上のものではない。ベトナム人による研究以外に、除草剤ないしダイオキシンへの曝露と二分脊椎症や無脳症以外の先天性形成不全との関連性を示す研究は知られていない。」[4]ベトナム人以外によるこれらの研究が、除草剤への曝露のレベルや期間が同程度であることを反映しているかどうかは不明である。さらに、アイン・D・ゴーたちの研究では、ベトナム人以外の論文のみを対象としたメタ分析＊訳注でも、除草剤曝露と先天性欠損症の間に統計的に有意な関連性があることが明らかにされたが、その大きさは小さなものだった。

　グエン・ティ・ゴック・フオン博士は、ベトナムにおけるダイオキシンと先天性欠損症に関する初期の重要な研究者である。研究歴の中で、彼女はリプロダクティブヘルス（性と生殖に関する健康）、特に体外受精の研究に注力してきた。彼女はホーチミン市の有名なトゥーズー産婦人科病院の元院長である。2007年と2008年に、彼女は除草剤の影響に関するアメリカ下院の公聴会で証言しており、エージェントオレンジ／ダイオキシンに関するアメリカ・ベトナム対話グループの一員でもある。

　フオン博士は、これまでの経歴においてトゥーズー産婦人科病院で先

＊ 個別に実施された研究の結果を収集し、統合したものを解析する方法のこと。

天性欠損症の多くの症例を見てきた、と私たちに語った[5]。早くも 1963 年には、同病院で先天性欠損症の発生率が異常に高いというニュースが一般市民と一部の日本人科学者たちの注目を集めた。1965 年と 1967 年にフオン博士は、除草剤が撒布されたメコンデルタの省の 1 つであるベンチェ省と、撒布されなかったホーチミン市第 1 区第 10 地区において、生殖障がいと先天性欠損症に関するデータを集めた。ベンチェ省の調査地における先天性欠損症の割合は、ホーチミン市のそれよりも 4 倍ないし 5 倍高いことがわかった。彼女は後の研究で、1965 年と 1966 年に生まれた女性は 1955 年と 1956 年に生まれた女性に比べて、生殖障がいと先天性欠損症の子どもを持つ割合が高いことを発見した。通常は、年齢のより高い女性の方がその割合が大きい、という逆の場合が予想される。

　ベトナムにおける除草剤による人間への影響に関する研究を行なう上で、1970 年代と 1980 年代における困難な点について、彼女は私たちに語ってくれた。資金と技術がなかっただけでなく、当時はベトナムでの環境や人間に及ぼす除草剤の悪影響に関する情報と知識も欠いていた。除草剤の悪影響について言及することが、観光や農水産物の輸出に影響を与えると多くの人々が考えていたし、その中には社会的地位の高い指導者もいた、と。この不安は 1990 年代まで長く続き、2000 年代にさえも残っている。エージェントオレンジの複雑さと、それに曝露した人々の子どもと孫の世代への深刻な影響を明らかにするために、以下では、過去 30 年にわたってベトナム人科学者たちが行なった 3 つの主要な研究を紹介する。これらの研究はハノイの軍事医科大学によって行われ、エージェントオレンジへの曝露を経験した人々と曝露しなかった人々とを比較している。研究テーマの複雑さと繊細さのために、これらの研究成果は機密扱いされてきたが、2000 年になってようやく他のベトナム人と海外の科学者たちも利用できるようになった。

1982年の研究——グエン・フン・フック

　1982年、グエン・フン・フックとクン・ビン・チュンは、アメリカによって撒布された有毒化学物質のベトナム人への影響に関する研究を行なった[6]。研究の対象は、ベンチェ省ゾンチョム県で有毒化学物質が直接撒布された地域の住民たちである。848組の夫婦への調査によると、そのうちの12.20％（±1.44％）が流産しており、異常に高い割合であった。同じ地域で化学物質が撒布された前後に出生した3000人の子どもに関する調査によると、撒布前に障がいをもって生まれた子どもの割合は0.14％（±0.08％）であり、撒布後は1.78％（±0.35％）であることが明らかになった。

1999年の研究——グエン・ヴァン・グエン

　グエン・ヴァン・グエンの研究グループは、ダイオキシンの主要なホットスポットであるビエンホア、ダナン、フーカットの近隣地域で先天性欠損症に関する調査を行い、対照地域のハドンと比較研究した[7]。ハドンはベトナム北部の紅河デルタ地帯の農村であり、住民の中には南部で従軍し戦時中曝露した人々がいた可能性もあるが、その地域自体は全く撒布されなかった。人口1000人当たりと1000人の出生数当たりの先天性欠損症をもって生まれた子どもの割合は、対照地域のハドンに比べて、3つのホットスポット周辺地域で有意に高かった。

表 3.1　先天性欠損症の割合（単位：人）

調査指標	ビエンホア	ダナン	フーカット	ハドン
先天性欠損症の子どもの数	383	377	296	212
調査対象人口	21万9673	17万2877	22万 895	25万5422
出生数（22年間の累積）	8万8032	7万 40	8万9425	14万6207
先天性欠損症の子どもの割合（1000人当たり）	1.74±0.08	2.18±0.32	1.34±0.21	0.83±0.24
先天性欠損症の子どもの割合（出生数1000人当たり）	4.35±0.83	5.38±0.79	3.31±0.57	1.45±0.53

（出所）本章注［7］, Nguyen et al. (1999, 2005).

・・

2005 年の研究——レ・バック・クアン

　2005 年に、レ・バック・クアンとドォアン・フイ・ハウは、エージェントオレンジに曝露した経験のある退役軍人の 2 万 8817 家族を調査し、曝露の経験が全くない退役軍人の 1 万 9076 家族と比較した[8]。その調査結果を表 3.2 に示す。

表 3.2　退役軍人家族の中で先天性形成不全を持つ子どもたちの人数と割合：

調査内容	曝露あり	曝露なし
退役軍人の家族の総数	2万8817	1万9076
先天性形成不全の子どもを持つ家族の総数	1640	356
先天性形成不全の子どもを持つ家族の割合	5.69%	1.87%
先天性形成不全の子どもの総数（人）	2296	452
総出生数（人）	7万7816	6万1043
先天性形成不全の子どもの割合	2.95%	0.74%

（出所）本章注［8］, Quang and Hau (2005).

　これらの研究では、エージェントオレンジに曝露した退役軍人の家族と曝露しなかった退役軍人の家族を比べると、先天性欠損症をもった子どもの出生率に大きな違いが見られた。

　これらの研究と前章で引用したアメリカ空軍の保健研究とを比較することができる。後者の研究では、疾病率、死亡率、リプロダクティブヘルスに関して、ランチハンド作戦の下で撒布の任務を遂行した1047人の兵士と、1962 〜 1971年の間に東南アジアの他の地域でC-130輸送機に従事した空軍の乗組員と整備要員1223人とを比較した。リプロダクティブヘルスに関しては、その研究では次のことが示された。「先天性欠損症の重症度と発育不全および多動症候群と、親が曝露したダイオキシンとの間には何の関連もないこと、さらにダイオキシンの濃度と子宮内胎児発育不全との関係もないことがわかった。」[9]

　金沢大学の城戸照彦と西条旨子*訳注が率いる研究者たちは、ベトナムのダイオキシン研究を長年行ってきた。ビエンホアとフーカットにおけるダイオキシンのホットスポット周辺地域で実施した城戸の調査によると、母親の母乳に含まれるダイオキシンは幼い子どもの内分泌系を破壊しかねないことが明らかになった[10]。西条の研究は、出産1か月後の母親の母乳に含まれるダイオキシンが及ぼす子どもの身体発育への影響を評価した。その結果、母親の母乳を通してダイオキシンに曝露した男子の体重とボディマス指数 (Body Mass Index, BMI) は、産まれてから4か月間減少する傾向があり（Nishijo, 2012）、3歳まで続く（Phan The Tai, 2016）ことが明らかになった。さらに、早い時期のダイオキシンへの曝露は、4か月で認知能力のような神経発達（Phan The Tai, 2013）に、1年で言語能力（Phan The Tai, 2015）にそれぞれ影響を与え、3歳で自閉症の傾向を高める（Nishijo, 2014）可能性がある[11]。

　アメリカにおいては、ベトナムでエージェントオレンジの撒布を指令した司令官の息子で、本人も曝露したエルモ・R・ズムウォルト3世が、

＊ 現金沢医科大学教授。

1988年にリンパ腫が原因で死亡した。亡くなる前に彼は次のように記している。

　私は弁護士であるが、現存する科学的証拠によって、次のような関連性を法廷で立証できるとは考えていない。つまりベトナム帰還兵や深刻な先天性欠損症の子どもをもった帰還兵によって報告された、神経障がい、がん、皮膚病など医学的な問題すべての原因がエージェントオレンジである、と。しかし、私は関連性があると信じている。[12]

　エルモ・ズムウォルト3世の息子は重度の学習障がいで苦しんでいる。3世の弟、ジェームズ・ズムウォルトは私たちに語った。

　アメリカ政府は初め、エージェントオレンジへの曝露とさまざまながんとの相関関係を認めず、1990年代の初めまでその状態が続きました。他方でベトナム政府は、子どもの先天性欠損症や多発性硬化症のすべてがエージェントオレンジへの曝露に関連すると主張していました…ベトナムでは誤ったことがなされましたが、我々はそのことに対する責任を受け入れるようになりました。…（両国の）共同事業を始めることや、最も有効にできることは何かということについての認識をさらに促すような気運が今生まれています。[13]

（原注）
[1] Charles Schmidt, "Is Agent Orange Still Causing Birth Defects?", *Scientific American*, March 16, 2016, http://www.scientificamerican.com/article/is-agent-orange-still-causing-birth-defects/.
[2] M.Manikkam, C.Guerrero-Bosagna, R.Tracy, M.M.Haque, M.K.Skinner, "Dioxin (TCDD) Induces Epigenetic Transgenerational Inheritance of Adult Onset Disease and Sperm Epimutations", *PLOS ONE*, September 26, 2012, https://doi.org/10.1371/journal.pone.0046249;

M.Manikkam, et al., "Transgenerational Actions of Environmental Compounds on Reproductive Disease and Identification of Epigenetic Biomarkers of Ancestral Exposure", *PLOS ONE*, February 28, 2012, https://doi.org/10.1371/ journal.pone.0031901.

［3］ Anh D.Ngo, Richard Taylor, Christine L.Roberts and Tuan V.Nguyen, "Association between Agent Orange and birth defects: systematic review and meta-analysis", *International Journal of Epidemiology* 35, no.5, pp.1220-1230, October 1, 2006, http://ije.oxfordjournals.org/ content/35/5/1220.short.

［4］ Arnold Schecter and John D.Constable, "Commentary: Agent Orange and birth defects in Vietnam", *International Journal of Epidemiology* 35, no.5, pp.1230-1232, October 1, 2006, http://ije.oxfordjournals.org/content/35/5/1230.full.

［5］ レ・ケ・ソンとチャールズ・ベイリーとのインタビュー、ホーチミン市、2015年4月21日。

［6］ Nguyen Hung Phuc, Thai Hong Quang, Cung Binh Chung and Le Ke Son, "Research on consequences of toxic chemicals sprayed by the U.S. in the south of Vietnam on humans and proposals for activities to overcome them", Ministry of Defense, Hanoi, 1999. 機密文書52.02.05.02；2005年に機密解除。

［7］ Nguyen Van Nguyen, Pham Ngoc Dinh and Le Bach Quang, "Research on long term impacts of Agent Orange on health of humans living near Bien Hoa, Da Nang and Phu Cat Air Bases", Ministry of Defense, Hanoi, 1999. プロジェクトZ1下の機密文書；2002年に機密解除。

［8］ Le Bach Quang and Doan Huy Hau, "Research on long term impacts of Agent Orange/dioxin on the health of soldiers, veterans and their children and grandchildren and proposed interventions", Committee 33 Research Program, Hanoi, 2005.

［9］ J.N.Robinson, K.A.Fox, W.G.Jackson, N.S.Ketchum, M.Pavuk and W.Grubbs, "Air Force Health Study − An Overview", *J.Organohalogen Compounds* 68, pp.752-755, 2006.

［10］ Kido Teruhiko, Tung Van Dao, Manh Dung Ho, Nhu Duc Dang, Ngoc Thien Pham, Rio Okamoto, Muneko Nishijo, Hidewaki Nakagawa, Seijiro Homma, Son Ke Le, Hung Ngoc Nguyen, "High cortisol and cortisone levels are associated with breast milk dioxin concentrations in Vietnamese women", *European Journal of Endocrinology* 170, pp.131-139,2013; Kido Teruhiko, Seijiro Homma, Dang Duc Nhu, Ho Dung Manh, Dao Van Tung, Sun Xian Liang, Rie Okamoto, Shoko Maruzeni, Hideaki Nakagawa, Nguyen Ngoc Hung, Le Ke Son, "Inverse association of highly chlorinated dioxin congeners in maternal breast milk with dehydroepiandrosterone levels in three-year-old Vietnamese children", *Science of the Total Environment* 550, pp.248-255, 2016.

［11］ Muneko Nishijyo, Pham The Tai, Hideaki Nakagawa, Shoko Maruzeni, Nguyen Thi Nguyet Anh, Hoang Van Luong, Tran Hai Anh, Ryumon Honda, Yuko Morikawa, Teruhiko Kido, Hisao Nishijyo, "Impact of Perinatal Dioxin Exposure on Infant Growth: A Cross-Sectional and Longitudinal Studies in Dioxin-Contaminated Areas in Vietnam", *PLOS ONE*, no.7, e40273, July

2012,.

Pham The Tai, Muneko Nishijyo, Tran Nghi Ngoc, Hideaki Nakagawa, Hoang Van Luong, Tran Hai Anh, Hisao Nishijyo, "Effects of perinatal dioxin exposure on development of children during the first 3 years of life", *Journal of Pediatrics* 2016.

Pham The Tai, Muneko Nishijyo, Nguyen Thi Nguyet Anh, Shoko Maruzeni, Hideaki Nakagawa, Hoang Van Luong, Tran Hai Anh, Ryumon Honda, Teruhiko Kido, Hisao Nishijyo, "Dioxin exposure in breast milk and infant neurodevelopment in Vietnam", *Journal of Occupational and Environmental Medicine* 70, no.9, pp.656-662, September 2013.

Tai The Pham, Muneko Nishijyo, Anh Thi Nguyet Nguyen, Nghi Ngoc Tran, Luong Van Hoang, Anh Hai Tran, Trung Viet Nguyen, Hisao Nishijo, "Perinatal dioxin exposure and the neurodevelopment of Vietnamese toddlers at 1 year of age", *Science of the Total Environment*, 536, pp.575-581, 2015.

M.Nishijo, T.T.Pham, A.T.N.Nguyen, N.N.Tran, H.Nakagawa, L.V.Hoang, A.H.Tran, Y.Morikawa, M.D.Ho, T.Kido, M.N.Nguyen, H.M.Nguyen and H.Nishijo, "2,3,7,8-Tetrachlorodibenzo-p-dioxin in breast milk increases autistic traits of 3-year-old children in Vietnam", *Molecular Psycology* 19, no.11, pp.1220-1226, November 2014.

[12] "Elmo R.Zumwalt 3rd, 42, Is Dead; Father Ordered Agent Orange Use", *New York Times,* August 14, 1988.

[13] ジェームズ・ズムウォルトとのインタビュー、レホボスビーチ、デラウェア、2015年5月5日。

4章

森林の生態はエージェントオレンジの撒布による影響から回復したか

森林や農地へのエージェントオレンジの撒布は、約550万エーカー（2万2258km²）にわたる森林や穀物を枯らし、人間や動物の食糧源を断ち、土地の浸食と退化をもたらした。ヴォー・クイ教授はその被害を推定したベトナムの初期の研究を詳述している。エージェントオレンジが撒布される前のこうした複雑な生態系に関するデータはほとんどないため、経済的損失を測ることができないでいる。沿岸部のマングローブ林がある沼地だけは、後にエビの養殖が拡大するにつれて回復した。以前あった高地森林の生態学的な複雑さのために、森林地は単一作物のプランテーションに転換されたか、あるいは不毛な土地のまま残っているかである。地元農民に新たな経済的機会を創出し、生物多様性を回復し、生態系のバランスを再構築するような方法を通じて、浸食された土地をいかにして森林再生させるかを試験的なプロジェクトで実証してきた。

　アメリカによるエージェントオレンジの撒布によって、南ベトナムの高地と沿岸部の森林約500万エーカー（2万234km²）が丸裸にされ、あるいは甚だしく枯れたまま残された。その結果、全マングローブ林地帯の約36％と約50万エーカー（2023km²）の米やその他の穀物が被害を受けた[1]原注。被害を受けた総面積はアメリカのマサチューセッツ州の大きさに匹敵した。エージェントオレンジの撒布が中止されてから数十年の間、沿岸部の元のマングローブ林が伐採され、ベトナムの農民たちが輸出用に大小のエビを集約的に養殖し始めるようになった。1990年代以降、ベトナムはユーカリやアカシアといった短期間で育つ樹木の単一栽培を行うことによって、高地の裸になった丘の広大な土地を森林に再生させてきた。にもかかわらず、エージェントオレンジの撒布が止んで数十年が経過しても、多くの高地の生態系はいまだに回復していない。その土地で育まれた動植物の生態系が種の均衡を取り戻すには、少なくとも数世紀かかるであろう。
　戦争が終わるかなり前に、ベトナム政府は当時の南ベトナムにおいて、

枯れ葉剤の環境に与える影響の調査を始めた。最初は1971年、その後1974年に、戦争で荒廃した南ベトナムに調査隊を送るために、政府は若い鳥類学者ヴォー・クイを選出した。クイ教授は彼の回顧録で自らの経験を詳しく語っている。

　　今でも鮮明に覚えている。1971年の初め、トン・タット・トゥン教授は私に語った。「南ベトナムにおける有毒化学物質の問題は計り知れないが、人間に対するその影響について今は研究できるようになった。動物や環境への影響についても研究できれば、それはすばらしいことだ。」
　　その当時、北ベトナムがアメリカ軍からの連日の爆撃や砲撃で苦しんでいた一方で、アメリカ軍に対するベトナム人の闘いは南ベトナムにおいても熾烈をきわめていた。入手できる情報はほとんどなかったが、アメリカ軍が南ベトナムのいくつかの省で広大な森林を落葉させるために除草剤を撒布していると私は聞いていたものの、彼らによると、木々を破壊する目的ではないという。しかしながら、南ベトナムからのニュースによると、除草剤の撒布は広大な森林の破壊だけでなく、森林の動物や家畜の殺戮も引き起こしていた。生物学者として私は、アメリカによって南ベトナムに撒布された有毒化学物質についてもっと知りたかった。こうして私は、トゥン教授からの研究プロジェクト参加の申し出を受け入れた。
　　アメリカの化学兵器による環境や生物種に及ぼす影響について研究する唯一の方法は、戦地に赴き、アメリカが有毒化学物質を撒布した地域の現地調査をすることであった。1971年にアメリカが使用した除草剤に関する研究を行うため、南ベトナムに自ら赴いた異なる省の7人の科学専門家グループに私は選ばれた。私たちは北ベトナムから南ベトナムに移動していた軍の部隊に随行することを許された。私たちのグループは科学専門の役人であったが、敵に出く

わした場合、即座に戦えるように銃や弾薬を装備していた。1週間以上にわたる過酷な日々を送り、17度線の北に位置するヴィンリン県に到着した。ベンハイ川を横断するための道を探せなかったため、歴史的に有名なヴィンモックトンネルで過ごし、数日待機した。私たちはさらに南下したが、最終的には調査のためヴィンリン県に滞在することに決めた。

　調査地はズーレイン地区で、戦前には立ち入り厳禁の小さな森であった。約10km^{2}の広さで、ベンハイ川の北に位置していたが、そこはアメリカ軍によって除草剤が撒かれていた地域であった。面積は小さかったが、アメリカが撒いた除草剤による惨状をじかに見た最初の地域であった。たくさんの大木を含む森林全体が枯れ果て、爆弾や銃弾によって切り刻まれていた。アメリカ側が公表していたような、単に落葉しただけの状態ではなかった。この地域の住民たちの話によれば、すべての魚や鶏やアヒルも毒によって死んでおり、先天性形成不全で生まれた犬の事例もあったそうだ。あまりにも多くの困難なことがあったために、私たちのチームは1週間余りヴィンリンで活動した後、残念ながら戻らざるをえなかった。調査期間があまりにも短かったが、有毒化学物質が自然に及ぼす悪影響についての概況を説明できるようになり、この経験は私たちがその後も研究を続ける決定的な要因となった。

　有毒化学物質に関する2度目の調査を実施するため、1974年初めに南ベトナム行きが認められた。…私は与えられた任務を遂行するため、その大半がハノイ国家大学の講師である9人の研究者を選んだ[2]。…命の危険に晒される可能性があるにもかかわらず、全員積極的に参加した。この研究チームは1974年2月初めにハノイを出発し、チュオンソン山脈のルートに沿って進み、安全を確保するために軍事基地の人々の案内に従った。その旅は困難の連続であったが、爆撃や砲弾が以前より少なく、最初の旅よりはかなり容易で

あった。時折偵察の航空機が頭上を飛ぶのを目撃した。…

　戦場および除草剤が撒かれた地域では、他に調査用具がないため、双眼鏡を用いて現れた鳥の種類を確認し、鳥の巣が新しいか、それとも古いかを観察した。その後、それらの情報を私の手帳に丹念に記録した。そのとき、除草剤が撒かれた地域で動物を見ることは稀にしかなかった。数十 km^2 の広い森林には、さまざまな大きさの朽ち果てた枯れ木しかなかった。そこはナパーム弾によって焼かれた場所であった。鳥のさえずりや猿の吠える声も聞こえず、カエルや蜂も現れず、虫の音さえも聞こえず、森全体が荒廃していた。そうした動物のための緑の木々も食料も隠れ場所もなかった。その光景はきわめて恐ろしいものであった。ここにやって来て、何十万という枯れた木々の間に立ち、すべてが灰色である景色を見ていると、生態系がどれほど破壊されたか、あるいはアメリカのイエール大学のガルストン教授がかつてベトナムで使用したアメリカの化学兵器を非難したように、「エコサイド」（生態系の大規模破壊）がいかなるものか実感できるであろう。

　死が差し迫った激烈な戦場で、鳥やその巣を見つけるためにだけここにやってくる人々がいることに、多くの兵士は驚いた。しかしながら、有毒化学物質が各地域にもたらした影響の重大さを理解するのに役立ったのは、鳥たちであった。私は調査方法として鳥類に関する知識を用い、環境の状態の指標として鳥を使った。鳥がいるか否かによって、調査地で有毒化学物質による汚染の程度を知ることができた。「鳥たちは健全な土地に留まる」（ベトナムのことわざより）とあるように。

　マングローブ林には…かつてはさまざまな種類の鳥、なかでも多くの水鳥がいた。しかし除草剤が撒かれた後、鳥たちは消えてしまった。鳥たちは直接ダイオキシンに曝露したために、あるいはダイオキシンで汚染されたエビや魚を食べたために死んでしまったの

である。ダイオキシンは鳥の体内と卵に蓄積し、産まれた卵は孵化できなかった。その後まもなく鳥たちは次第に消えていった。しかし、私たちが調査を行なっていた地域のように、現在、何種類かの鳥が戻ってきた地域もあり、その数も増えている。中には、戻ってきて密集して巣を作る鳥もいる。こうした状況は、いくつかのマングローブ林の地帯でエビや小魚のような鳥の餌となるものが今はダイオキシンに汚染されておらず、水の環境や地表の泥にもダイオキシンが残留していない、ということを意味している。

　南ベトナムの戦地で過ごした3か月余りの間、私たちのチームはチュオンソン山脈のルートに沿って、クアンチ、トゥアティエンフエ、コントゥム、ザーライ、ダクラクの各省へと、除草剤が撒布されたいくつかの地域を訪問した…いたるところで破壊された森林を自分自身の目で確かめたことで、環境に関する研究のアイデアが私の心の中でより明確になっていった。私は、森林と生物種を戦後に回復させ、戦争によって荒廃した土地を再利用できるように地元住民を支援することを考えた。私はこうしたアイデアを実現するためにさまざまな方法を追求してきたが、今日になってなお多くの努力と資源を要する困難な仕事であることを理解している。2007年にエージェントオレンジ／ダイオキシンに関するアメリカ・ベトナム対話グループへの参加を求められたとき、この調査と後の調査で得られた有毒化学物質に関する知識が大いに役立った。[3]

　10－80委員会、そして後に33委員会は、チュオンソン山脈の生物多様性の損失、およびダイオキシンに重度に汚染された地域の環境への生物学的に有害な変化を評価するために、いくつかの研究計画を支援した。こうした計画のうちで最も新しいものは、下記のようないくつかの課題に焦点を合わせることによって、枯れ葉剤が引き起こした環境上の被害全体の評価を求めたものであった。

● 森林がどれほどの規模で破壊されたか

● 何 m³ の樹木が失われたか

● どれほどの生物多様性が失われたか

● 失われた動植物の価値はどれほどか

● 荒廃して耕作に適さない土地の価値をどのように評価すべきか

● 地表水や地下水に与えた影響は何か

● どうしたら環境を取り戻すことができるか、またどれだけの費用
を要するか [4]

　しかしながら、科学者たちはこうした細部にわたる、また、環境のあ
らゆる要素に関して、環境上の損失を推定することはできないと結論づ
けた。きわめて複雑な環境の性質と、過去数十年にわたる複雑な亜熱帯
の生態系に関する十分なデータがないため、総合的な評価が妨げられて
はいるが、いくつかの結論を述べ、改善策を指摘することができる。

　土壌の浸食や地滑りによって、土壌の栄養分が急激に失われ、雨水の
流れるパターンを変化させた。樹木、生物多様性、利用できる農耕地が
失われたことによって発展が遅れ、経済的停滞、貧困、そして栄養失調
がもたらされた。動物や鳥類は生息地を失ってしまい、絶滅の危機にさ
らされている種もある [5]。

　最も多く撒布された地域は、サイゴンに流れ込む川に沿って、ズン
サット特別区、メコンデルタ南のカマウ半島、およびマダー、フービン、
サータイ、アールオイの高地森林地帯であった。これらの地域のうちの
34%は 2 回以上撒布され、4 回以上撒布された地域もあった。ラオスと
カンボジアの国境地帯に沿った地域も撒布された。撒布された総面積は
南ベトナムの 15%を占める [6]。

　自然は回復したのだろうか。一部だけである。枯れ葉剤の被害を最も
ひどく受けた地帯は、沿岸部のマングローブ林の中にあり、そこでは優
占種の樹木（リゾフォラ・アピキュラータ）が広大な範囲で消滅した。
その下にある低木は大量に枯死したが、大半は生き残った。ラオスとの

国境に近いかつての非武装地帯（DMZ）と隣接している17度線の周辺地域は、依然として破壊されたままである。3層からなる林冠形の多くの森林が、他の植物を枯らすような雑草（地元の住民はそうした品種を「アメリカ草」と呼んでいる）や叢生草本種や竹に取って代わられた。土壌の退化、丘の斜面の浸食、そして繰り返される洪水と火災のために、再生は遅かった。しかし、集中的にマングローブの植林が行われた地域もある。

地域住民への影響はどうだったか。住民たちは枯れたマングローブを燃料として伐採したが、森林作物や狩猟に依存していた多くの住民たちは生活の糧を失った。作物が枯れた地域では、作物のできなくなった土地が重度に浸食されて肥沃さを失い、多くの農民が土地を手放した。結果として、彼らは失業、貧困、栄養失調で苦しむことになった。

森林再生は可能だろうか。それは可能であり必要であるが、自然の再生には1世紀以上を要し、予測できない結果も起こる。生態学的に成長できる樹木と経済的価値のある低木を積極的に植林するには、充実した持続的な長期の投資が必要である[7]。ベトナム人がいくつかの政策の見通しを実証しており、以下の事例はそれらの一部である。

1970年代に、政府は優占種の樹木の苗木を用いて、荒廃した沿岸部のマングローブ林を再生する計画を開始した。約7万ヘクタール（17万3000エーカー；700km^2）の森林が植林され、現在ではそこから得られる燃料と建設資材が自立できる利益をもたらす収入源となっている。

ホーチミン市の東南、カンゾー県では、8万5000エーカー（344km^2）以上のマングローブ林が破壊されたが、今では5万5000エーカー（223km^2）の森林が植林され、「ユネスコ人類と生物圏計画の生物圏保存地域世界ネットワーク」に加入できるほどに発展しつつある[8]。

2008年、ヴォー・クイ教授と天然資源環境研究センターは、クアンチ省中部で1つのプロジェクトを開始した。そのプロジェクトでは、居住地の回復と荒廃した土地を再利用できる技術を習得するために、91

人の農民と 92 人の農場経営者および技術者が研修を受けた。他の地域の住民も同じような研修を要請した。マダーの森林では、研修担当者が3 年後には熱帯の強い日差しから森林の苗木を保護するほどに高木になる、成長の早いアカシアの木の利用方法について説明した。その後、農民はアカシアの木の下にフタバガキ科の高木のようなベトナム原産の苗木を植えている[9]。

　フエ 256 号線の西側の山脈にあるアールオイ県では、撒布作戦によって、アメリカの 3 つの特別軍事基地周辺の 17 万 5000 エーカー（708km^2）が破壊された。さらなる人間と動物の曝露を防ぐため、自然保護地域開発支援センターのフン・トゥー・ボイは、以前あった旧アーソー空軍基地の最も重度に汚染された地域の周辺に、長いとげのあるハニーローカストの木（グレディシア・オーストラリス）を「緑のフェンス」として植えるプロジェクトを主導した。この樹木は岩のような土壌でも育ち、昆虫や病気に強く、50 年から 60 年も生き延びる。4 年から 5 年成長すると採れる果実は、石鹸、シャンプー、薬を作るために使ったり売ったりできる。そうした販売収入は樹木を維持管理する費用を補填し、世帯所得の源泉になっている。

　1998 年、フエ農林大学は高地の小規模経営農業に関する調査を開始し、その調査結果を用いて、新しい技術とマーケティングの機会を利用できるように農民を訓練した。レ・ヴァン・アン博士の指導の下、現在、大学はアールオイ県で森林農業（アグロフォレストリー）の新しい技術と機会を農民に提供できる農業普及センターを運営している。

　こうした実践や類似の独創的な取り組みは、荒廃した地域の森林を再生するための出発点であるが、その取り組みは生態系のバランスを再構築し、生物多様性を回復・保護し、地球温暖化に立ち向かうのに役立ち、地元住民の生活を改善できるような方法で進められている。

116

（原注）

［1］ Pamela McElwee, "Agent Orange and Global Environmental Justice: Secondary Effects of Wartime Damage", abstract of paper presented to the American Association of Asian Studies Annual Meeting, Boston, March 22-25, 2007.

［2］ チームには、脊椎・非脊椎動物学、植物学、薬用植物学、鳥類学、爬虫類学、魚類学、地理学および考古学の専門家が含まれていた。

［3］ ベトナム国家大学ハノイ校、天然資源環境研究センターのヴォー・クイ教授の未公開回顧録からの抜粋。

［4］ Government of Vietnam, Ministry of Natural Resources & Environment and Ministry of Science & Technology, "Harmful effects of Agent Orange/dioxin on humans and the environment", Report of the Summary Research Program-33, 2011-2015, Hanoi, 2016.

［5］ Vo Quy, "Statement to the House Subcommittee on Asia, the Pacific and Global Environment", June 4, 2009, http://www.internationalrelations.house.gov/111/quy060409.pdf.

［6］ 同上。

［7］ Wayne Dwernychuk and Charles Bailey, "Facts. The Difference Between Agent Orange and Dioxin", http://www.agentorangerecord.com/information/facts_faqs/facts/.

［8］ Phung Tuu Boi, "Agent Orange and the Environment: From Research to Remediation", Center for Assistance in Nature Conservation and Community Development, presentation at the American Association of Asian Studies, , p35, Boston, March 2007.

［9］ 同上、37 ページ。

5章

アメリカ人はエージェントオレンジについて
何を知り、どのように支援するつもりなのか

2009年、アメリカのある世論調査会社は、アメリカ人がベトナムにおけるエージェントオレンジについてどのようなことを知っているか、また、アメリカ政府がそれによって影響を受けたベトナム人を支援していることを知りたいかどうかについて調査を行なった。その結果、多くのアメリカ人はエージェントオレンジを知ってはいるが、エージェントオレンジが今なおベトナムに影響を与え続けていることは知らないということがわかった。彼らの支援を得るための鍵となるのは、この認識の欠如を克服し、きわめて長い間続いてきたエージェントオレンジの問題を、ベトナムの人々が解決できるような人道的な取り組みとして構築することである。この研究は対象となる人々への最善の指針となり、エージェントオレンジについてアメリカ人に届く効果的なメッセージとなり続けるものである。

　アメリカについて考える際に、ベトナム人は共通してアメリカの政府と一般市民とを区別している。アメリカ政府はベトナムと敵対してきたが、アメリカ国民自身はベトナム人を理解し、彼らに同情し、彼らを支援している。この二律背反の事象は、エージェントオレンジの問題に当てはまるのだろうか。今日、アメリカ人はベトナムにおけるエージェントオレンジについてどんなことを知っているのか。彼らは、アメリカがそれによって影響を受けたベトナム人を積極的に支援していることを知りたいと思うのだろうか、そして彼らは自分たちの政府がそうするように働きかける用意があるのだろうか。

　この問題を調査するため、2009年にベトナム・エージェントオレンジ情報イニシアティブ（AOVII）[1]原注は、アメリカ中のエージェントオレンジに関する6つのフォーカスグループについての調査および（選挙）登録有権者の全国調査を実施するよう、ワシントンを拠点とした世論調査会社のベルデン・ルソネロ・アンド・ステュワート社（現ベルデン・ルソネロ・アンド・ストラテジスツ社——以下BRSと略す）に委

託した。本章で報告される BRS 社の仕事は、ベトナムのエージェント
オレンジの問題に関する、アメリカの登録有権者を対象とした最初で、
かつこれまでで唯一の全国調査であった。登録有権者は、アメリカ国民
全般に比べ、時事問題について関心が高く、自らの見解を投票やその他
の方法で官公吏に伝える傾向がより強い。彼らはマスメディアを通して
公共政策に影響力を行使できるよう努力する集団である。

　この調査から次の2つの結論が得られた。

● 第1に、エージェントオレンジとベトナムに関して、登録有権者
　の知識、信念、態度は多様であり、単純ではなかった。彼らはベ
　トナム人の立場を必ずしも理解し、同情あるいは支持しているわ
　けではなかった。したがって、アメリカ全体の一般的な情報メ
　ディアによるキャンペーンは逆効果になりうる。アメリカ議会で
　のリーダーシップが特に重要となるであろう。

● 第2に、登録有権者の態度から、アメリカによるエージェントオ
　レンジ関連のベトナムへの援助が、後に取ることとなった形を正
　確に予見できた。つまり、ダイオキシンの主なホットスポットを
　除染するための支援と、障がいのあるベトナム人を援助するため
　に、NGO を通して毎年注ぎ込まれる数千万ドルの援助という形
　である。[2]

フォーカスグループ

　BRS 社は、この活動に賛成か反対かは別として、アメリカ人のベト
ナム帰還兵が重要な役割を果たせると考えたため、アメリカ人帰還兵
の中から1つのフォーカスグループと、軍に勤めていた35人の中から

もう1つのフォーカスグループを選んで調査した。さらに、ベトナムのエージェントオレンジとダイオキシンの問題に関心に持っているとBRS社が考えた人々を代表するフォーカスグループとして他に4つを選んだ。2つのグループは環境問題を重視する男女で、1つは、50代と60代の人々（アメリカでベビーブーム世代として知られている）、もう1つは、20代と30代の人々で構成されている。第5のグループは、平和を重視し、アメリカと諸外国との関係を改善したいと考えるベビーブーム世代を含んでいた。

　最後の第6グループは、諸外国の人たちの健康のニーズに取り組むアメリカの活動を支持する20代と30代の人たちを含んでいた。すべての参加者はアメリカ中のさまざまなコミュニティの有権者であり、活動的な人々であった。

　以上のフォーカスグループの調査から、BRS社は援助活動の2つの重要な課題について確認した。第1は、エージェントオレンジによるベトナムの人々への長引く影響に関するアメリカ人の認識の欠如を克服する試みであり、第2は、前向きで脅威を与えないようなやり方で責任の重さを訴える試みである。きわめて長い間続いてきた問題をベトナムの人たち自身が解決することができるように支援する、国際的で人道的な力として、アメリカの援助を構築すべきである。BRS社は次のように指摘した。「フォーカスグループは、その罪を直接問われない限りにおいて、援助する主な動機は集団的な罪悪感である、という明確なメッセージを私たちに送ってくれた。」[3]

　フォーカスグループの調査から以下の結論が得られた。

- ●ベトナム戦争との個人的なつながりによって、フォーカスグループの多くの人に強い感情が生まれた。ベトナム帰還兵のグループはエージェントオレンジとその影響を最もよく知っており、その中の何人かは、その状況を改善する活動を支持する傾向が最も強

かった。積極的に戦争に反対した、あるいは少なくとも戦争を生き延びたベビーブーム世代の人々もまた、戦争とほとんど関わりのないグループの若い世代よりも強い感情を抱く傾向が強かった。BRS社は「個人としてベトナムに関わりがあればあるほど、ベトナムの惨状により多くの責任を感じている」[4] と報告した。

● フォーカスグループ参加者の根底を流れる主な価値観は責任であった。今もなお続くエージェントオレンジの影響を聞かされるや否や、アメリカが戦争中に引き起こした損害を償う「道徳的責任」として何かを感じる人々もいたし、「戦争中というのは悪い事が起こるものだ」として、50年近く前に起こったことに対して責任を取りたくはないという理由で、アメリカの援助の取り組みに抗議する人々もいた。アメリカ人がベトナム人に負うべき責任とは何かを決めることに、苦心している人々もいた。

● 啓蒙活動のメッセージは、責任を浮き彫りにすべきであるが、穏やかな形が良い。アメリカのベトナム支援に対する支持を得るために尽力する可能性が最も高いフォーカスグループのメンバーは、アメリカの責任について直接聞くことに抵抗感がない人々である。また、自分たちが生まれる前に起きた戦争によって、罪のない人々が今なお被害を受けていることを示唆することで、非難の矛先を向けることなく、悲劇的な人的犠牲を明らかにするメッセージの伝え方もできる。

● 慈善団体やベトナムや他の国々と一緒に、ダイオキシンを除染しその悪影響を取り除く取り組みに参加するようアメリカに求めることで、「アメリカがベトナムでの行動の過ちを認めることになるのではないかと心配している人たちの恐れを和らげる。…過去の罪を償うというよりも、正しいことを行って世界のリーダーとしての役割を果たすことで、アメリカがより積極的に責任を果たすと彼らは見ている」[5]。

- たとえアメリカ人のベトナム帰還兵が、エージェントオレンジによる男女兵士たちへの影響をアメリカ政府に認めさせる戦いをしていたとしても、エージェントオレンジがいまなおベトナムで人々に影響を与え続けていることを、少数のベビーブームの世代とベトナム帰還兵を除くほとんどの調査参加者は知る由もなかった。彼らは、ベトナムがこうした化学物質の影響と闘い続けていることに耳を傾ける必要がある。ほとんどの人は化学物質のダイオキシンについて全く知らないため、「エージェントオレンジ」を知ることから始めることで、彼ら有権者にとってより鮮明なものになるだろう。

- 支持を得る鍵となるのは、これはアメリカ人が解決方法を知っている問題である、ということを示すことである。解決策なしには、参加者の多くは関心を示さなくなる。解決に近づく最も簡単な方法は、アメリカがダイオキシンのホットスポットを除染することから始めるべきと主張することである。ホットスポットの除染は解決に最も近づくことのできる方法の１つである。なぜなら、それは最も理解しやすい問題であり、有権者が、それによって長く続いている人間の苦しみに歯止めがかけられるであろうと考えるからである。BRS 社は、参加者が「すでに苦しんでいる人たちを苦痛から救う取り組みは優先度では後回しになる。なぜなら、この種の取り組みはより困難かつ費用がかかり、ホットスポットを除染しなければ、次の世代、またその次の世代を助けなければならないからである」[6]と語っていると報告した。

- アメリカ政府の援助を NGO を通して行うことによって、その取り組みがより安全で、成功しやすいと考えられる。支援金が直接ベトナム政府に渡るよりも、NGO が取り扱う方が重要であると参加者たちは考えた。彼らはまた、自分たちが大切にしたい他の事柄に費やすべき何十億ドルもの資金を、支援の推進者が横取り

しようとしているのではないかと懸念していた。支援の予算が数百万ドル程度であると彼らに知らせる方が実行しやすく、全予算を一度にではなく、総額を 10 年以上にわたって支出した方が多くの人々にとって受け入れやすかった。
●エージェントオレンジの問題の解決にむけて進展させる上で最も大きな障壁となるのは、エージェントオレンジに関する知識の欠如と、アメリカには時間と資源を要するより差し迫った問題が残されているのだ、という一部の参加者たちの中にある感情である。

全国調査

　エージェントオレンジの影響に取り組むのに役立てることを目的に、BRS 社は、アメリカのベトナム援助への関心について、登録有権者を対象とした全国規模の抽出調査[7] を計画し、実施した。調査は 2009 年 11 月 3 〜 17 日で、固定電話と携帯電話を使った 1200 件の取材によって実施された。その際に BRS 社は、全国から適切な割合で有権者を抽出するために、性別、人種、年齢、教育についてデータに重みづけを行なった。標本採取の誤差範囲は ±2.8％であった。

重要な調査結果
多くのアメリカ人はエージェントオレンジを知っているが、その影響がベトナムで長く続いていることは知らない。

　登録有権者の 4 分の 3 以上の人々（77％）はエージェントオレンジのことを聞いたことがあり、23％の人々が聞いたことはないと言っている。彼らの多く（67％）は、エージェントオレンジの意味を述べ、ある程度

知っていることを示すことができる。

　別の多くの有権者たち（76%）は、戦時中エージェントオレンジがどのように使われたかを尋ねると、それが人々に有害な影響を与えたものだと言っている。有権者の過半数（54%）は、エージェントオレンジに曝露したアメリカ人の帰還兵が今もその悪影響に苦しんでいることをよく知っている。しかし、ベトナムの人々がいまも影響を受け続けていると考える人は、10人のうち3人しかいない（31%）。

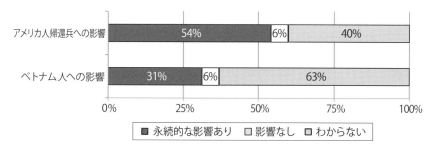

アメリカ人帰還兵への影響　54%　6%　40%
ベトナム人への影響　31%　6%　63%
0%　25%　50%　75%　100%
■ 永続的な影響あり　□ 影響なし　□ わからない

図 5.1　エージェントオレンジの影響に関するアメリカの登録有権者の認知度

エージェントオレンジに関するベトナムへの援助を、最も積極的に支持しそうなアメリカ人を予測できる手がかりとなるものは、政治と教育である。

　データの統計分析によると、ベトナムへの援助を支持するかどうかを最もよく予測し得る3つの人口統計的な要因は、イデオロギー（リベラル派）、政党（民主党）、教育（高等教育）である。すなわち、リベラル派の、民主党で、高等教育を受けている人たちは、より支持する傾向がある。30歳以下の有権者はリベラルで民主党支持者が多いので、より支持する傾向がある。より保守的な傾向の50歳以上の有権者は、あまり支持していない。2009年には、ベトナムへの援助に関してアメリカ人の支持と不支持はほぼ2分された。54%が援助に反対し、40%が賛成したのである。

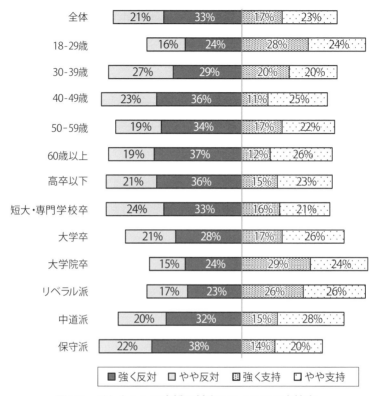

図5.2　ベトナムへの支援に対するアメリカの支持度

　影響を与えるかもしれないと調査研究者たちが考えた他の要因については、ほとんど違いがないということがわかった。たとえば、1960年代と70年代にベトナムでの戦争に反対したからといって、その人が今日ベトナムへの援助を支持する傾向があるとは限らない。むしろ彼らの支持はアメリカ全体の支持よりも多くない。これは驚くべきことではない。なぜなら、この調査の分析では、アメリカ人が援助を支持しているのは、戦争との歴史的な関係からではなく、人道的な関心からであるということを明らかにしているからである。

エージェントオレンジの影響に関する情報はアメリカ人の関心を引くものであった。

　情報を提供したとき、有権者の多くは次の3つの特定の情報に強い関心を示した。

- ●ベトナム赤十字社は、ベトナムの300万人の人々がエージェントオレンジ／ダイオキシンの影響を受けてきたことを報告している（51%）。
- ●ベトナム戦争中アメリカ軍はエージェントオレンジを撒布した際、その製造業者に勧められた50回にわたる集中撒布を行なった（55%）。
- ●アメリカの退役軍人省は、エージェントオレンジが多くの病気において重大な要因となっていることを認め、ベトナムで従軍し、現在もこうした病気で苦しんでいる帰還兵を支援している（62%）。

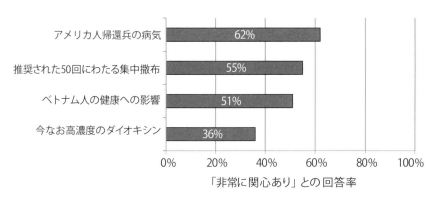

図5.3　エージェントオレンジに対する関心度

ベトナムを援助するための提案を受け入れやすい要素がいくつか存在する。

- 有権者の4分の3（76%）は「エージェントオレンジが原因の障がいを持つ人々の生活の質を改善できるように、教育支援と職業訓練を行なうこと」に賛成している（45%が強く支持、31%がやや支持）。
- 有権者の4分の3（75%）は「エージェントオレンジが原因の病気と障がいを抱える人々に医療とリハビリのサービスを提供するプログラムに資金援助すること」も支持している（43%が強く支持、32%がやや支持）。
- 上とほぼ同数の有権者（73%）は「将来世代の人々が危険な化学物質に曝露しないように、エージェントオレンジとダイオキシンで汚染された有毒のホットスポットを除染すること」を支持している（44%が強く支持、29%がやや支持）。
- 調査対象の10分の7以上の有権者（73%）は「エージェントオレンジが人間の健康と環境に与えてきた影響に関する調査を支援すること」に賛成している（39%が強く支持、34%がやや支持）。
- 3分の2の人々（66%）は、「エージェントオレンジによって破壊された生態系を回復するための森林再生プロジェクトを支援すること」に賛成している（33%が強く支持、33%がやや支持）。

　調査の統計分析結果は、全体として有毒なホットスポットの除染を強く支持し、アメリカの援助プログラムを支持していることを強く示唆するものである。

　以下のグループは上述の提案のすべてに賛成する傾向がより強い。すなわち、女性、若い世代の有権者、アフリカ系アメリカ人、ヒスパニックの人々、民主党支持者、クリスチャンではない人々、ベトナム戦争に

反対した人々、そして一般的な海外援助支持者である。他方で、ベトナム帰還兵はこうした提案に賛成する傾向がより低い。

ベトナムを援助する理由は説得力を欠く。

BRS社の調査結果が示した、アメリカがベトナムを援助すべき理由を有権者のすべてが強く支持しているというわけではない。図5.4が示す通り、援助についてのどの理由も10点満点で「きわめて説得力がある」と言っているのは10人に2人もいないのである。

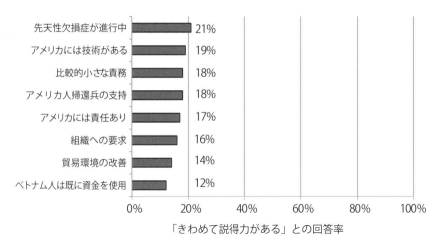

図5.4　アメリカの支援努力に対する理論的根拠

理由のいくつかについては、援助の理由に「まったく説得力がない」と答えた人は、「きわめて説得力がある」とみなす人々よりも多かった。これは、アメリカの責任を求めること（27％がまったく説得力がないとみなした）、ベトナム政府がすでに貢献しているという情報（22％がまったく説得力がないとみなした）、良好な貿易関係を促進するという考え方（22％がまったく説得力がないとみなした）の回答に顕著に表れ

た。

アメリカ人帰還兵が必要としているものと国内の他の優先事項に強い訴えがある。

　反対の立場をとる多くの有権者は、アメリカ政府はベトナムを支援する前に、自分たちの帰還兵を援助すべきだと回答し（50％が「きわめて説得力がある」と答えた）、他の国を援助し続けているアメリカに対して、国内で今必要なことがあまりにも多いという懸念を表明した（33％）。アメリカの援助に対して納得できないという理由として、ベトナム政府への批判が含まれ、アメリカには援助する責任はない、あるいはエージェントオレンジが問題の原因であると科学的には証明されていない、というものがあった。

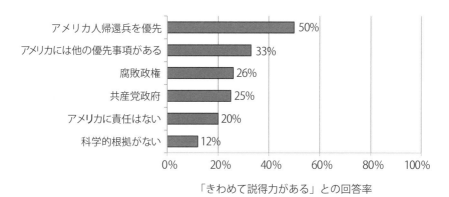

図 5.5　アメリカのベトナム支援を支持しない理由

　BRS 社の調査分析によれば、一般市民に訴えると、ベトナムへの援助の支持者よりも多くの反対者を逆に目覚めさせてしまうという理由から、メディアによる啓蒙的なキャンペーンは一般大衆よりも対象を絞るべきである、と結論づけた。「中間的な立場の人々を引きつけるために、

130

積極的な支持者を超えて手を伸ばそうとすると、潜在的にベトナムへの援助に強く反対する人たちを刺激することになるだろう…比較的目立たないこのような問題に関して少数者からの激しい反対運動を招き、それが決定的になることがある。」[8]

　ベトナム・エージェントオレンジ情報イニシアティブは、BRS社の調査結果を「エージェントオレンジを歴史に残す」という3分間のアニメ動画ビデオにまとめた。ビデオは、アメリカ人を行動に駆り立てる可能性が最も高いメッセージと価値を伝えており、YouTubeで人気が続いている。(https://www.youtube.com/watch?v=Zx1f9hebiGg)。

　BRS社の調査以降、戦争の負の遺産に取り組む協力を含め、アメリカとベトナムとの関係は全面的に改善され、深まっていった。アメリカ議会は毎年エージェントオレンジの問題に対するベトナムへの援助資金を予算に組んでおり、BRS社が2009年に確認した懸念に対する理由は今日では大幅に薄らいでいる。エージェントオレンジについてアメリカ人に知らしめる必要性は続いており、そうした取り組みがアメリカのすべての人々に届くのを確かに目指している。しかしながら、エージェントオレンジに関するコミュニケーション戦略は、アメリカ人の鍵となるグループに響くようなメッセージに的を絞り、彼らが行動を起こす動機付けになるべきである。BRS社の調査結果は、鍵となる市民と有効なメッセージに対する最善かつ唯一の指針となり続けている。特に鍵となるグループとして以下の4つを選び出した。

若い世代の有権者

　30歳以下の有権者は登録有権者全体の18％を占めていた。このグループでは、過半数（52％）が他の年齢層よりも毎年のベトナムへの援助に対する寛大な予算配分を支持した。若い世代の有権者はまた、行動を起こすことに賛同するメッセージに、より積極的に反応する傾向があり、よりリベラルで民主的であることを含めて、行動を予測できる特性

をより強く示した。彼らは、他のどの情報源よりもオンラインでニュースを知る傾向が強く（33%）、ケーブルテレビを見たり（32%）、活字の新聞を読んだり（5%）することは、他の多くの人よりも少ない傾向がある。4分の3の人々（73%）はソーシャルネットワークのウェブサイトを利用し、約半分の人々は社会運動や組織について話し合うのにソーシャルネットワークを活用している。調査が実施されて以降、こうした傾向は確実に強まってきた。

50歳以上の支持者

　このグループは50歳以上の有権者で、エージェントオレンジに関する情報やメッセージを聞くと、ベトナムへの援助を積極的に支持する、あるいはある程度支持する人々であった。彼らは登録有権者全体の17%であり、50歳以上の有権者全体の39%を占めていた。より年輩の支持者たちは、人口全体に比べ活字の新聞を読む傾向が強い（21%）が、他の人々と同じようにケーブルテレビからニュースを知る傾向も強い（36%）。彼らはオンラインでニュースを知る傾向はあまりない（9%）。

退役兵の支持者

　このグループはアメリカの軍隊で働いた経験があり、情報やメッセージを聞くとベトナムへのアメリカの援助を支持する人々である。彼らは登録有権者全体の6%を占め、退役兵の支持者全体の29%は自らをベトナム帰還兵とみなしている。一般大衆と同様に、ベトナムでの戦争について、退役兵の支持者は意見が分かれた（20%は支持し、17%は反対し、12%が中立で、残りはその当時に意見を述べるには若過ぎた世代である）。人口全体と比べて、アメリカ公共ラジオ局（NPR）を聴く傾向が強く（12%）、ケーブルテレビを見る傾向はあまりみられない（25%）。

ベトナムの戦争に反対した人々

　このグループは50歳以上の有権者から成り、かつ戦時中に戦争に反対していたと主張した人々で、有権者全体の11％を占めた。ベトナムへの援助に関する情報とメッセージを聞いた後に、当時戦争に反対した人々の46％は、ベトナムがエージェントオレンジの惨禍から回復するのに役立つ現行の援助プログラムに賛成していた。4分の1の人々（26％）は、ベトナムで引き起こした被害に対するアメリカの責任に関するメッセージはまったく説得力がないと言っており、他方ほぼ同じ割合の人たち（24％）はきわめて説得力があると言っていた。人口全体に比べて、このグループの人々は新聞を読む傾向が強く（22％）、ケーブルテレビから多くのニュースを得ていた（33％）。このグループでは、オンラインのニュースは人気がなかった（7％）。

　マスメディアを通じてベトナムのエージェントオレンジに関するメッセージをアメリカの一般大衆に伝えようとする将来の取り組みにとって、これらのグループは有用なフォーカスグループであり、出発点でもある。

　ベトナムにおける現在の問題を説明できるように、コミュニケーションが取られるべきである。ベトナムへの援助を最も積極的に支持する人たちが、エージェントオレンジとダイオキシンが今日もベトナム人を苦しめ続けている現状を知っていると想定するのは、必ずしも正しいとはいえない。

　エージェントオレンジという言葉の意味を正確に知らない場合もあるかもしれない。エージェントオレンジは今なおベトナムにおいて問題であると主張し、その主張を後押しするためのデータを示すことによってコミュニケーションを始めるべきである。ベトナムへの援助の支持者は、特定の計画について知り、その計画が実現していることを知ると、自分たちの支持に対して一層熱心になる。フーカットでの除染の完了、ダナンでの除染の進展、そしてビエンホアでの除染計画は彼らに刺激を与え

る。なぜなら、そうした計画は、エージェントオレンジが将来の世代に影響を与え続けることを止める可能性があることを示しているからである。こうした刺激を与えることによって、エージェントオレンジの被害者とその要望に注目させ、有意義な援助プロジェクトへの支持を得るのが一層容易になるのである。

　最後に、ベトナムへ援助することと最も強く相互に関連することの1つが、一般的な人道支援である。最も強力な牽引力となるメッセージもまた人道的なものである。言い換えると、そうしたメッセージは、先天性欠損症や数々の障がいに苦しんでいる子どもたちが示すエージェントオレンジの人的代償と、アメリカがわずかの費用で大きな変化をもたらすことができるという、強い主張にも焦点を当てることになるのである。

（原注）

[1] エージェントオレンジ／ダイオキシンに関するフォード財団特別イニシアティブが、メディアに影響力を持つ6つのアメリカ非政府組織の共同体であるAOVIIを設立し資金提供を行った。その6つとは、コミュニケーション・コンソーシアム・メディアセンター、アスペン研究所（ワシントンD.C.）、アクティブ・ボイス、アジアン・アメリカン・パシフィックアイランダーズ・イン・フィランソロピーズ、サンフランシスコ州立大学ルネッサンス・ジャーナリズム・プロジェクトおよび戦争遺産プロジェクト（バーモント州）である。

[2] Belden Russonello & Stewart(BRS), "Feeling Responsible, Acting Humanitarian: Values that Underlie Support for Addressing Agent Orange in Vietnam － Report of Six Focus Groups on Addressing the Impact of Agent Orange and Dioxin in Vietnam", Wshington, October 2009.

[3] 同上、3ページ。

[4] 同上、4ページ。

[5] 同上。

[6] 同上、5ページ。

[7] Belden Russonello & Stewart(BRS), "The Case for Addressing the Agent Orange Legacy in Vietnam: Humanitarian Action, Not History, Drives Support － Analysis of a National Survey of Registered Voters", Washington, December 2009.

[8] 同上，6ページ。

6章

ベトナムはエージェントオレンジ被害者
のために何をしているか

ベトナムの現在の経済的、社会的条件下で、エージェントオレンジ被害者を含む障がい者を持つ家族の多くは、さまざまな難題に直面している。ベトナムは、発展し拡大し続けている社会的支援制度を通じ、エージェントオレンジ被害者を援助している。2012年の法令に基づき、2016年には33万5558人のエージェントオレンジ被害者が政府の公的扶助を受け、46万5000人の被害者が一般の人たちから慈善的な寄付による支援を受けた。

ベトナム戦争に参加したアメリカの退役兵および同盟諸国の退役兵と比べると、ベトナムのエージェントオレンジ被害者には異なる特徴がある。

第1に、彼らはより高濃度のエージェントオレンジに曝露し、その時間もより長く、また撒布された地域に長く滞在していたために、汚染された土壌に接触し、消化器官を通してエージェントオレンジが体内に入っている可能性がより大きい。第2に、戦時中および戦後数十年の間、ベトナムで利用できる医療や栄養の摂取が貧弱かつ未発達であった。多くの被害者は発見されなかったか、あるいは適切に治療できなかったために病気で亡くなった。

このように、ベトナムの被害者の病気の形態と特徴はより多様であり、深刻である。病気は、被害者とその子孫の経済的、文化的な生活と教育、職業訓練を困難にし、彼らの生活に悪循環をもたらす主な原因の1つとなっている。

多くの戦争に耐え抜き、最近まで圧倒的に農業中心で貧しかったベトナムの経済的、社会的条件下で、エージェントオレンジ被害者でもある障がい者を持つ多数の家族は多くの困難に直面している。彼らは保健医療と物質的、精神的生活の改善を必要としている。とりわけ障がい者たちとその家族が苦しんでいる精神的負担に注意を払う必要がある。

戦争が終わった直後から、ベトナム政府はエージェントオレンジの影

響について研究し、これを克服するために積極的にさまざまな活動を行なってきた。1980 年 10 月、ベトナム政府は、ベトナム戦争でアメリカが使用した有毒化学物質の影響を調査する国家委員会（10-80 委員会として知られている）を設立し、これを保健省に設置した。エージェントオレンジの影響についての調査研究に加えて、同委員会はまた海外のNGO を動員して先天性欠損症の子どもたちの世話をするための「平和村」を設立した。

　1999 年 3 月、エージェントオレンジの負の遺産に関わる活動を組織化する目的で、ベトナム政府は、ベトナム戦争でアメリカが使用した有毒化学物質の影響を克服するための国家運営員会（33 委員会）を設立した。33 委員会は、旧アメリカ軍基地に残留するダイオキシンを測定し、除去するための調査と行動を開始した。1999 年、ベトナム赤十字社はエージェントオレンジ被害者のための全国の基金を創設し、その基金は各都市と省の赤十字社によって再配分された。

　2004 年には、ベトナム・エージェントオレンジ／ダイオキシン被害者協会（VAVA）ができた。その主な任務は、資金を集めてエージェントオレンジ被害者を支援することである。赤十字社と同様に、現在はほとんどの省、都市、県に VAVA の支部がある。この組織の仕組みを用いて、エージェントオレンジ被害者を支援するためのネットワークが全国に作られた。

　赤十字社と VAVA 同様に、労働傷病兵社会省（MOLISA）に属する子ども養育センターが存在する。これらの施設は小規模で、運営するための設備や活動資金が不足しているので、すべての先天性欠損症の子どもたちを支援できているわけではない。大部分の先天性欠損症の子どもたちは自宅で養育されているため、社会復帰するのに必要な技能訓練もほとんど受けていない。

　2010 年 6 月 17 日に、ベトナムの国会は障がい者に関する法律を承認した。この法律には、障がいをもつベトナム人の権利と、社会復帰セン

ターの利用、職業訓練と就業斡旋などの支援や、最も重度の障がい者の
ための毎月の手当などの公的扶助を提供する政府の責任が明記されてい
る。

　2年後の2012年7月16日に、国会の常任委員会は価値のあるサービ
スを提供できるように法律を改定し、有毒化学物質の被害者とみなされ
た人々に対するサービスと給付金を含む大改革を断行した[1] 原注。この
法令第26条の下、毎月の手当が次の条件に当てはまる人々に支給され
る。第1に、1961年8月〜1975年8月30日の抗米戦争の間、枯れ葉
剤が撒布された地域で働き、戦い、任務に就いていた人々、第2に、化
学物質に曝露し、後に労働能力が21％以上低下した、あるいは不妊症
になった、あるいは自分たちの子どもに先天性欠損症がある人々である。
第27条は国家基金の必要性と利用可能性に応じた健康保険と補装具の
提供を認可している。受給者は2年毎に療養所を利用できる。労働能力
を81％以上失った人々は毎年療養所を利用でき、生活扶助の手当を毎
月受給し、税控除も受けることができる。

　2014年には、2012年の法令によって手当を受けているエージェント
オレンジ被害者は28万6093人となり、彼らの毎月の手当は総額で年
間4.7兆ベトナムドン（VND）（2億3000万米ドルに相当）であった[2]。
2012年の法令によって手当を受けているエージェントオレンジ被害者
は増加を続け、2016年末で33万5558人となった[3]。2012年の法令は、
病気に苦しみ、エージェントオレンジへの曝露によって先天性欠損症に
なった子どもがいる抗米戦争の参加者にのみ適用される。他のエージェ
ントオレンジ被害者たち、つまり、抗米戦争の参加者ではない、あるい
はサイゴン軍ないしサイゴン政府で働いていた人たちと彼らの子どもた
ちは、地域の社会福祉組織やVAVAの支部に寄せられた慈善の寄付から
支援を受けている。2016年には、約46万5000人のエージェントオレ
ンジの被害者がこれらの組織から支援を受けていた。こうした支援はま
だわずかで、不安定であり、高い効率と持続可能性を保証するものでは

敵対から協力へ
——ベトナム戦争と枯れ葉剤被害——
ISBN 9784-8166-2205-2 C0030

梨の花一輪

梨の木舎 〒101-0061 千代田区神田三崎町2-2-12 エコービル1階 T.03-6256-9517 F.03-6256-9518
布施合の風 ④
2022年7月11日(月)

先週、2か月ぶりで東京・水道橋の梨の木舎に出勤した。

ここは事務所でありCAFEで、教人のスタッフとボランティアスタッフがオープンしてくれている。

みなさん、ありがとうございます! 愛子さんがPOW研究会に呼び掛けてくれた。妙子さん、まゆみさんが来てくれる。近くに事務所があるawareののり子さんも参加してくれていた。

P研（Prisoner of War=戦争捕虜研究会）は連合軍捕虜・抑留者や戦犯裁判の調査、元捕虜や遺族との交流などの活動に取り組んでいる。——月曜日と水曜日にCAFEをひらいてください。

awareは、DVのないジェンダー平等の社会を目指して男性加害者の教育プログラムを実施している。金曜日にのり子さんがお店にいます。

わたしが2回目の入院中にこのシステム・梨の木 あめにでいるクラブ（とりあえず）がスタート、11時から17時まで開店している。

わたしはといえば、昨年に続いて2回目の大腸がん手術を体験。昨年はお茶の水舎で受診したところ、エコー検査で、みたところ大腸に3、4センチの穴がそこにあいていた。がん細胞が腹腔に出ている可能性があり、ス

テージ2のハイリスクと診断された。入院の翌日（2021年2月3日）の緊急手術だった。患部が直腸に近く、ストーマの造設手術を伴った。

今回（2022年5月）は佐久総合病院医療センターで、大腸上向部に4×5センチほどの腫瘍、隣接リンパを一緒に摘出、ステージ3。同時にストーマの閉鎖というプレセット術をもらった。

術後腸閉塞という招かざる客が通過のため、鼻から胃管を通して1800ミリの胃液を強制的に排出するという。思い出してもストレスフルな7日間絶食体験をした。歩き、体操を試し、自分なりの呼吸法を試し、高圧酸素療法という密室的治療も受けた。カプセル感じて千と千尋の神隠しJ『風の谷のナウシカ』を診て90分、5日間をしのいだ。検査スタッフの気遣いに応え、大腸が動き出す。

CAFEは水道橋駅から、東京ドームとは反対側に3分ほど歩くだけ。近くに来たらお寄りください。

★

安倍元首相が撃たれた心肺停止という衝撃的なニュースは事務所で聞いた（7月8日）。日本社会は重たいものを抱え込んだ。抱え込えんになるから、体の外においてすだけ、作りたて茶の実ジャム。

★

さて、新刊は、教科書に書かれなかった戦争PART74
『敵対から協力へ ——ベトナム戦争と枯れ葉剤被害』
著者：チャールズ・R・ベイリー
翻訳：北村元・野崎明・生田目学文・石野莞司・桑原真弓
定価：2800円+税　ISBN 9784-8166-2205-2 C0030

1961年8月10日、枯れ葉剤＝エイジェントオレンジ／ダイオキシンがアメリカ軍によって南ベトナムに初めて散布された。1975年ベトナム戦争終了。47年が経過した今も枯れ葉剤の被害は続く。2005年に北村元が『アメリカの化学戦争犯罪』（梨の木舎）を刊行。ベトナム戦争の体験者、枯れ葉剤にさらされた人たちを丁寧に追い、インタビューで得た。2004年ベトナムの被害者がモンサントなどアメリカの17の農薬会社を訴え、棄却された翌年、さらに翌年、一人のベトナム人とアメリカ人の研究者が出会い、被害者救済に向けての新たな一歩が踏み出された。本書の著者レ・ケ・ソン　チャールズ・R・ベイリーである。極度に困難な状況のなかで、「ダイオキシンの状況・周題点を困難にさらに徹底的に調査・研究し続けばよいこと、神美であると北村さんは称賛する。

著者たちはいう、「自分にできることは何かを問い続ける『使命感』であり、「ベトナム人の苦しみを軽くしなければ」という「正義感」であった」と。訳者の労を謝したい。

で、会話を続けよう。なぜ加害者の彼は銃撃に及んだのか。宗教への恨みさ、安倍元首相の関わりは? この事態の政治利用の広がりを見ていこう。

7月10日、朝4時サーッと瓦を打つ雨の音が5時頃にピタリと止んだ。雨上がりの爽やかな畑で麦刈り。夏子さん、君子さん、千佐さん、おたし。雑草紐でくくり、縁側の竿で刈り取り、麻紐でくくり。雑草を天日乾燥する。雀よけのキラキラを巻いて作業は約2時間で終了。庭でお茶、作りたて茶の実ジャム。

1970年にモンサント社は除草剤ラウンドアップを開発する。有効成分は枯れがん性のあるグリホサート。耐性を有する遺伝子組み換え作物がセットで使用され、栽培面積は拡大する。遺伝子組み換えの大豆やトウモロコシが、次世代にどういう影響を与えるかは未知数だ。

ここ佐久病院がある佐久市は、若月俊一さんが農民とともにこさかがり、予防医療を開始し、農薬被害に向きあってきた歴史をもつ。昨し、いろいろさんが多津衛民芸館に欽納正さんとお仲間の富沢綾子の「ブランB」（集英社新書）『日本再生のための「ブランB」』の著者である。静かに語る過身の若い研究者だ。「新しい予防医療」分野での「予防医療のコーチ」という雇用創出提案はコロンブスの卵だ。生活習慣を変えることで、現在の総医療費43兆円の、3分の1の14兆円は削減できき、「予防医療のコーチ」雇用の原資になる。——研究プロジェクトは具体的に歩み始めた。

（羽田）

三鷹事件 無実の死刑囚 竹内景助の詩と無念

石川逸子 著

978-4-8166-2202-1
四六判/258頁
定価1200円+税

無実の著者を死刑にするのか? 詩人石川逸子は遺された詩を紹介しながら冤罪事件に迫る。

●目次／序文 竹内景助さんについての石川さんの新しい発見 1 三鷹事件再審請求弁護団団長・高見澤昭治弁護士さんとの結び 2 非職員の竹内さんが逮捕 3 虚偽の自白 4 一審・二審・最高裁 5 第一審判決へ向けての闘い 6 無期懲役から死刑へ 7 最高裁 8 無実の差し戻し確定 9 再び向けた無念の想い 10 無実の証拠の数々 11 死刑囚の暗い思い出 12 無念の獄死 13 遺族の想い

奪われたクリムト

エリザベート・ザントマン 著
永田千奈・浜田和子 訳

カラー一口絵・本文2色刷り
978-4-8166-1902-1
A5変型/172頁
定価2200円+税

●著者が20世紀最大の美術品スキャンダルから日本の読者へ——「クリムト『黄金のアデーレ』を取り戻す」

名画《黄金のアデーレ》。それを取り戻そうとした小さなクリムトをめぐる物語。

歴史を学び 今を考える 戦争として戦後 Part 66

内海愛子・加藤陽子 著

978-4-8166-1703-4
A5判/160頁
1500円+税

●目次 1部 歴史を学び今を考える

それでも日本人は「戦争」を選ぶのか? 少数者の視点から——内海愛子と加藤陽子が歴史と戦争を身近に語る。

●目次 第1部 歴史を学び今を考える 第2部 質問に答えて

画家たちの戦争責任 Part 67

北村小夜 著

978-4-8166-1703-4

戦争を描いた画家たちは戦後どうしたか。藤田嗣治のこと。

●目次 1 戦争画は誰が描いたか 2 戦争画を一挙公開しよう 3 戦争画と教師の心

山川菊栄 二三三天皇制下の抵抗

鈴木裕子 著

978-4-8166-2203-8
A5判/732頁
6800円+税

恋られた思想家 山川菊栄と戦時下の抵抗

●目次 1章 菊栄の生い立ち

ひろがるベトナム希望レストラン

25周年記念誌編集委員会 編著

978-4-8166-2105-5
A5判/160頁
定価1650円(税込)

●循環型支援モデル ベトナムの子どもたちの25年

村井学野子の朝鮮・清国紀行 日露戦争後の東アジアを行く PART 72

内海愛子 著

978-4-8166-2002-7
A5判/174頁
1800円+税

日本が日清戦争、日露戦争に勝利し、拡大した帝国の版図を旅した60日間で——

●目次 1部

民衆の自己教育としての「自由大学」

長島伸一 著

978-4-8166-2001-4
A5判/294頁
定価3200円+税

1921年、民衆は自由をもとめ、社会教育運動としての「自由大学」を始めた。

●目次 1章 自由大学の熱意

ない[4]。

（原注）

[1] 革命に価値ある奉仕をした人々に優遇措置を与える法令 No.26/2005/PL-UBTVQH 11 を改定し補足する法令 No.04/2012/UBTVQH 13 が、法令 No.35/2007/PL-UBTVQH 11.32016-6-27 の下で改定された。

[2] Office of Committee 33, "Results of Activities to Overcoming the Consequences of Agent Orange/Dioxin in Vietnam", Hanoi, 2016.

[3] 同上。

[4] 同上。

7章

アメリカはこれまで何をしてきたのか

> 　1989 年〜2007 年の間、アメリカ国際開発庁（USAID）は、不発弾に
> 接触して障がいを持ったベトナム人を援助するプロジェクトのために、
> リーヒー戦争被害者基金を活用した。2007 年に、アメリカ議会はベトナ
> ムの戦争の第 2 の負の遺産であるエージェントオレンジ／ダイオキシ
> ンの問題に取り組むために、基金を予算化し始めた。予算が増えるにつ
> れて、旧アメリカ軍基地でのダイオキシン汚染の原因と除染に関わらず、
> 障がいのある人々のためのプロジェクトを援助するようになった。2007
> 年以降のアメリカの公的援助は、総額 231 億 2000 万ドル（2018 年度に
> 予想される 3000 万ドルを含む）になる。基金の 80％はダイオキシンの
> 除染に、20％は主にダナンでの活動に割り当てられた。こうした活動は、
> ベトナムでエージェントオレンジの影響に取り組むアメリカ政府の善意
> を示すこととなった。

　2007 年まで、両国の政府関係者たちはエージェントオレンジについ
て話し合う際、全く異なる視点を持ち、異なるアプローチを取っていた。
アメリカの視点からは、国務省が将来に向けた新しい関係の構築を目指
しており、エージェントオレンジに関する議論は過去を蒸し返すことに
なるにすぎないとされ、ベトナムへの援助は将来的に増大して、先行き
が見えなくなる可能性があり、他の地域での環境修復の前例を作ること
になる、という懸念もあった。

　しかしながら、2007 年に事態が変化し、両国関係の中で他の分野の
交流が盛んになり、深まり始めたのである。ベトナム政府はアメリカと
の議論を進めるために、医師であり毒物学者であるレ・ケ・ソン博士
を指名した。アメリカ側は、マイケル・W・マリーン駐ベトナム大使が
チャールズ・ベイリー博士に、アメリカにはエージェントオレンジの負
の遺産に取り組む道徳的な責任がある、と語っていた。

　さらに 1 つのアメリカの組織と 1 人のアメリカ人が登場し、負の遺産
への取り組みを進展させた。

　フォード財団は、環境汚染の除去とエージェントオレンジ被害者の救済を目的とする国際共同事業を開始するための最初の資金を調達するよう、アメリカの他の財団、財界、国連、そして外国政府に呼びかけた。アメリカの中心的な NGO であるフォード財団のこうした行動によって、アメリカ議会がより多くの予算を各行政機関に配分し、その予算をエージェントオレンジの問題解決のためにベトナムで使えるように促された。

　同年、アメリカ上院予算委員会はエージェントオレンジ問題を取り上げ、アメリカがこの問題に取り組み始めるための最初の資金として 300 万ドルを承認した。上院議員のパトリック・リーヒーがこれを主導した。彼は後にこう述べている。「不発弾問題と他の分野の協力への我々の支援に対して感謝の意を表したベトナムの政府関係者たちが、エージェントオレンジ問題を取り上げたときのことを鮮明に覚えています。その発言で対話の趣意全体が変わりました。アメリカは数百万人といわれるエージェントオレンジ被害者を救済し、ダイオキシンに汚染された地域の除染をすべきであると、彼らは主張したのです。」

　パトリック・リーヒー上院議員による不発弾問題への言及は、いまもベトナム人に被害を与えている不発弾やアメリカ人の残した爆弾による被害を減らす取り組みに関するものであった。しかし、バーモント州選出の民主党上院議員リーヒー氏は、「彼らは常に［エージェントオレンジの］問題を取り上げ、それに対する自分たちの怒りをためらうことなく表していました。」と述べ、さらに次のように続けた。

　　正直に言って、彼らと議論するのは辛かったです。ベトナムで過去に行われたように、もし今日ダイオキシンを含むエージェントオレンジが人間の居住地や水田に撒かれたなら、それは間違いなく戦争犯罪とみなされるでしょう。この問題に背を向けることなく、それについて何かなすべき道徳的な義務があると私は感じました。
　　端的に言えば、私の目標は、エージェントオレンジ問題を敵対心

と憎しみの象徴から、アメリカとベトナムの両政府が協力して、戦争による最も困難で感情的になる負の遺産に取り組んだもう1つの象徴へと変えることでした。[1] 原注

　2007年以降、アメリカ議会は、ダイオキシンを原因とする人間の健康と環境の被害のために、2億3120万ドルの予算を配分してきた。2011年には、環境汚染の除去と、エージェントオレンジの標的とされた地域あるいはダイオキシンで汚染された地域における健康および障がい者支援プログラムに対して、それぞれ別々の予算を組み始めた。国外の民間部門と外国の政府、国連開発計画（UNDP）、国連児童基金（UNICEF）、地球環境ファシリティ（GEF）が、3110万ドルを援助した。

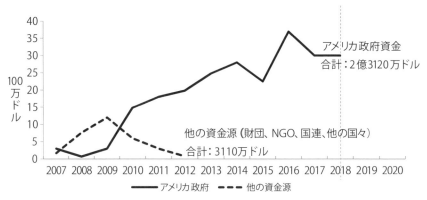

アメリカ政府以外の資金源には財団（フォード財団、アトランティック・フィランソロピーズ、ゲイツ財団、ネイサン・カミングス財団、チノ・シエネガ財団と他のアメリカの財団）、市民グループ、企業と個人、国連、UNDP/GEF、ユニセフアメリカ基金、そしてカナダ、チェコ、アイルランド、オランダ、ギリシャの各政府が含まれている。

図7.1　ベトナムでのダイオキシン除染と健康／障がい者支援に投じられたアメリカ政府の資金と他の資金源の推移（2007〜2018年）

　USAID は、ダナン空港のダイオキシンに汚染された土壌9万 m^3 を除染するために資金の大半を使ってきた。2018年のプロジェクト終了時

には、1億800万ドルの費用がかかると予想されるが、そのうち、1億500万ドルはアメリカ側、300万ドルはベトナム側がそれぞれ負担する。USAIDは、ビエンホア空軍基地とその周辺の環境への影響評価と技術援助および研修の項目で資金の残りを使ってきた。ビエンホア空軍基地の除染作業を完了するためには、重要な追加資金として10年以上にわたっておよそ3億9,500万ドルから5億ドルの費用が必要となるだろう[2]。

表7.1　ベトナムのエージェントオレンジ／ダイオキシン関連のアメリカ議会年次予算の推移（2007 ～ 2018年、単位：100万ドル）

年	健康・障がい者支援	ダイオキシン除去	合計
2007	*	*	3.0
2008	*	*	0.0
2009	*	*	3.0
2010	*	*	15.0
2011	3.0	15.5	18.5
2012	5.0	15.0	20.0
2013	4.8	14.5	19.3
2014	7.0	22.0	29.0
2015	7.5	15.0	22.5
2016	7.0	30.0	37.0
2017	10.0	20.0	30.0
2018	10.0	20.0	30.0
国務省配分額			3.9
		総計	231.2

＊2011年以降、予算は健康および障がい者支援とダイオキシン除去に分けられるようになった。
（出所）U.S. Congress Annual Appropriations Acts 2007-2017.

　USAIDによる環境汚染の除去作業は2007年に始まったが、ベトナムの障がい者へのUSAID援助は、新設されたパトリック・J・リーヒー上院議員戦争被害者基金を通じて1989年に始まっていた。プログラムで

は、戦後に不発弾によって負傷した人たちのための義肢や補装具とリハ
ビリの提供や、ベトナム人がこれらの器具を製作し、維持管理するため
の支援、障がい者関連の法律制定の支援が行われた。2007 年、USAID
の障がい者援助の資金源や焦点、ガイドラインは急激に変化した。す
なわち、主な資金はアメリカ議会の年次予算から拠出されるようにな
り、エージェントオレンジ／ダイオキシンのホットスポット 3 か所のう
ちの 1 つであるダナンが焦点となり、障がい者への援助に関するガイド
ラインは「原因のいかんを問わず」より明確に表明されるようになっ
た。2008 〜 2015 年に、USAID はダナンでの活動のために、イースト・
ミーツ・ウェスト基金、セーブ・ザ・チルドレン、ハンディキャップ
のある人のためのベトナム支援（Vietnam Assistance for the Handicapped,
VNAH）に資金を提供した。その後、ダナンにおけるさらなる活動とダ
イオキシンのホットスポットの他の 2 か所、ビエンホアとフーカットに
おける新たな活動のために、アメリカ国際開発会社（DAI）にも資金提
供した[3]。これらのプロジェクトは、ホットスポットの地域に居住す
る障がい者の能力開発と直接的な支援を組み合わせたものであった。他
のプロジェクトは、障がい者に関する国内法と関連する計画や法令制定
のための技術支援を行った。

　2015 年、エージェントオレンジが大量に撒布されたベトナム南部の
6 つの省、トゥアティエンフエ、クアンナム、ビンディン、ドンナイ、
ビンフオック、タイニン、および北部のタイビン省における援助プロ
ジェクトのために、USAID はベトナムの 3 つの地元 NGO と 3 つの国外
NGO に資金を提供した。北部のタイビン省はエージェントオレンジが
全く撒布されなかったが、家族の中に先天性欠損症の子どもと孫とひ孫
を持つベトナム人退役軍人が異常に多く住んでいる地域であった。

　表 7.2 は、6 つのプロジェクトの諸活動、支援を受けた NGO、障がい
者の受益者の推定値、そして訓練を受けた支援提供者と介護者数を表し
ている。また 18 のプロジェクトの活動形態には次の 3 つが挙げられる。

1. 政策展開——障がい者法に関する専門的な支援、ベトナム人障が
い者の受益に関する政策、規則、行動計画、および組織の開発
2. 能力開発——省および県レベルでの保健衛生サービス従事者の専
門的な訓練
3. 障がい者と介護者への直接かつ有形な支援のサービス提供

　18 のプロジェクト活動のうち、3 つだけが上述した 3 番目のサービス、つまり障がい者と介護者への有形な支援を提供するものであり、他の15 の活動は政策展開と能力開発に関するものである。
　いくつかの結論は次の通りである。
　第 1 に、能力向上と直接のサービス提供は相互に影響し合うものでなければならない。すべての外国の援助はいずれ終了するため、サービスを提供する援助の中には、持続的でないものもある。主として能力向上に集中している援助は、その能力を確かめ、サービス提供を習慣づける方法がない場合には、有効ではない。サービス提供は能力を活性化し、自立できるようになるという見通しを明るくする。有効な開発支援は、能力向上と直接のサービス提供のバランスを意識的に取る必要がある。
　第 2 に、アメリカ議会は、特にエージェントオレンジ／ダイオキシンの影響を受けたベトナム人の援助にこうした資金を提供してきたが、それはまたアメリカとベトナムを結びつける特別で歴史的な負の遺産への人道的な対応でもある。USAID は、直接のサービス提供に対してより寛大な資金配分を行い、直接の援助と補完し合うように能力開発を保証し、エージェントオレンジ／ダイオキシンの影響を受けたベトナム人を優先すべきである。2016 年の予算法はこうした前向きな方向に進んでいる。
　2016 年以降、年次予算法によって、エージェントオレンジが最も大量に撒かれたベトナムの省、そしてその省内の深刻な障がい者に対する

障がい関連資金の配分が優先されてきた[4]。USAID は「原因のいかん を問わず」障がいのあるすべての人への支援に過去の予算を使ってきた。 予算のこうした使い方は、利用できる援助が広範囲に分散し、エージェ ントオレンジ被害者はばらばらにしか支援を受けられないことを意味す る。より一層焦点を絞って、被害者たちを特定し、彼らの存在を実際に 認知することは、これまでの USAID の政策ではなかった。

しかしながら、2016 年の予算法では、「上半身ないし下半身の運動機 能障がい、および認知機能障がい、発達障がいを持っている人々を援助 するために、エージェントオレンジが撒かれた地域、あるいはダイオキ シンに汚染された地域で健康と障がいの改善プログラムへ資金が利用で きるようになる」[5] と規定した。こうした種類の障がいは、ベトナム人 がエージェントオレンジ被害者とみなす人々との相関が強い。

ベトナム人の観点からすると、この規定が意味するのは、障がい者と 介護者を援助し、地元でこうした人たちを受け入れる能力を創出するた めに、利用できるアメリカからの援助が、そうした人たちの家庭に届く 割合がずっと多くなるだろう、ということである。

アメリカ国務省と USAID の観点からすると、重度の障がい者へ向け られる援助は、「原因のいかんを問わず」その集団のすべての人にむけ られることを目的としていた。不発弾の被害者へのアメリカの援助は、 それが不発弾によるものであるかどうかにかかわらず、外傷性損傷のあ るすべての人々に対して長年行われてきた。重度障がい者たちへの援助 も同様に行われるだろう。

このように、アメリカの国家予算法に明記されたことによって、エー ジェントオレンジの問題は政治を超え、アメリカの人道的援助がより 焦点を絞る形でベトナムに入っていくような仕組みに切り換えられた。 2016 年の予算法によって、アメリカ議会はエージェントオレンジの問 題の打開に向けて、両国が次の段階にともに進むための機会を作ったの である。

表7.2　ベトナムにおける障がい者プロジェクトに対する1760万ドルの配分

受領NGO、金額と期間	活動	活動タイプ	障がい者の受益者数（推定数）（人）	訓練を受けた支援提供者数と介護者数（人）	対象となった省
Viet Health 180万ドル 4年	1. 幼児障がい者の発見と介入のためのサービス提供者／介護者の訓練	(B) 能力開発		4000	タイビン、タイニン
	2. 14万人超の障がいのある子どもたちの検査	(C)直接サービス	7000人評価（1000件の介入と400件の外科手術を含む）		
Action for the Community Development Center (ACDC) 120万ドル 3年	1. 障がい者のためのリーダーシップ、生活技能、政策提言の訓練	(C)直接サービス		1500	トァテイエンフエ、ビンフオック
	2. 省の障がい者アクションプラン準備の支援	(A)政策、計画作成			
	3. 障がい者の人権に関する法的カウンセリングとサービスの改善	(B) 能力開発		7800	
	4. 障がい者の権利に関する大衆啓蒙の増進	(B) 能力開発		9000	
Disabilities Research & Development (DRD) 30万ドル 2.5年	1. 障がい者のアクセシビリティの権利に関する大衆啓蒙の増進	(B) 能力開発	2万		ビンディン、タイニン
	2. アクセシビリティの評価とショーケースモデルの改良	(B) 能力開発	10の公共建築物の修繕		
	3. アクセシビリティの権利を提言するための障がい者の訓練	(B) 能力開発	300		

Vietnam Assistance for the Handicapped (VNAH) 590万ドル 5年	1. 障がい者権利条約と国家行動計画の支援、障がい者全国委員会の強化、モニタリング／評価のフレームワークの展開、障がい者データベースの拡張	(A) 政策、計画作成			全国
	2. リハビリ施術者と作業療法士の訓練	(B) 能力開発		5400	ビンフオック、タイニン
	3. 省、郡ならびに村のリハビリセンター整備	(B) 能力開発	4000		
Handicapped International 540万ドル 5年	1. 先天性脳欠損および損傷のための医療／リハビリ実施要綱の導入	(B) 能力開発	8000		タイビン、トァテイエンフエ、ドンナイ；全国
	2. 医療リハビリおよび作業／理学療法の訓練	(B) 能力開発		400	
	3. 影響測定	(A) 政策、計画作成			
Vietnam Veterans of America Foundation (VVAF) 300万ドル 5年	1. 支援具維持のためのサービス提供者訓練	(B) 能力開発		100	トァテイエンフエ、ビンディン、クアンナム
	2. 障がい者への支援具提供	(C) 直接サービス	3000		
	3. 人権、サービスおよび支援具の情報普及	(B) 能力開発			

（出所）USAID/Vietnam Project Briefs, February. 2017.

（原注）

[1] Patrick J.Leahy, "Addressing War Legacies in Vietnam", speech at the Center for Strategic and International Studies, Washington , D.C., June 23, 2015, https://dorutodpt4twd.cloudfront.net/content/uploads/files/content/docs/agent-orange/Patrick%20Leahy%20_Addressing%20Agent%20Orange_Speech%20Transcript_CSIS%206.23.2015_0.pdf.

[2] クリストファー・エイブラムス、USAID ベトナムの e メール、2017 年 12 月 11 日。

[3] Michael Martin, "U.S. Agent Orange/Dioxin Assistance to Vietnam", Congressional Research Service, November 13, 2015; Mary F.Hayden, Hoang V.Tran, Tra H.Nguyen, Long T.Tran and Chang N.Q.Le, Management Systems International, "Evaluation of Disabilities Programming," USAID/Vietnam, 2015, https//assets.aspeninstitute.org/content/uploads/2016/06/USAID-Disabilities-PE-Report-Final-11182015.pdf.

[4] H.R.2029 連結歳出法、2016 年。

[5] Charles R.Bailey, "Delivering Services to People with Disabilities Associated with Exposure to Dioxin in Vietnam", Aspen Institute, June 2, 2014, https://assets.aspeninstitute.org/content/uploads/2016/06/2014-6-2_CBailey- Focusing_USG_Delivery_of_Services_ for_PWDs_in_Vietnam-EN.pdf.

8章

エージェントオレンジ被害者には
何が必要か

エージェントオレンジ被害者たちは、運動機能障がいや認知機能障がい、発達遅延といった深刻な問題を抱えている。その中で最も支援が行き届いていないのが、貧しく、多くの場合には、少数民族の人口が多い高地や遠隔地に住む人々である。ベトナム政府と協力関係にあるUSAIDは、家族やコミュニティという面においてエージェントオレンジ被害者を支援することができる最良の組織である。その支援としては、行動範囲を広げるための家屋の改修、保護者の休息施設や地域の総合施設の設置、健常な兄弟姉妹への奨学金の供与、家族経営のための貸付金の供与がある。重度の障がいを持つ子どもや若年成人を持つ家族は、最低限1000ドル相当の現物による支援と生活改善の見通しに転換できる投資を必要としている。エージェントオレンジ被害者にこれらの効果的な支援を行うためには、ベトナムとアメリカのより緊密な関係が非常に重要である。

前の2つの章では、エージェントオレンジ被害者のためにベトナム・アメリカ両政府が実施していることについて述べた。本章では、これら2か国のイニシアティブを「協力的に一本化」し、より多くの被害者に迅速に手を差し伸べて支援を行うこと、そして長期にわたる支援を維持するためにベトナムの組織を強化することを提案する。

USAIDは直接的な支援と能力開発によって、長年にわたりベトナムの障がい者を援助してきた。アイルランド援助プログラム、UNICEF、フォード財団、ロックフェラー財団、アメリカ企業および多くの個人支援者たちもまた援助を提供してきた。こうした支援プログラムの対象者には、親、祖父母、または曽祖父母を通じてダイオキシンに間接的にさらされ、エージェントオレンジ被害者となったとみなされる人々が含まれる。

彼らは精神面と運動面の能力に非常に深刻な問題を抱えた人々であり、人口規模の大きな中心地から離れた、貧しく支援の行き届かない地域や

家庭で暮らしている。彼らには何が必要か。彼らには家庭という視点からの支援とサービスが必要である。病気の子どもの面倒をみている両親が休息できる地域の施設、健常な兄弟姉妹が教育を受けるための奨学金、家族経営のための貸付金などである。

　重度の障がいを持つすべての子どもまたは若年成人に対しては、少なくとも 1000 ドル（2017 年の米ドル換算）の援助と家族への投資が必要であると推定される。ベトナムでは、特に被害者が十分な支援を受けられない農村地域にいる場合、このような水準での支援によって障がいを持つ人々とその家族の生活を完全に変えることができる。USAID は数万人もの障がいのあるベトナム人に手を差し伸べ、新たな可能性を提示しようと思えばできるのである。USAID にとっての課題は、健康と障がいへの支援に議会の予算を充当し、中間費用を管理し、強固な構造と存在感を持つ組織を通じて資金を提供することである。これがあって初めて、支援対象者への効果を最大限に引き出せるであろう。

　支援者およびベトナムの協力者たちは被害者とその家族に対して、いかにすれば最も効果的に手を差し伸べることができるのだろうか。

対象者の焦点を絞る

　ベトナム戦争の退役軍人を含む多くのアメリカ人にとって、ベトナムでのエージェントオレンジ使用による負の遺産は、依然として屈辱と道徳的な憤りの源である。そして、それはアメリカとベトナムのより良い関係への障害となり続けている。その 2 つの理由から、アメリカは、ベトナムの国民および指導者がエージェントオレンジ被害者とみなしている人々に手を差し伸べるべきである。本章では、将来の支援対象者を選択するためのいくつかの基準を提案する。これらの基準は運用上実行可能なものである。矛盾なく適用されれば、これらの基準によって対象者集団は障がいのあるすべての人よりもかなり狭く限定されるが、これにはほぼすべてのエージェントオレンジ被害者が含まれる。基準は次のと

おりである。

　エージェントオレンジの撒布が始まった1965年から現在までの間に生まれた者であること。
　　かつ
　障がいが、先天性または生まれてから15年以内に自然発生した欠損症であること。
　　そして
　運動機能障がい、精神障がいまたはその両方を持っていること。
　　もしくは
　障がいが重度または非常に重度であること。

　この選択基準によって、エージェントオレンジによる障がいを持つ被害者であるとベトナム人がみなす人々の大部分が網羅される。1965年より前に生まれた者は主に障がいの問題ではなく、健康の問題を抱えているが、被害者には含まれない。1965年以降に生まれた者で、事故その他の健康問題によって障がいを持った者はエージェントオレンジ被害者とはみなされない。この方式の中に潜む1つの「穴」は、明らかに1965年以降に生まれ、ホットスポットでダイオキシンに曝露した可能性があるにもかかわらず、その後病気に罹ったために被害者とみなされない人々がいることである。このような人々は2016年には最高齢で51歳になる。アメリカの退役軍人の経験から、これらのベトナム人の一部は、アメリカの国内法がダイオキシン曝露に関連するとみなしている病気をまだ発症していない、ということが示唆される。
　大きな問題は、アメリカ政府側がこの方式を複雑すぎて履行が難しいとみなすのか、または、ベトナム国民および政策決定者側がこの方式を正当な該当者を排除してしまう可能性があるものとみなすのか、である。
　代替案の1つは、この枠組みを支援対象となる個人を選択するのでは

なく、2009 年のベトナム人口と住宅の国勢調査から、障がい者に関するデータを分類するためにこの枠組みを適用することである。この方法により、エージェントオレンジ被害者がどこに最も集中して住んでいそうなのかを予測することができる。そうすれば、アメリカ（そしておそらく他の支援者たち）は、ベトナム政府と協力してこれらの地区のすべての障がいのある人々に手を差し伸べることができるだろう。

家庭に焦点を当てる

　障がいを持つ人々は、多くの場合彼ら自身貧しく、そして貧しい家庭環境で暮らしている。一方でその家庭は、健常な成人家族が介護のために家にいなければならず、収入が得られなくなり、さらに特別な事情からやむをえない出費に直面する。他方で、ベトナムの家庭は非常に辛抱強く強靱である。重度の障がいを持つ多くの人にとって長期的かつ最良の選択は、介護施設に長期間入所すること（いずれにしても農村部では利用できないが）ではなく、家族と一緒に住み続けることである。

影響は大きいが支援が不十分な省に目を向ける

　これまで、アメリカの支援は低地の町や都市に住んでいる人々に対してのみ行われてきた。したがって今後の援助は、支援の行き届いていない農村部や遠隔の高地、少数民族に軸足を移す必要がある。ベトナム当局と USAID は、上述したエージェントオレンジ被害者情報を使用してこれら省内の地区に優先順位を与えることで、基準を満たした人全員に手を差し伸べ、被害者とその家族にサービスや支援を提供することができるだろう。

援助を提供し、同時に能力開発を行う

　援助と能力開発は同時に行う必要がある。これは、喫緊の要望に対応し、外部の支援がいずれ終了したときに、より高い水準で支援を維持す

るための最良の方法である。

サービスの提供

　現物による直接支援はエージェントオレンジ被害者の生活に手を差し
伸べ、一変させる最良の方法である。適切に設計されれば、このような
支援は家庭内の障がい者に選択肢と機会をもたらし、家族の資産を形成
することができる。アメリカの支援は通常１度に限られ、特定の個人と
家族の要望に合わせて調整される。これには、たとえばリハビリテー
ション療法、障がい者の移動を可能にする機器、家庭内およびその周辺
へのアクセシビリティの改善、水道・衛生設備・屋根の簡単な改良、健
常な兄弟姉妹が学校に通い続けるための奨学金、畜産への投資、そして
家族への商売道具の提供が含まれる。このような家族への投資は彼らを
経済的に支え、障がいを持つ家族からの継続的な要望に長期にわたって
よりよく応えることができる。

能力開発

　これには、重度障がい者のいる家庭をより強靱にすることと、障がい
者に提供する社会福祉事業をより適格なものとすることの両方が含まれ
る。社会福祉事業を強化するための最優先事項は、障がい者サービスに
特化した多数のソーシャルワーカーを訓練することである。プロのソー
シャルワーカーは重度障がい者へのサービスを維持するための要なので
ある。ソーシャルワーカーは重度障がい者とその家族の擁護者となり、
ベトナム政府が中・長期的に確立すべき専門的な能力とサービスの明確
な要望を特定するであろう。障がい者に関する省の調査結果は格差を特
定し、さらなる専門能力の開発という要望に優先順位をつけるために使
用される。

ベトナムの政策枠組みに従う

　2010年のベトナム障がい者法とその施行規則は、アメリカからの支援にとって実用的な枠組みを与えている。実際、これらの規則は現在、ケースマネジメント、個々のケアプラン、その他の重要な概念と手段の運用上の定義となっているのである。これらは公的サービスと毎月の手当を提供する目的で、障がいとは何かを定義し、履行基準を設定している。USAIDは、支援によって全国規模で築き上げられたベトナム労働傷病兵社会省（MOLISA）との強固な関係を活用して、各省の障がい者に対するUSAIDの複数年にわたる支援計画について合意に達することができる。これらの取り組みの目標は、アメリカその他の国際支援が終了するときに、ベトナム人の支援提供者がエージェントオレンジ被害者や他の障がい者の社会面、健康面、生計面における要望に対処する能力を獲得することである。

ダナンにおける官民パートナーシップの教訓を生かす

　2007年、ダナンのハイチャウ区は、障がいのある子どもたちのためにケースマネジメントシステムを導入した。ホープ・システム・オブ・ケア（the Hope System of Care）＊訳注として知られるこの取り組みは、アメリカの非政府組織（NGO）である「ベトナムの子どもたち」（Children of Vietnam）の支援を受けて市内の他の地区に広がった。2010年、アメリカの財団、企業、そしてアスペン研究所は、カムレー区人民委員会と共同で、ホープ・システム・オブ・ケアを地区に導入するための官民パートナーシップを創設した。この経験から次の教訓が得られた。

　　●地区レベルの地方政府と協力し強化する。ベトナムで社会サービ

＊　ダナン市の3区（ハイチャウ、グーハインソン、カムレー）で実施された、障がい者とその家族向けの総合的な支援策。個別の要望に応じて、栄養補助食品、奨学金、生計のためのマイクロクレジット、ヘルスケア、医療機器等の提供が行われた。

スを提供するのは彼らの責任である。

● サービスを提供し、能力を拡張するために、地区と複数年のパートナーシップを結ぶ。地方政府の人民委員会は、定められた期間の終わりに、強化されたサービスに対して予算上の全責任を負う、と厳格に約束する必要がある。そうでない場合は承認できない。

● 地区内の個人と家族の調査を実施して、先に定義した重度障がいを持つ人すべてを特定し、この情報を含むデータベースを作成する。このデータベースを活用して重度障がい者の要望を定義し、適切な対応を設計し、サービス提供を計画する。

● パートナーシップはケースマネジメントの手法を採用し、各地区または村にケースマネージャーのチームを設置する必要がある。ケースマネージャーチームは、個人およびその家族と協力してケアプランを作成・更新し、必要な支援を取得する個人の代理を務める。パートナーシップはまた、個々のケアプランに専門家の提案を付与するために、多分野にわたるサービスプロバイダーのチームを形成する必要がある。各地区または村の人民委員会の議長もしくは副議長は、両方の種類のチームの指導と監督に関与する必要がある。

● パートナーシップは個々のケアプランで求められている障がい者に対してすべてのサービスを提供する必要がある。2012 〜 2013 年に、ダナンにおける官民パートナーシップはカムレー区の障がいのある子どもと若年成人向けの支援をめぐる9件の訴訟に資金を提供した。障がいを持つ各個人のサービス計画を完全に実行すると、受益者、その家族、およびその隣人のための基盤が築かれる。それらのすべてが、支援者とのパートナーシップが終了した後も、同じ水準の支援を継続するよう人民委員会に圧力をかける力となる。

● パートナーシップは障がい児の親のための支援グループを形成し、

障がい者組織（Disabled People's Organizations, DPOs）を強化する
必要がある。それぞれがメンバー間で経験、資源、知識を共有で
きるため、支援者とのパートナーシップが終了した後においても、
子どもや自分自身を守る力を身につけることができる。

●パートナーシップは、上述した基準を満たして地区に住むすべて
の障がい者の所在地を登録し、地図を作成する必要がある。毎年
地区を調査し、登録内容を更新し、地図を修正し、新たな受益者
を加えたデータベースに更新する必要がある。これは包括的かつ
継続的な登録の前例となるものである。

●影響の大きな省の県と、そのようなパートナーシップをすでに卒
業している県に近い県を可能な限り選択し、双方の県職員が定期
的に経験を共有できるようにすることが最善である。

●問題解決能力は場所によって異なるため、パートナーシップには、
ベトナム赤十字社、ベトナム・エージェントオレンジ被害者協会
（VAVA）、親のための支援グループ、DPOs など、地元に影響力
のある他の組織を追加することを検討する必要がある。

　要約すれば、アメリカはエージェントオレンジによって被害を受けた
人々を支援することを目指しているのだということをベトナムに示すこ
とができる。同時に、アメリカとベトナムの関係にとって重大な問題を
取り除くことができるのである。

ベトナム中部で母親から介護を受けている2人の姉妹
カ・ヴァン・チャン提供

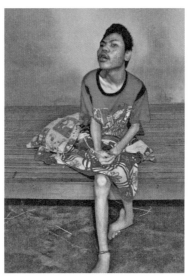

ベトナム中部で家族から介護を受けている若者
スーザン・ハモンド提供

ベトナムの除草剤撒布地域

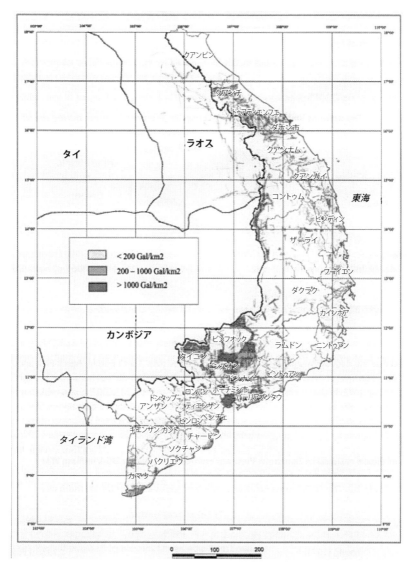

図1　1961 〜 1970年に除草剤が撒布されたベトナムの地域と撒布量
（出所）天然資源環境省、国家運営委員会事務局（33委員会）、総合報告書、2013年ハノイ、9頁

撒布総面積：
1万160平方マイル（263万1297ha）

ダイオキシンに汚染された除草剤の撒布面積：
6486平方マイル（167万9734ha）

除草剤の総量：
1950万ガロン（7378万253ℓ）

ダイオキシンに汚染された除草剤の量：
1260万ガロン（4762万1022ℓ）
環境中に放出されたダイオキシン
366kg（807ポンド）

主な地域：
ビエンホア、ダナン、フーカットのアメリカ空軍基地

（出所）*J.M. Stellman et al. "The extent and patterns of usage of Agent Orange and other herbicides in Vietnam,"* Nature, *April 2003, 422. 681-687.*

図2　ビエンホア空軍基地とその周辺の都市部

ダイオキシンで汚染された土壌と池の堆積物がある主要な地域を赤色で示している
ハットフィールド・コンサルタンツ・パートナーシップ 2017提供

警告掲示にもかかわらず、人々は魚やアヒルを飼育するために
ビエンホア空軍基地周辺の池を使い続けている
レ・ケ・ソン提供

図3　ダナン空港の北端

2012年の浄化開始前のダイオキシン汚染土壌と池の堆積物の位置と濃度

（出所）USAID/Vietnam, Environmental Remediation at Da Nang Airport - Environmental Assessment, June 2010, p. 4.20.

2012年に浄化が開始される前、1960年代にエージェントオレンジその他の
除草剤のドラム缶を保管するために使用されたダナン空港の区域
チャールズ・R・ベイリー提供

2007年7月24日、ダナン空港のダイオキシン・ホットスポットでの
ベトナム駐在アメリカ大使マイケル・マリーン（青いネクタイ）
レ・ケ・ソン提供

フォード財団は、2008年1月までダナン空港でダイオキシンを固定するコンクリート
製の蓋と排水構造に資金を提供した。最も汚染された土壌は重い蓋によって厳重に
封鎖され、ダイオキシンを含む堆積物は雨水流出装置に流し込まれ、完全な浄化が完了
するまでその構造物に封じ込められた。この作業は2012年に開始された
チャールズ・R・ベイリー提供

前列左から右へ：トン・ヌ・ティ・ニン大使、エージェントオレンジ／ダイオキシンに
関するアメリカ・ベトナム対話グループ共同議長ウォルター・アイザックソン。
後列左から右へ：ベトナムのユニセフ代表ジェスパー・モーク、ベトナム国連調整官
ジョン・ヘンドラ。2008年6月ダナン空港のダイオキシン・ホットスポットで
チャールズ・R・ベイリー提供

170

ベトナム駐在アメリカ大使デビッド・B・シアーとベトナム当局は、2012年8月9日に
ダナン空港でダイオキシンを除去するための共同プロジェクトを開始した
チャールズ・R・ベイリー提供

左から右へ：ハットフィールド・コンサルタンツ社のトーマス・G・ボイヴィン、エー
ジェントオレンジ／ダイオキシンに関するアメリカ・ベトナム対話グループ共同議長
のハ・フイ・トン大使、チャールズ・R・ベイリー、レ・ケ・ソン。2012年8月9日ダナン空港
でのダイオキシン除去プロジェクトの開始時
チャールズ・R・ベイリー提供

2013年5月、ダナン空港でダイオキシンに汚染された土壌を処理するために
準備された封じ込め構造物
レ・ケ・ソン提供

左から右へ：ベトナム駐在アメリカ大使デビッド・B・シアー、パトリック・J・リーヒー
上院議員、ベトナム国防省グエン・チー・ビン中佐、アメリカ・ベトナム対話グループ共同
議長ハ・フイ・トン大使。2014年4月19日、ダナン空港のダイオキシン浄化施設開設式にて
ティム・リーザー提供

2012年3月、フーカット空港の受動埋め立て処理場に置かれたダイオキシンに汚染された土壌と池の堆積物。この作業は2012年8月18日に完了した
レ・ケ・ソン提供

グエン・ティ・ゴック・フオン博士は、ベトナムのダイオキシン曝露と
先天性欠損症に関する重要な先駆的研究者である
レ・ケ・ソン提供

1970年代にトゥアティエンフエ省のアールオイ県にあった
エージェントオレンジによって破壊された森林
ヴォー・クイ提供

1970年代ナムカンのマングローブ林に
撒布されたエージェントオレンジの
影響に関する調査を行なっている
ヴォー・クイ教授／ヴォー・クイ提供

2016年のヴォー・クイ教授
レ・ケ・ソン提供

自然保護地域開発支援センター所長フン・トゥー・ボイ
アールオイ県のダイオキシン・ホットスポットから人々を遠ざけるために、長いイバラ
のあるハニーローカストの木で「グリーンフェンス」を作るプロジェクトを開始した
チャールズ・R・ベイリー提供

フエ農林大学学長レ・ヴァン・アン博士
森林農業（アグロフォレストリー）の新しい技術と機会を農家に紹介する農業普及
センターをアールオイ県で運営している
チャールズ・R・ベイリー提供

2015年5月ワシントンのマイケル・マリーン大使
レ・ケ・ソン提供

左から右へ：アメリカ・ベトナム対話グループのメンバーである故ヴォー・クイ教授、
国会議員チャン・キム・チー、対話グループ共同議長のゴー・クアン・スアン大使、アメリカ
下院議員でアジア太平洋地域外務小委員会委員長の故エニ・ファレオマバエガ、対話
グループのメンバーであるゾー・ホアン・ロン。2009年6月エージェントオレンジ聴聞会で
チャールズ・R・ベイリー提供

176

左から右へ：レ・ケ・ソン、民主党書記官で州および海外事業の上院歳出予算小委員会の
ティム・リーザー、チャールズ・R・ベイリー。2015年5月ワシントンにて
著者提供

左から右へ：元フォード財団会長スーザン・V・ベレスフォード、ベトナム・エージェン
トオレンジ被害者協会（VAVA）ダナン支部長グエン・ティ・ヒエン、コモンコーズ会長の
故ボブ・エドガー、そして障がいのある若者たち。2011年3月ダナンでVAVAが運営する
職業訓練センターで
チャールズ・R・ベイリー提供

左から右へ：チャールズ・R・ベイリー、アメリカ・ベトナム対話グループ共同議長ゴー・クアン・スアン大使、省職員、対話グループの2人のメンバー故ヴォー・クイ教授とゾー・ホアン・ロン。2人は2012年3月にアメリカ・ベトナム対話グループと国際ロータリー財団から資金提供を受け、アールオイ県のドンソン村で浄水システムを開始した
チャールズ・R・ベイリー提供

2009年4月ダナンのVAVA職業訓練センターの若い女性
チャールズ・R・ベイリー提供

アメリカの民間財団と企業が資金を提供するカムレー区人民委員会およびNGO
「ベトナムの子どもたち」のプロジェクトで、障がいを持つ子どもの親たちが
ソーシャルワーカーに相談しているところ。2012年4月ダナンにて
チュオン・ヴァン・トム提供

身体および認知機能障がいのある子ども。ボブ・フェルドマン記念基金の支援により
2017年6月に戦争遺産プロジェクトからクアンナム省の彼女の家族が受け取った新しい
牛に挨拶している。フェルドマンはミネソタ州出身のベトナム戦争退役軍人だった
スーザン・ハモンド提供

2017年6月、ビンフオック省の障がい者たちが、USAIDが資金提供したベトナム障がい者支援（VNAH）プロジェクトの一環である健康診断を待っているところ
カ・ヴァン・チャン提供

2015年4月、チャールズ・R・ベイリー（中央）とレ・ケ・ソンによる、レッド・リバー・デルタにある自宅でのレ・ヴァン・バン大使（左）へのインタビュー
著者提供

2015年5月、レ・ケ・ソン（中央）とチャールズ・R・ベイリーによる、デラウェア州レホボトビーチにある自宅でのジェームズ・ズムウォルト（左）へのインタビュー
著者提供

2016年6月、ベトナムとアメリカは、ニューヨークの国連において2016年オスカーノミネート作品「チャウ、ビヨンド・ザ・ラインズ」の上映を後援している。この映画は画期的なドキュメンタリーで、障がいを持って生まれた若者レ・ミン・チャウが、プロの芸術家になるという夢の実現と格闘する物語である。
左から右へ：コートニー・マーシュ監督、レ・ミン・チャウ、グエン・フオン・ガー大使
グエン・タイン・トゥアン提供

ホーチミン市のスタジオでのレ・ミン・チャウ
コートニー・マーシュ提供

9章

エージェントオレンジの問題は
アメリカもしくは他の地域の裁判所で
解決できるのか

ベトナム戦争中に使用されたダイオキシンに汚染された除草剤の製造と使用について、数多くの個人および団体が化学会社とアメリカ政府を訴えようとした。アメリカの退役軍人は1984年に訴訟公判開始前に和解した。これはそれまでで最大の集団訴訟であった。ベトナム人のエージェントオレンジ被害者は2004年に化学会社を訴えたが、失敗に終わった。科学的に複雑であり、ダイオキシン曝露と病気・障がいの因果関係が依然として不明であり、およびアメリカの不法行為法の下で証明することが困難であるため、エージェントオレンジの負の遺産に対する法的解決が妨げられている。今後のいかなる訴訟も同様の障壁に直面するだろう。

ベトナム戦争終結から数十年にわたって、多くの個人や団体がアメリカ政府と化学会社に対し、エージェントオレンジの使用に起因する人間の健康と幸福への損害、および環境への悪影響に対して補償を支払うよう要求してきた。アメリカは、エージェントオレンジによって引き起こされた損害を修復するための資金または支援を提供する法的義務があることに同意したことはない。一方で、アメリカは1991年以来ダイオキシンに関連する病気に苦しむ自国のベトナム戦争退役軍人には給付金を提供してきた。モンサント社、ダウ・ケミカル社をはじめとするエージェントオレンジを製造した化学会社は、アメリカ、オーストラリア、ニュージーランドの退役軍人に3億3000万ドルを支払う法廷外和解に同意した。

2007年以来アメリカ議会は、ベトナムの障がい者支援およびダイオキシン・ホットスポットの環境修復のために2億3120万ドルを支出してきた。したがって、アメリカ政府と化学会社の両者は補償もしくは賠償という用語を使用したことはなく、その法的責任を正式に認めたことはないが、人道的な責任に基づく行為はなされてきたのである。ベトナム戦争に参戦した他の国々、特にオーストラリア、ニュージーランド、

韓国も同様の協定を結んでいる。

　これらは、ベトナムにおけるエージェントオレンジ被害者である原告が直面している複雑な問題である。まず、アメリカの化学会社はアメリカ政府との契約の下でエージェントオレンジを製造した。ベトナムにおけるエージェントオレンジの使用は、3つの政権および5つの議会でなされた決定の結果であった。それは、ベトナムの原告だけでなく、ベトナム戦争に参加したアメリカの退役軍人とその同盟国にも影響を与えた。因果関係について明らかにすることが科学的にきわめて複雑で、アメリカの不法行為法の下では証拠提出を求められることから、この問題に対して法的解決策に至ることはこれまでほぼ不可能であり、今後もそうあり続けるだろう。アメリカおよび除草剤を製造した化学会社が、ダイオキシンの影響を受けた人々に対する配慮と人道支援を拡大するには、これに代わる方策を追求する必要がある。

アメリカ退役軍人

　1977年、ベトナム戦争のアメリカ退役軍人は、ベトナム従軍中にダイオキシンへの曝露が原因であると考えられる病気、流産、先天性欠損症といった障がいへの補償と健康管理を求めて、退役軍人省への申し立てを開始した。しかし、退役軍人省は、従軍中またはその後1年以内に発症したことを証明しない限りその主張を拒否し、ダイオキシンが人間の健康に短期的かつ可逆的な影響しか及ぼさないという立場を堅持した。1979年2月、アメリカ国防総省の求めに応じてエージェントオレンジを製造した6つの化学会社を相手取り、5万2220人もの退役軍人とその家族が集団訴訟を起こした[1] 原注。

　この訴訟はニューヨーク東部地区地方裁判所のジャック・ワインスタ

イン判事によって審理された[2]。ワインスタイン判事はその訴訟集団を、1961 年から 1972 年の間アメリカ、オーストラリア、ニュージーランドからベトナムで従軍し、彼ら自身または彼らの子どもたちがダイオキシンによって被害を受けたと信ずるすべての退役軍人と定義した。両者は最終的に 1 億 8000 万ドルの公判前和解に合意した。ワインスタイン判事はこの資金でエージェントオレンジ決済基金を設立し、ケネス・ファインバーグに補償実行計画を立案するよう要請した[3]。

　利子がついて、この和解基金は最終的に 3 億 3000 万ドルにまで膨らんだ。実行計画には、支払プログラムと集団支援プログラムという 2 つの構成要素があった。支払プログラムとしては、5 万 2000 人の障がいを負ったアメリカ退役軍人および死亡した退役軍人の家族に 2 億 500 万ドルの補償金を支払った[4]。この補償金の平均は 1 人につき約 3900 ドルであった。集団支援プログラムは、アメリカ国内 83 の社会サービス非政府組織に 7400 万ドルを分配し、23 万 9000 人の退役軍人およびその家族にカウンセリング、医療、ケースマネジメントサービスを提供した。訴訟費用を含め、この基金は 1997 年 9 月までに資産を完全に分配し終え、ワインスタイン判事はその閉鎖を命じた[5]。

　2016 年にこの事例を振り返り、ファインバーグは次のように述べた。

　ワインスタイン判事は、ありとあらゆる科学的・医学的証拠を調査しました。彼は調査に悪戦苦闘し、次のように結論づけました。その疾病や障がいがベトナムで使用されたエージェントオレンジ除草剤への曝露によって引き起こされたということを、証拠提示の責任を負う法廷において、証拠の優位性（51％）を証明することは誰にもできません。ワインスタイン判事によると、1984 年の医学的証拠に基づき、それがベトナム国民であろうと、アメリカ国内の市民であろうと、兵士であろうと、誰であろうと関係ない。その判決は今日まで変わりはない。…しかし、法律の問題として、エージェ

ントオレンジ以外に説明がつかないということを原告が集団とし
て証明した［という結論にワインスタイン判事は至った］。それが、
彼が和解を受け入れた理由でした。

［この］事例におけるワインスタイン判決は、政府の責任の観点、
医科学的因果関係の観点、および適格な被害者を補償する方法論の
観点から、その後の裁判官によるすべての法的議論の基準を定めま
した。その基準の決定は高等裁判所により支持されたにもかかわら
ず、最高裁判所により再審理が却下されたため、エージェントオレ
ンジに関してアメリカで法的議論を行うすべての意図も目的も終わ
りとなったのです。[6]

　訴訟が進行している間、一部の退役軍人は彼らのために行動するよう
アメリカ議会に働きかけようとした。退役軍人たちは徐々に結集し始め、
1978 年にボビー・ミュラーらがベトナム戦争退役軍人会を結成した[7]。
続く 10 年間で議会は疫学研究と医療のための資金を承認し、1991 年に
議会はエージェントオレンジ法を可決した。これは、ベトナムで従軍し
た、あるいはその後に増え続ける疾病や症状を示したアメリカ退役軍人
に対して補償を提供するものであった[8]。

ベトナム人のエージェントオレンジ被害者

　2003 年まで、多くのベトナム人はエージェントオレンジのベトナム
人被害者に対してアメリカが何もしていないことに不満を抱いていた。
ベトナムでエージェントオレンジに曝露して病気になったアメリカ退役
軍人に対する補償をアメリカ政府が増やしたからである。ベトナム人の
医師、科学者、退役軍人の小グループは責任者たちを告訴することを決

意した。彼らは被害者の利益を守り、彼らをケアするための資金を調達する目的で VAVA を設立した。他にも、被害者を支援するために自主活動を行ってきた個人とグループがメンバーとなった。

　アメリカでは、連邦政府が主権免除 *訳注 を有しており、政府の同意なしに連邦政府を訴えることはできない。このため、VAVA および「27」と名づけられた個人[9] は、2004 年 1 月 30 日にエージェントオレンジを製造した化学会社とその子会社および関連会社を相手取って訴訟を起こしたのであった[10]。

　ベトナム人の訴訟は、2004 年 3 月 18 日ニューヨーク東部地区地方裁判所において、20 年前にアメリカ退役軍人のエージェントオレンジ訴訟を審理したのと同じジャック・ワインスタイン判事の下で始まった。ベトナム人側は被告の行動を主因として、原告が身体的障がい、苦痛と苦悩、そして重度の精神的な痛みと生計の損失を被ったと主張した。彼らはまた、被告の行動によって環境が汚染されたと告発した。原告は、「裁判で証明される量」の補償および懲罰的損害賠償、および、ベトナムでの環境修復費用の支払いを被告に要求する命令を出すよう裁判所に求めた[11]。原告はさらに、被告が慣習国際法 **訳注 に違反したと主張した[12]。

　化学会社は訴訟を却下するよう動いた。彼らは時効がすでに成立し、裁判所は管轄権をすでに失っており、企業に対してダイオキシンの浄化に資金提供せよという原告の要求は実行不可能であると主張した。また、浄化について裁判所が監視することはベトナムの主権を侵害することになり、ベトナムにおけるアメリカの外交政策に影響を及ぼすものであると主張した。さらに化学会社は、この訴訟が「政治的問題」の原則を犯すものであると主張した[13]。この訴訟で最も重要なのは、化学会社が国際法に違反したという主張を原告が立証できなかった、と彼らが主張し

* 国際民事訴訟において被告が国または下部の行政組織の場合、外国の裁判権から免除されるというもの。
** 大多数の国家間で法的拘束力あるものと暗黙のうちに合意された国際慣行。

たことである。

　ワインスタインの求めに応じて、アメリカ司法省は意見書（「関心声明書」）を提出した。その中で政府は、激しい戦闘の間アメリカ合衆国の最高司令官として戦術と兵器を考慮する大統領決定の有効性について、裁判所が判断を下す権限はないと主張した。さらに、除草剤の使用を決定する前に、行政部門が考慮した上で、この戦術が国際的な慣習に反するものではないと判断していた。1975年4月までアメリカは1925年のジュネーブ議定書を承認していなかったため、この議定書に縛られることはなかった。1907年のハーグ陸戦条約第23条a項は有毒化学物質に適用され、枯れ葉剤や除草剤に適用されるものではない。アメリカ政府はまた、先例を作ることを懸念し、次のように主張した。「原告の主張の意味するところは驚くべきものである。（もしそれが受け入れられれば）戦時中にアメリカの製造業者によって供給された材料をアメリカ軍が使用したことによって負傷したかつての外国の敵国民および軍人たちに対して、アメリカ法制度における裁判所への扉を開くことになるからだ。」[14]

　2005年3月10日、ワインスタイン判事は233ページに及ぶ判決を出し、この訴訟を棄却した。これら3つの重要な判例が、エージェントオレンジのベトナム人被害者が化学会社を相手取って起こした訴訟を困難なものにする障壁となった。

アメリカ国内法

　アメリカ政府の（軍事）請負企業を防衛するため、裁判所はアメリカ国内法の下でベトナム人が起こしたすべての訴訟を棄却した。請負企業防衛原則は、民間調達業者を政府調達契約の履行に伴う不法行為責任から保護するものである。これはすべての国内州法および連邦実体法の法的主張を対象としている[15]。この原則によれば、本質的に「政府は我々にそれを行うよう命じ、我々がその危険性について認識していたの

と少なくとも同等に認識していた」[16] ということである。原告は、除草剤に含まれるダイオキシン濃度についての情報をアメリカ政府から得ることを化学会社が差し控えている、と主張した。ワインスタイン判事は、政府が化学製品について少なくとも化学会社と同程度またはそれ以上に認識しているという結論に至った。

国際法

　国際法に基づいて提起された主張に対抗するために請負企業防衛を利用することはできない。したがって、国際法の主張は原告の最も有力な戦略であった。裁判所は、国際法の下で化学会社の責任を明確にするために、原告は次のことを示すことが必要であると裁定した——（a）国際法の下でそれを使用することが違法であること、（b）被告がその製品がどのように使用されるかを知っていたこと、および（c）彼らが製品を提供し、違法行為の当事者になったこと。ワインスタイン判事は、（b）と（c）は示すことができるが、（a）は示すことができないとした。彼は、「ベトナム人原告の国際法の主張についての詳細な分析は、1975年以前のベトナムにおけるアメリカによる自国のための除草剤使用が国際法の違反ではなかったことを証明している」[17] と記した。ワインスタインは、「植物を枯らすための除草剤として設計および使用された化学物質は、被告の製品がベトナム戦争中に設計され使用されたため、『毒または有毒兵器』の言葉を最大限に拡大解釈したとしても、禁止されるものではない」[18] と結論づけた。さらに、彼は次のようにも記した。「除草剤は『不必要な損害を引き起こすことを意図したもの』ではない。除草剤の撒布は、アメリカ軍および同盟国軍を守るためにアメリカが必要と判断した軍事行動の過程で行われた。それは民間人やその土地に対して懲罰的あるいは悪意を持って意図的に害を与える目的で計画されたものではない。」[19] その結果、すべてにおいて損害を与える意図を実証することが求められることから、拷問、戦争犯罪、大量虐殺など国際法

の多くの領域は本件に適用されない、と彼は裁定した。化学会社とアメリカ政府に認識があったが意図はなかった、という2つの事実の間の対立ないし矛盾は未解決のままであった。

因果関係

国内法および国際法の下での原告の主張に基づく訴えを棄却するのに、ワインスタイン判事の裁定は十分だった。しかし、ダイオキシンへの曝露とその後の健康状態の悪化を主張する将来の訴訟は、すべてアメリカの不法行為法という手強い障壁に直面することを彼は明らかにした。高い可能性でつながりがあることを示す科学的な証明が必要とされ、原告の一人ひとりが曝露を証明し、特定の企業によって生成されたダイオキシンと、彼または彼女が直接経験した結果としての被害との関連を、すべての原告が追跡する必要があるというのだ[20]。

ワインスタインは次のように書いている：

- 「とりわけ約400万人ものベトナム人が影響を受けたとされているため、因果関係の証明は主に実質的な疫学的その他の科学的データに依拠するものである。申し立ての中にあるこの種の不確かな証拠は…因果関係を証明するのに十分ではない。」[21]
- 「裁判所に提出された研究もしくはその手法は、いかにして被告によって提供された除草剤を原告のダイオキシンの曝露へと結びつけることができるかについて、いずれも立証したことにはならなかった。」[22]

ベトナム人の原告は、ニューヨークの第二上訴合衆国裁判所に控訴し、ワインスタイン判事の判決を覆すよう求めた。しかし上訴裁判所は控訴を棄却した。上訴判事の拡大陪審員団（大法廷）による再審理は、2008年5月7日にワインスタイン判事の判決を追認したのである。原告は次

に、本件の審理を行うよう裁量上訴の訴状を最高裁に申し立てた。

　最高裁判所への申し立てにおいて、原告は争点の中心を次のように定義した。

　　本件は、**除草剤**の製造、供給、使用それ自体が、国際法に違反してベトナムの広い地域を落葉させているかどうかについて争われているのではなく、これまでも争われることはなかった。むしろ本件は、枯葉剤使用過程とは何の関係もなく、被告が過剰かつ回避可能な量の毒（ダイオキシン）を含んでいると認識していた除草剤の使用が慣習国際法に違反しているかどうかを問題にしている。…控訴裁判所の判決の要点は、政府の意図は人間の上に毒を撒くことではなく、ダイオキシンによる汚染はエージェントオレンジを撒布した「意図しない」結果であった。そのため、慣習国際法に違反していることを証明するために必要十分な水準の意図ではなかった。少なくとも化学会社の被告に関する限り、原告は修正された申し立ての中でこれとは異なる主張を行っている。[23]

　2009年3月、最高裁判所は原告の審理と上訴を求める裁量上訴状を却下した。この決定により、アメリカによるベトナムでのエージェントオレンジ使用に対する補償を求める目的で、アメリカ国内の裁判所にこれ以上の訴訟を起こす道は閉ざされることになった。

ベトナム戦争の韓国人退役軍人

　1965年から1972年の間に30万人以上の韓国人兵士がベトナムで従軍し、その多くがエージェントオレンジの撒布に曝露した。しかし、

1984 年のエージェントオレンジ和解基金は、アメリカ、オーストラリア、ニュージーランドの退役軍人に適用されたにもかかわらず、韓国人を対象としなかった。

1999 年、約 2 万人の韓国のベトナム戦争退役軍人が、ソウル地方裁判所でモンサント社とダウ・ケミカル社を相手取って 2 つの集団訴訟を起こし、44 億ドルの損害賠償を求めた。地方裁判所は 2002 年に彼らの訴えを退けた[24]。彼らは控訴し、2006 年初め、ソウル高等裁判所は地裁の判決を覆し、6795 人の退役軍人に 6100 万ドルを補償することを化学会社に求めた。

化学会社は韓国最高裁判所に控訴し、2013 年 7 月 12 日に判決が下った。最高裁は、因果関係の証拠を見出した塩素挫瘡（深刻だが治療可能な皮膚病）に罹患した 39 人の退役軍人について、化学会社に損害賠償として 41 万 5000 ドルを支払うよう命じ[25]、その他の退役軍人についてはソウル高等裁判所に差し戻した。最高裁は声明で「彼らの病気がベトナム戦争中の枯れ葉剤への曝露によって引き起こされたという証拠はない」[26] と述べた。認められた 39 人の原告は現在、彼らが韓国で得た判決をアメリカの化学会社にいかに履行させることができるかという問題に直面している。

韓国の裁判所判決の限界――1 つの病気に苦しむわずか 39 人の韓国退役軍人に利益をもたらすに過ぎない――は、30 年間にわたってエージェントオレンジ被害者に不利な法的決定を行なってきたことを最終的にアメリカの裁判所が覆す、ということを韓国の事例が促すことにはならない、ということを示唆している。

（原注）
[1] ダウ・ケミカル社、モンサント社、ヘラクレス社、ノースウェスト・インダストリーズ社、ダイアモンド・シャーモック社およびノース・アメリカン・フィリップス社の 6 社。
[2] ワインスタイン判事は 1921 年に生まれ、第 2 次世界大戦中はアメリカ海軍に従軍し、コロンビア大学で法学教授となった。1967 年、リンドン・B・ジョンソン大統領はワイ

ンスタインを連邦裁判所に招聘し、彼はそこで 2017 年 12 月現在も働き続けている。

[3] ケネス・ファインバーグとのインタビュー、2015 年 6 月 30 日。ファインバーグはアメリカ人弁護士で、1984 年のエージェントオレンジ決済基金に始まる調停と裁判外紛争解決手続で手腕を発揮した。後の任務中に、彼はアメリカ政府の 9.11 犠牲者補償基金の専門委員に指名された。また彼は、BP 社のディープウォーター・ホライゾン災害犠牲者補償基金の政府指名管財人として働いた。ファインバーグは 2013 年ボストンマラソン爆弾事件後に創設された犠牲者救援基金を監督するため、マサチューセッツ州により監督者に任命された。

[4] 総額のうち、1 億 9800 万ドルはアメリカ人退役軍人あるいはその遺族に支払われ、700 万ドルがオーストラリア人に、100 万ドルがニュージーランド人に支払われた。

[5] United States Department of Veterans Affairs, Compensation － Agent Orange Settlement Fund, May 14, 2016, http://www.benefits.va.gov/compensation/claims-postservice-agent_orange-settlement-setletmentFund.asp.

[6] ファインバーグとのインタビュー。

[7] ボビー・ミュラーとのインタビュー、2015 年 5 月 3 日。

[8] 詳細については以下を参照。

U.S. Department of Veterans Affairs, "Benefits Overview for Agent Orange Exposure", http://www.publichealth.va.gov/exposures/agentorange/benefits/index.asp.

[9] ファン・ティ・フィ、グエン・ヴァン・クイ（彼自身と子どもグエン・クアン・ツーン、グエン・ティ・トゥイ・ガーを代表して）、ヅオン・クイン・ホア（彼女自身と病気の息子フイン・ツーン・ソンを代表して）、グエン・タン・ロイ、トン・ティ・トゥ、グエン・ロン・ヴァン、グエン・ティ・トイ、グエン・ミン・チャウ、グエン・ティ・ニャム、レ・ティ・ヴィン、グエン・ティ・ホア（彼女自身と息子ヴォ・タイン・トゥアン・アインを代表して）、ヴォ・タイン・ハイ、グエン・ティ・トゥー（彼女自身と子どもグエン・ソン・リンとグエン・ソン・チャを代表して）、ヅァン・ティ・ホン・ヌット、グエン・ディン・タイン、グエン・モイ、ホー・ティ・レ（彼女自身と病気の夫ホー・スアン・バットを代表して）、ホー・カン・ハイ（彼女自身と息子グエン・ヴァン・ホアンを代表して）、ヴー・ティ・ロアンの 27 人。

[10] ダウ・ケミカル社、モンサント社、ファルマシア社、ヘラクレス社、オキシデンタル・ケミカル社、ウルトラマー・ダイヤモンド・シャムロック社、マクサス・エネルギー社、トンプソン・ヘイワード・ケミカル社、ハクロス・ケミカルズ社、ユニロイヤル社、C.D.U. ホールディング社、ダイヤモンド・シャムロック社、ダイヤモンド・アルカリ社、アンスル社、フッカー・ケミカル社、ホフマン・タフト・ケミカルズ社、ケミカル・ランド・ホールディングズ社、T-H アグリカルチャー＆ヌートリション社、トンプソン・ケミカル社、リバーデイル・ケミカル社、エレメンティス・ケミカルズ社、U.S. ラバー社およびシンテックス社。

[11] 修正告訴、ニューヨーク東部地区地方裁判所、2004 年 9 月 13 日、246-249 段落、50-51 ページ。

[12] 修正告訴、251 段落、52 ページ。原告は、適用し得る法として以下のものを強く主

張した。外国人不法行為請求権法；拷問被害者保護法；戦争犯罪法；窒息ガス・毒ガスその他のガスの戦争での使用、および細菌兵器の戦争での使用を禁止する 1925 年のジュネーブ議定書；1907 年 10 月 18 日に署名された、地上戦の法と慣習を尊重するハーグ条約 IV 付属書第 23 項；1949 年 8 月 12 日にジュネーブで署名された、戦時における民間人の保護に関するジュネーブ条約；1945 年 8 月 8 日に署名され発効した、ヨーロッパ枢軸国の主要な戦争犯罪者の訴追と処罰の合意およびニュルンベルク国際軍事法廷憲章；1945 年 6 月 26 日にサンフランシスコで署名され、1945 年 10 月 24 日に発効した国連憲章；国連総会決議 No.2603-A（1969 年）；慣習的な国際法；アメリカ合衆国の法制；ベトナムの法制；ならびにニューヨーク州の法制。

[13] 法廷は、憲法が連邦政府の他の部門、この場合は外交関係を主導する部門、の唯一の責任を取るという問題を取り扱うような事案に耳を貸すべきではないとアメリカ最高裁判所は裁定した。

[14] エージェントオレンジ製品責任訴訟におけるアメリカの関心声明、ニューヨーク東部地区地方裁判所、2005 年 2 月 28 日、1 ページ。

[15] エージェントオレンジ製品責任訴訟におけるニューヨーク東部地区地方裁判所、覚書、命令および判決、2005 年 3 月 10 日、66 ページ。

[16] 同上、11 ページ。

[17] 同上、17 ページ。

[18] 同上、184 ページ。

[19] 同上、186 ページ。

[20] 同上、24 ページ。

[21] 同上、41-42 ページ。

[22] 同上、18 ページ。

[23] ベトナム・エージェントオレンジ被害者協会他、請願者ダウ・ケミカル社他、アメリカ高等裁判所移送礼状に対する請願、No.08-470、6 ページ、22 ページ。

[24] 背景については次の文献を参照。

Professor Christian Förster, "The Korean Case: Product Liability Approach to Compensation for Damage Caused by Agent Orange", Heidelberg University; paper presented at the conference on "Toxic Legacies: Agent Orange as a Challenge", Rachel Carson Center, Ludwig Maximillian University, Munich; Evangelische Academie Tutzing, June 29, 2015.

[25] 「塩素挫創は、エージェントオレンジの汚染物質である TCDD あるいはダイオキシンへの曝露という十分に確立された長期にわたる影響によるものである」、アメリカ退役軍人省、公衆衛生、「クロロアクネ」、http://www.publichealth.va.gov/exposures/agentorange/conditions/chloracne.asp，2017 年 12 月 17 日参照。

[26] "South Korea court Orders US Firms to Pay UP over Agent Orange", Fox News World, July 12, 2013, http://www.foxnews.com/world/2013/07/12/s-korea-court-orders-us-firms- to-pay-up-over-agentorange.html.

10章

エージェントオレンジをめぐる2国間
関係は時間とともにどのように変化し、
今日の状況はどうなっているのか

アメリカによるベトナムでのエージェントオレンジの大量撒布は歴史的な過ちであり、その後に続いた疾病と障がいという負の遺産は両国にとって災厄となった。1995年に外交関係が確立された後でさえも、2006年に大きな進展を見せるまで、両国政府はエージェントオレンジについて何をすべきかについて合意することができなかった。ベトナム側の意向とアメリカ大使館の主導により、アメリカ議会とフォード財団は進展をもたらした。両国は2つの旧米軍基地でダイオキシンを浄化するための強い協力関係を発展させたのである。アメリカ議会は、撒布された省で生活している最も重度の障がいを持つ人々に健康および障がいへの支援が届くよう指示した。2007年以降のこうしたアメリカの行動により、ベトナムとの関係が全面的に著しく強化された。

ベトナム戦争中のアメリカによるベトナムでの除草剤の使用は、アメリカの歴史的な過ちであり、その後長く続いた疾病と障がいという負の遺産は両国にとって災厄であった。アメリカとベトナムがこの問題についての対話が全くない状況から、限られたものながら協議に移り、エージェントオレンジの負の遺産である旧アメリカ軍基地のダイオキシン残留物の浄化作業を共同で行うことになるのに数十年の時を要した。エージェントオレンジに含まれたダイオキシンへの直接的・間接的曝露により、ベトナム人が健康不良および障がいを世代を超えて継承し、苦しんでいることに対しては、アメリカの支援にあまり進展は見られない。障がい者に対するアメリカの支援は、これまで「原因のいかんを問わず」提供されている。したがってそこには、ベトナム人がエージェントオレンジの被害者とみなす人々に手を差し伸べるために必要とされる、鋭敏な視点が欠けている。ワシントンで承認された2015年歳出予算法によって、ベトナムに対するアメリカの公的な障がい者支援に関する視点がより明確になった。歳出予算法は、大量に撒布された地域のプロジェクトやプログラムにこれ以降資金が提供され、これらの地域内で重度の

身体的および精神的障がいを持つ人々に支援が届けられるよう明記している。

　樹木その他の植生以外へのエージェントオレンジの影響が明らかになるまでに数十年を要した。アメリカのベトナムへの貿易禁止措置は1975年から95年まで20年間続いた。この間、両政府の間に外交関係はなく、したがって公式の接触はほとんどなかった。エージェントオレンジの負の遺産に対する行動はベトナムとアメリカでまったく別の道を辿ることとなった。

　レ・カオ・ダイ博士はハノイの外科医であり、第2次世界大戦後のフランス植民地主義に抵抗するベトナム抗仏戦争の際の軍医だった。ベトナム戦争中、北ベトナム軍の兵士たちを治療するために、彼は南ベトナムの中央高地にある野戦病院を指揮した。1966〜1974年に、アメリカ軍の航空機がエージェントオレンジを撒布して北ベトナム軍を覆い隠していた森林を枯らすたびに、ダイ博士の病院は移転を余儀なくされた。ダイ博士およびその地域の全員が、エージェントオレンジが樹木を落葉させることを目の当たりにしたが、除草剤がダイオキシンで汚染されていることを知る由もなく、ダイオキシン曝露の健康への影響を予測することもできなかった。1970年代初頭までに、ダイ博士をはじめとするベトナム人の医師たちは異常な病気に苦しむ兵士を診るようになった。彼らはまた、兵士の子どもたちの間に多数の流産、早産、先天性欠損症が生じていることに気がついた。1980年10月、ベトナム政府は保健省に10-80委員会を設置し、ホアン・ディン・カウ博士を委員長、ダイ博士を副委員長とした。続く15年にわたり、10-80委員会はエージェントオレンジの負の遺産を理解し、対応するための取り組みを主導した。

　早い段階で貢献したのはベトナムの科学者たちであった。戦争終結前に、ベトナム国家大学ハノイ校の生物学者であるヴォー・クイ教授は、除草剤撒布が南ベトナム高地の森林と野生生物に与えた被害を調査し、ハノイの政府に報告した。戦後、著名な外科医トン・タット・トゥ

198

ン教授は、南ベトナムに行った兵士と行かなかった兵士の病歴を比較した。彼は、南に行った兵士の子どもたちにがんと先天性欠損症の発生率が劇的に増加していることを発見した。

アメリカの側では、1980年代初頭に、ベトナム戦争の退役軍人ボビー・ミュラーがアメリカのベトナム退役軍人の代弁者として登場した。ベトナム戦争退役軍人会の会長としてミュラーは、エージェントオレンジへの曝露が非常に多くの退役軍人が抱えている著しい健康不良の原因ではないかという懸念が退役軍人たちの間で増している、と表明した。ミュラーが後に示したように、「これは問題でした。人々は若くして死に直面していました。…健康への影響は精神的な打撃となりました」。アメリカ当局は、どの部隊が曝露したのか特定できなかったため、曝露の影響を示すことは不可能だと述べた。ミュラーは反論した。「まあ、よろしいでしょう。しかし、ベトナムはこのようなものが使用された場所です。疑問の余地はありません。人々はそこに住んでいました。そこが実験室なのです。曝露したことを私たちが認識しているベトナム人たちの成り行きを見れば、そこから私たちが辿った経過について知ることになるでしょう」とミュラーは結論づけた。「ベトナム戦争退役軍人の責任者として、実際に戦った者たちほどベトナムを語るのに適した立場にある者はいません。戦争を戦い、代償を払った私たちよりも、政治家たちは先を行くものではありません。」[1] 原注

この結果、ミュラーは1982年にハノイまでアメリカ退役軍人の小さな集団を引き連れ、そこでトゥン博士に会った。トゥン博士は彼らに次のように述べた。「ベトナムは工業化されておらず、汚染物質や毒物を伴う主要な製造業がないので、先天性欠損症とがんの劇的な増加の原因については理解できません。枯れ葉剤が撒布された地域において、従軍した者たちに見られる先天性欠損症や疾病のこれほどの劇的な増加については説明がつきません。私たちはあなたたちと協力して、できる限りのことをいたします。」[2]

　1968 ～ 1970 年に、エルモ・R・ズムウォルト・ジュニア提督はアメリカ海軍を指揮して、南ベトナムの海岸、港湾、河川を巡視した。彼は、水路に沿った植生を枯らすことによって待ち伏せ攻撃を減らす目的で、メコンデルタ地域にエージェントオレンジの撒布を命じた。1969 ～ 1970 年にベトナムで従軍した提督の息子の大尉エルモ・ズムウォルト 3 世は、川を巡視する海軍軍船のうちの 1 隻を指揮した。1977 年、エルモ 3 世の息子エルモ 4 世は、重度の学習障がいを持って生まれた。6 年後、エルモ 3 世はがんと診断され、これが原因となって 1988 年に 42 歳で死亡した。ズムウォルト提督と彼の息子は、息子のがんと 4 世の学習障がいの原因がエージェントオレンジであると考えた[3]。

　1990 年、ズムウォルト提督はダイオキシンへの曝露と 25 種類のがんとを関連づける調査を行った。その調査結果は、何の相関関係も示さなかった退役軍人省による初期の評価と矛盾していた。アメリカ議会は 1991 年に医学研究所内に独立した科学審査委員会を設立し、それ以後、ダイオキシンへの曝露に関連づけられる 17 種類のがんとその他の病気を特定した。ズムウォルトと彼の年少の息子ジェームズ・ズムウォルトは、1994 年に民間人としてハノイを訪れた。ジェームズ・ズムウォルトは父親について次のように述べている。

　　彼は 2 つの政府を連携させることが重要であることに気づきました。だから彼はアメリカ政府とベトナム政府にエージェントオレンジ問題の研究を行わせる目的でそこに赴いたのです。
　　ベトナム人はこの問題をどのように処理したいのか、まだ決めかねていました。アメリカ政府はこの研究を行うことについて、アメリカ側に関心があるということを示す努力をしませんでした。この旅はすべて善意に基づくものでしたが、私たちが期待していたような進展はありませんでした。[4]

　しかしながら、この問題はアメリカで進展を見せた。1996年5月、ビル・クリントン大統領がエージェントオレンジのアメリカ退役軍人への影響に関する記者会見を行ったのである。ズムウォルト提督が出席していたこの席で大統領は、アメリカが「ベトナムにおいてエージェントオレンジに曝露したことで意図せず息子たちや娘たちにもたらした苦しみを和らげるため、さらなる措置を講じます」と発表した。クリントンは続けて言った。「20年以上にわたり、ベトナム戦争退役軍人たちは、彼らが戦場を離れるはるか前にエージェントオレンジへの曝露が彼らを傷つけ、命を奪い、子どもたちにさえ影響を与えてきた、と主張しました。しかし、長年政府は耳を傾けることがありませんでした。…私たちが今日歩んでいる重要な1歩をもって、アメリカが耳を傾け行動できることを私たちは示しているのです。」そして大統領は次のように発表した。「退役軍人はエージェントオレンジへの曝露に基づく障がいに対する補償を受ける資格があります。また、私たち政府は先天性二分脊椎に苦しんでいる退役軍人の子どもたちの要望に応えるための法案を発議します。これは、アメリカ軍兵士の子孫が戦闘に関連した健康問題のために恩恵を受ける初めての出来事です。」[5]

　ベトナムにおけるエージェントオレンジの負の遺産それ自体について、アメリカ政府が真剣に取り組むことになったのは、それから10年以上を経た2007年のことであった。ル・ヴァン・バン元大使によると、1986〜1994年の間、「ベトナムとアメリカの関係が非常に難しかったため、戦闘中行方不明となった兵士および捕虜の問題以外は何も話すことができませんでした」[6]。1989年、グエン・コ・タック外相は、ベトナムの人道問題について話し合うために別のチームを結成し、ル・ヴァン・バンをベトナム側代表に任命するようアメリカに求めた。このチームは、地方に住む負傷した退役軍人その他の人々のために義肢を提供することを求めた。バンは次のように回想した。「それは、アメリカが私たちを支援することができる最も得意な分野でした。そして他の問題、

すなわちエージェントオレンジまたはその被害者について話すと、アメリカは聞く耳を持ちませんでした。『いやいや、それについては話したくありません。その話をするというのならば、私たちは席から立ち去ることになるでしょう。』…彼らは皆、それがアメリカ政府、当時の政権の政策であると言いました。」[7]

　ベトナム人はアメリカ当局と協働し続けながら、アメリカの非政府組織にも連絡を取り、ベトナムでの支援を開始するよう呼びかけた。アメリカの主要な慈善団体であるフォード財団は 1991 年にこのような呼びかけに応えて、バンコク事務所から国際関係、社会科学研究および女性研究に少額の助成金を捻出し始めた。1993 年、当時フォード財団の副会長であったスーザン・V・ベレスフォードはこれらの分野のさらなる要望について学ぶため、当局関係者や科学者たちに会いにハノイを訪問した。彼女の公式スケジュールの最後に、主催者側は彼女に病院に立ち寄るつもりがあるかどうか尋ねた。フォード財団は健康管理業務を支援してはいなかったのだが、彼女は同意した。そこで彼女は先天性欠損症の証拠を示され、当局関係者はエージェントオレンジの問題への財団の支援を望んでいることを伝えた。ベレスフォードは、それについて財団は検討するであろう、と答えた。フォード財団はベトナムでの助成金の準備を進め、3 年後にハノイに駐在員事務所を開設した。新たな代表者であるチャールズ・ベイリーにベレスフォードは、財団がどのように有益な方法でエージェントオレンジに関与していくべきか、注意深く見守るよう提案した。

　1993 年、ヴー・コアン副外務大臣は、フォード財団が資金を提供した研修旅行で初めてアメリカを訪問した。彼は後に、「あの旅こそ、私がアメリカを知るようになったきっかけでした」と述べた。1995 年、彼はアメリカとの関係を任されるに至った。2015 年に彼は次のように述べた。

正直に申しますと、当時は、アメリカとベトナムの関係が今日のようにまで発展するとは想像できませんでした。2国間貿易協定が調印されたとき、両国間の貿易額は7億8000万ドルでしたが、今では400億ドルにまでなりました——このように大きな飛躍、それを想像できませんでした。なぜそんなにも［急速に］と誰もが尋ねました。歴史に話を戻しましょう。

　誰もが知っているように、両国の関係は非常に不幸な歴史を経て、両国に痛みをもたらし、戦争中に両国の多くの子どもたちが命を失い、本来良好であるべき関係を損ない、［そして］地域に複雑な問題を引き起こしました。なぜでしょうか。私は率直に申し上げたい。それはアメリカが誤ったシグナルを受け取ったためかもしれません。…第2次世界大戦中、ホーチミン国家主席とヴォー・グエン・ザップ将軍は、アメリカと友人になるという確固とした姿勢を示していました。8月革命が成功し、新たなベトナム国家が誕生して、ホーチミンはアメリカ大統領と国務長官に14回も書簡を送りました。その一方で、彼はスターリンには2回しか書簡を送っていません。しかし、アメリカから肯定的な反応を得ることはありませんでした。これはアメリカの最初の過ちであり、後に続く一連の過ちに道を開くことになりました。1945年以降の歴史は言うまでもありません。多くの機会が失われました。不幸な出来事によって両国の関係史は数十年にわたり失われてしまいました。

　起きてしまったことは不合理でしたが、関係正常化は合理的です。正しい軌道に乗ると、両国の関係は急速に発展しました。アメリカもまたアジア太平洋の国であり、［そしてその］貿易とビジネスはアジア太平洋地域において大きな割合を占めています。アメリカが太平洋戦争に参戦したのは偶然ではありません。アメリカはこの地域に利害を有しており、第2次世界大戦中のアメリカへの現実的な脅威がこの地域に由来したからなのです。したがって、この地域

にはアメリカが避けて通ることができない利害が存在するのです。

　ベトナムは、この地域で地理経済学的および地政学的に重要な位置にあります。私がベトナム人だからそう言っているのではありません。地図を見れば一目瞭然でしょう。——この地域における数々の紛争がベトナムに関係してきたという事実は、ベトナムが重要な位置にあることを示しています。第 2 次世界大戦では、日本人がやって来ました。フランス人はここで 9 年間戦争をしました。[アメリカ人の] 戦争は 10 年に及び、後には他の民族の戦争もここで起こりました。私たちの苦しみ自体が私たちの重要な役割を物語っているのです。

　経済面で言えば、ベトナムは重要な役割を持たない貧しい国ですが、将来的にはこの地域の発展にとってベトナムは絶対的に重要な目的地となり、相互の利益が邂逅するでしょう。私たちは利益を共有することができます。もちろん誰の利益にも反することのない、発展のためにです。これは急速な発展のための鍵です。第 2 に、私たちは世界で最も戦争に苦しんできました。ヨーロッパのある国とベトナムを除いて、30 年戦争を経験した国は他にはありません[8]。ですから、貧困から抜け出したいという私たちの国の願望はとても強いのです。発展するためには、環境と協力者が本当に必要です。最も重要な協力者の 1 つがアメリカそのものなのです。[9]

　北部のベトナム当局の人々は、戦時中のエージェントオレンジの撒布についてよく認識してはいたが、戦争終結後に彼らは他の多くの課題に直面し、政府はこの問題について研究するための資源と能力を持ち合わせていなかった。しかし、より多くの情報を収集するにつれて、ベトナムの人々は次第にその深刻さを実感するようになった。彼らはまた、正常化の過程においてもそれを実感し、コアンは次のように付け加えた。「私たちは、地域的、政治的、そして経済的な諸関係において、数多く

の大きな戦略的問題を抱えていました。最初に私たちは関係正常化という大きな問題に焦点を合わせました。その進行を妨げるようなことはしたくありませんでした。」[10]

　正常化は前進した。1994年2月3日、ビル・クリントン大統領はベトナムに対する貿易禁止を解除し、1995年1月25日、ベトナムとアメリカは、互いの国民からの「国有化、土地の収用、土地の取得から生ずる、または財産、権利、および利益に反するその他の手段から生ずる」[11] 2国および2国民のすべての主張について解決する協定に署名した。1995年7月11日、クリントン大統領はアメリカがベトナムと大使級の関係を確立すると発表した。この結果、1997年4月、元ベトナム戦争捕虜で下院議員のピート・ピーターソンがベトナム駐在のアメリカ大使に就任した。

　1997年10月、現在のアメリカ駐在ベトナム大使であるル・ヴァン・バンはグエン・マイン・カム外相に同行し、マデレーン・オルブライト国務長官と面会した。カムは、このときこそがエージェントオレンジについて話すときだと考えた。しかし彼らは、国務省のメッセージが「我々はそれについて話すことはなく、ベトナムとアメリカのいずれも今日の議論でこの問題について話すことはなかったと報道機関に伝える」[12] ことであるのを即座に知ることになった。1990年代後半にハノイに派遣されたアメリカの外交官たちは、「エージェントオレンジ」という言葉を決して使用しないよう指示されていた[13]。

　ベトナムは、他の面で2国間関係を前進させることができなければ、エージェントオレンジについてアメリカと話すことはできないと結論づけた。それにもかかわらず、ベトナムは首脳レベルの公式会議でこの問題を提起し続けた。実際、1998年10月にはチャン・ハイン国防副大臣がアメリカ訪問中にウィリアム・コーエン国防長官へ、1999年9月にはニュージーランドで開催されたアジア太平洋首脳会議でファン・ヴァン・カイ首相がクリントン大統領へ、そして2000年3月にはグエ

ン・ディ・ニエン外務大臣がピーターソン大使へ、というように。前国防総省東南アジア局長のルイス・M・スターンは次のように述べている。「戦争の傷を癒すための、より大胆で大規模かつ政府中枢による努力を最優先すべきとするベトナム側の主張があります。これに対するアメリカ政府の応答として、実際上予算的に困難があること、潜在的、政治的に甚大な結末を招くこと、そして、ベトナムが指し示す方向へ向かうには合理的かつ組織的な障害があることを強調しました。」[14]

2000 年 4 月、当時ベトナムのフォード財団代表であったチャールズ・ベイリーは、ベトナム赤十字社からの要請に応じ、赤十字社エージェントオレンジ被害者基金に 15 万ドルを資金提供した。ベイリーは内部メモに次のように書き残した。この行動は「資金の実際の価値のみならず、さらに重要なことは、障がい者への理解を示した点、そして財団の寄付が他の支援者に激励を与えたという点で、ベトナム人に高く評価されるでしょう。ベトナム赤十字社は、アメリカ赤十字社が今年は基金へ 35 万ドルの寄付を計画しており、さらに今後 2 年間で 100 万ドルを追加する計画である、と報告しています。これらの寄付もまた、ベトナムとアメリカの関係において、積極的かつ建設的な行動が特に必要とされ、時宜にかなうものです」[15]。

2000 年 11 月、ビル・クリントン大統領はベトナムを訪問した。彼は、エージェントオレンジ問題を提起したベトナム共産党書記長レ・カ・ヒエウに会った。アメリカ大統領はアメリカ赤十字社の職権会長であり、クリントンはその立場でベトナム赤十字社の会長であるグエン・チョン・ニャン教授との会談に赴いた。会談前、ニャン教授はクリントンにあてた書簡でこの問題を提示した。

　　ベトナムにはエージェントオレンジ被害者が数多く存在しています。その数はおよそ 100 万人と推定されています。彼らは悲惨な生活を送っています。ダイオキシンの影響が孫の世代にまで被害を与

えていることはきわめて不安にさせるものです。…大統領閣下、私
は提案します。ベトナムとの正常な関係を回復させるというあなた
の…公約を受けて、ベトナム赤十字社が物質的および心理的支援の
両面でエージェントオレンジ被害者の窮状に対処するのを支援す
る、という人道的措置をアメリカが講じますように。さらに、ベト
ナムの地元住民の被害を軽減する目的で、ダイオキシンに侵された
地域の環境を修復するために、アメリカ政府はベトナムと協力する
ことを検討していただきたい。［さらに］私はこの問題に関する科
学的研究を両国間で推進し、将来の世代への遺伝的影響を防ぐため、
エージェントオレンジによって引き起こされた病気を特定し治療す
るため、他国の専門家も含めることも推奨します。[16]

　クリントンは2か月半後に返信した。「ベトナム人のエージェントオ
レンジ被害者について、あなたの考えを示した感動的な書簡に感謝しま
す。彼らが直面する医学的および心理的困難に関する多くの懸念を共有
し、両国間の科学研究および共同での人道的努力の必要性に同意しま
す。」[17] しかし、クリントンはもはや大統領ではなくなっており、アメ
リカ赤十字社が先んじていた。3年間で135万ドルの助成金が終了した
とき、ベトナム赤十字社はエージェントオレンジ基金へのさらなる支援
を断ったのである。ベイリーはフォード財団とアメリカ赤十字社の助成
金の経験から学んだ。エージェントオレンジの人的影響に対応するには、
フォード財団が所有するよりもはるかに大きな財源が必要である一方、
他の支援者からの支援拡大は容易なことではない、ということを。
　アメリカは、ダイオキシンへの曝露と健康障がいおよび先天性欠損
症とを関連づける信頼できる科学的証拠はないという立場を維持し続
けたが、2000年11月にシンガポールでこの問題を検討する科学者会議
を開催することに同意した。会議には、科学技術環境省の副大臣であ
り33委員会の副委員長であったファム・コイ・グエンが19人のベトナ

ム代表団を率いて参加した。他方、アメリカ国立環境衛生科学研究所（National Institute of Environmental Health Sciences, NIEHS）所長のケネス・オールデン博士は 16 人のアメリカ代表団を率いた。ベトナム側は、調査研究、エージェントオレンジ被害者への支援、被害者のための治療施設、そして重度に汚染された地域におけるダイオキシン浄化の提案を行った。アメリカ側は、この会議は科学的な協力について助言するためだけのものであり、他の問題に対処する権限は与えられていないと述べた。その結果、会議は行き詰まり、双方ともに議事録を含むいかなる文書にも署名ができなかった。エージェントオレンジに関する両国政府の最初の公式会議は失敗に終わり、双方が歩み寄ることはなかった。

　しかしながら議論は継続され、2001 年 7 月アメリカ大使のピート・ピーターソンはベトナム・ニュース紙に次のように語った。「アメリカは長い間、健康上の問題を引き起こすと主張されているエージェントオレンジの一成分であるダイオキシンによる環境と健康への影響に関する十分根拠のある理解を得ようと、ベトナムとの徹底的な共同科学研究に携わることを提案してきました。」[18]

　2002 年 3 月、両国は再び会談を行った。今度は、ハノイの大宇ホテルにおける、エージェントオレンジ／ダイオキシンの人間の健康と環境への影響に関する科学会議であった。およそ 120 人のアメリカ人およびその他の外国人科学者が 32 本の論文とポスター形式で 27 本の報告を発表した。ベトナム人の参加者には 280 人の科学者やいくつかの政府機関の代表者が含まれており、ベトナム人科学者は 30 本の論文とポスター形式で 7 本の報告を発表した。その題材は幅広いものであり、ダイオキシンの環境への影響測定方法、浄化技術、危害低減の手段、リプロダクティブヘルスへのダイオキシンの影響、がんその他の人間の生物学的変化とダイオキシンとの関連性などであった。いくつかの論文、特に健康への影響に関する論文には、相互に異なる、さらには矛盾した結論に達したものさえあった。

　ベトナム環境庁長官と 33 委員会委員長の両方を務めるグエン・ゴック・シン博士と、NIEHS の所外研究訓練局局長であるアン・P・サッサマン博士が、それぞれの公式代表団を率いた。両代表団は会議の後に会合を開き、翌年にかけて 3 つの協力分野について合意した。すなわち、撒布された地域と撒布されていない地域におけるベトナム人女性に発生する先天性欠損症を比較する疫学研究、科学技術問題について毎年協議する 2 国間技術委員会（のちに合同諮問委員会または JAC として知られるようになる）、そしてベトナム科学技術院（Vietnam Academy of Science and Technology, VAST）による土壌および堆積物中のダイオキシン測定に関する技術協力である。

　ニューヨーク州立大学オールバニー校とハノイ医科大学は疫学研究を共同で実施することになっていた。しかし、アメリカ・ベトナム両者はその計画と運営について同意することができず、この研究は 2005 年 3 月に NIEHS によって中止された。この失敗を巡って双方が相手を非難した。オールバニー校健康環境研究所所長で、この研究計画に携わったデビッド・カーペンターは、両国が受け入れ難かったのは次の理由だと思うと後に述べた。「アメリカ当局は、先天性欠損症をダイオキシンと関連づけた場合に賠償に法的な責任が生じることを憂慮しました。［そして］ベトナム側は、その関連づけを行わないと先天性欠損症についてアメリカを非難する宣伝効果を失うことを憂慮したのです。」[19] 2002 年に合意された JAC は、ようやく 4 年後の 2006 年 6 月に初めて会合を開いた。会議での 3 番目の提案は、議論となることが最も少ない分野だった。ダナン空港で土壌中のダイオキシンを測定するための技術的能力を開発するという提案である。しかし、この計画は 2004 年に実施が始まり、アメリカ環境保護庁、VAST、ベトナム国防省の間で結実した実り多い協働であることが証明された。

　だが、人間に対するダイオキシン曝露の影響に関するベトナム・アメリカ共同研究が不可能であったとしても、これには別の進展方法があっ

た。戦時中のエージェントオレンジの使用を原因とする土壌に残存したダイオキシン濃度に関するベトナムとカナダの共同研究である。この研究は事業を拡大し、ベトナム保健省 10-80 委員会とカナダ・バンクーバーのハットフィールド・コンサルタンツ社が、1994 年から 99 年にかけてベトナム中部の遠隔地の谷間にあるアールオイ県でエージェントオレンジ集中撒布の影響を測定したものである[20]。アールオイでの 10-80 委員会とハットフィールド・コンサルタンツ社の共同研究は、ベトナムの残留ダイオキシンに関する最初の包括的な長期研究で、国際的な査読付き科学雑誌に掲載された[21]。この先駆的な研究によってダイオキシンのホットスポット仮説の基礎が築かれた。すなわち、ベトナムの旧アメリカ軍基地における残留ダイオキシンの存在および状況について、アメリカ・ベトナム両国の注意を喚起する根拠に基づく概念が築かれたのである。

　2000 年代初頭、ホットスポット仮説がエージェントオレンジの問題を前進させるための最善の方法を提供した。それは本質的に科学的であり、技術的に実施できるものであり、感情や論争の余地のないものであった。カナダにおいて魚、血液、母乳のサンプルだけでなく土壌、池の堆積物のサンプルも検査し、その結果を査読付き国際科学雑誌に発表すると、国際的な科学コミュニティにおいて存在感と信頼性の両方が得られ、その結果を無視することは難しくなった。このようにして行われたホットスポットに関する研究は、無知と恐怖を知識と行動に転換し、そして最も重要なこととして、アメリカ政府を引き込むことができる可能性を示唆していた。

　2002 年春、チャールズ・ベイリーは 10-80 委員会の新委員長チャン・マイン・フン博士に次のように書き送った。「私たちは、フォード財団から支援を得るため、公式提案の準備をするよう 10-80 委員会に勧めたいと考えています。…10-80 委員会に直接助成金を提供し、委員会がすべての助成金を責任をもって管理します。…私たちはこの助成金案が

『ホットスポット』の優先順位リストを作成するよい機会と考えています。」[22] それに応えて、10-80 委員会は次のような一連の目的のための助成基金を要請した。ベトナム軍およびアメリカ軍の公文書にある記録の徹底的な調査を通じて、潜在的にダイオキシンに汚染されている地域の暫定リストを作成すること。子どもと妊婦の潜在的なリスクに特に注意を払い、そのリストに優先順位をつける基準を設定すること。ダイオキシンの存在について優先順位がつけられた各地から、土壌と池の堆積物のサンプルを収集し検査すること。さらなる検査が必要で保証されるべき地域がどこであるかを見つけ出すこと。そして、汚染土壌への曝露からリスクの高い集団を最小限に抑える、もしくは完全に保護することである。この結果、2002 年 9 月 5 日、フォード財団はこのプロジェクトのために委員会に対する 24 万 3000 ドルの助成金を承認した[23]。チャン・マイン・フン博士と委員会の彼の同僚、トーマス・ボイビン会長、ハットフィールド・コンサルタンツ社の主任研究員ウェイン・ドウェニーチュク博士が仕事に取りかかった。ベトナムのダイオキシン・ホットスポットの研究には 3 年の月日がかかった。

　2003 年 6 月、アメリカ国務副長官のリチャード・アーミテージはベトナム外務大臣のグエン・ディン・ビンと会談し、ベトナムにおけるダイオキシン浄化へのアメリカの支援に関するベトナムの提案を認めた。2004 年 4 月、ルイス・M・スターンは、ベトナム軍のアメリカ駐在武官であるグエン・ゴック・ザオ大佐に書簡を送った。この書簡でスターンはザオに、1995 年にアメリカとベトナムは戦争に関連するすべての公的私的請求を解決し、エージェントオレンジに関連したとされる損害についてアメリカが責任を負わないことに同意した、ということを思い起こさせた。彼は付け加えて、アメリカの法律によって国防総省がダイオキシンの除染に参加することは禁じられている、と記した。しかし、国防総省は撒布計画の記録へのアクセスをベトナムに許可し、浄化技術に関する情報を提供し、アメリカにおけるダイオキシン汚染管理に関す

る同省の経験を共有することができた[24]。

　したがって、2003 〜 2004 年に両政府の当局者はエージェントオレンジについて話し合いを続けていたが、ベトナム側は話し合いを通じて支援を求め続ける一方、アメリカ側の対応は（環境保護庁から）ダイオキシン測定のための技術協力、および（国防総省から）ランチハンド作戦に関する公式記録文書の保証に応じる、といった程度の限られたものにすぎなかった。2003 年初頭、当時外務副大臣だったレ・ヴァン・バンは全体的な 2 国間関係の進み具合が鈍化していると感じた。そこで彼は、2 国間関係の未来に関する会議をワシントンで開催することを提案し、フォード財団に資金提供を求めた。この会議は両国の当局者だけでなく、ベトナム系アメリカ人およびビジネス界、NGO、大学の指導者たちを含むよう構成された。テーマは、貿易と投資からエージェントオレンジを含む戦争の遺産にまで及ぶものであった。この会議は、その後 10 年間にエージェントオレンジ問題への対応を継続的に発展させる上で重要な貢献となる 2 つの要素を予兆させるものであった。すなわち、エージェントオレンジに関する 2 国間協議に第 3 者、とりわけ NGO の参加をもたらしたこと、そして、ベトナムとの長期的な関係を保証するためには、アメリカがこの戦争の負の遺産について合意に達する必要があると認識すること、の 2 つである。

　2006 年初頭、両国の態度の違いは依然として明らかだった。アールオイ県の地元のある指導者は次のように述べた。「誰がそれをしたかは気にしませんが、誰かがそれをしました。どの国からか知りませんが、彼らは今生きている人々を助けるべきです。」[25] VAVA は、3 月の公聴会で「エージェントオレンジ／ダイオキシンの被害者とその家族は、社会の中で最も貧しく、最も不幸な人々です。何千人もの被害者が、自分自身とその家族のための当然の報いを得ることなく亡くなりました」[26]と述べた。33 委員会事務局長で政府の代弁者でもあるレ・ケ・ソン博士は次のように述べた。「『有毒化学物質』または『化学戦争』という用

語は、公衆の前や裁判所ではずっと使わないようにされてきました。他の場と同様に、除草剤や枯れ葉剤という言葉を使うことだけが許されています。『有害化学物質』および『化学戦争』という用語は、（それに）含まれるこれらの物質を製造した化学会社が関与しているため『微妙』な言葉であると考えられています。」[27] そして、ベトナム駐在アメリカ大使のマイケル・W・マリーンは次のように述べた。「両国ともにこれをうまく処理できていません…私たちは動きが取れなくなっています。アメリカには道徳的責任がありますが、おそらく法的な責任はないと思われます。」[28]

　それにもかかわらず、2006年はエージェントオレンジという厄介な問題の転換点であることが証明された。アメリカ政府側では、マイケル・W・マリーン大使とアメリカ上院職員のティム・リーザーが、この潮目をもたらす上で指導的な役割を果たした。

　2月、10-80委員会とハットフィールド・コンサルタンツ社は潜在的なダイオキシン・ホットスポットのすべてを特定し、その毒性の可能性を定量化した3年間の調査結果を発表した。これらの調査結果から、ベトナムはアメリカと真っ向からこの問題に取り組む決意を強めた。一方、その結果、残留エージェントオレンジの環境面の課題の大きさと、そしてそれを浄化するために必要とされるものに関する具体的かつ包括的な情報が初めてアメリカにもたらされた。アメリカ大使館は、環境、科学、技術、保健の担当官という新しい役職を追加し[29]、環境保護庁からベトナム語を話す専門家を招いて[30]、国防省の技術スタッフと定期的な協働関係を確立した。

　合同諮問委員会（JAC）は2006年6月に最初の会議を開催した[31]。しかし議事録では、「たとえばホットスポットの浄化や、エージェントオレンジ／ダイオキシンの影響を受けた人々への人道支援、およびリハビリテーションのための財政支援などを含めた、さらなる要望がいくつかの地域で強調された。これらは合同諮問委員会の活動の範囲外である

とみなされたが、記録のためにここに記す」[32] とされた。アメリカ側が「政策課題」と呼んでいるものをより広く考慮することと、技術的な助言と情報の共有だけに焦点をより狭く絞ること、これらの対立関係はJAC の 8 年間を通してずっと続いた。一方で、毎年開催される JAC の会議には、何かしら新たなものがあった。それは、エージェントオレンジに関して、アメリカとベトナムがお互いにどのようにアプローチするかの新機軸であった。JAC は両国が共同で取り組んでいる問題の進捗状況を定期的に評価する意見交換の場となった。これに、ダナン空港の浄化を主導する両国の指揮責任者（33 委員会、国防省および請負業者の技術スタッフ）、浄化を支援する他の国々（チェコ共和国およびニュージーランド）、ベトナムの障がい者を支援するプロジェクトの NGO 指導者、およびその他の支援者（フォード財団）が加わった。マイケル・W・マリーンをはじめとするアメリカ大使およびベトナム天然資源環境省副大臣がそれぞれ会議を開催し、それを記者会見で締めくくった。エージェントオレンジ／ダイオキシンに関連するすべての問題が JAC で提起され議論されることが一般的になったが、これが必ずしもダイオキシンのベトナム人への影響問題に関する行動につながる、ということを意味するものではなかった。

　2015 年を振り返り、マリーンは 2004 年 9 月にハノイに到着したときのことを次のように回想した。

　　私はエージェントオレンジ問題をなぜもっと前進させなかったのかという理由を知りたかったのです。私の見解では、理由の 1 つに、アメリカ側にエージェントオレンジに実際に真剣に取り組むという参加意識が不足していました。［大使館の］スタッフほぼ全員が…それを現実の問題だと考えてはいました。［それに］私たちが対処しようとすると、管理や制御ができない状況に陥りました。よい結果は得られませんでした。…さまざまな機関のアメリカ人担当者と

の話し合いで、彼らに見られた基本的な態度は、これは彼らが本当は扱いたくない問題であり、これに触れたがらなかったということです。あまりにも難しい問題だからです。誰も実際にそれを放っておけと私に言ったわけではありませんが、基本的な態度は、これに時間を費やしたいとは思わない、ということでした。

　この問題をより注意深く見れば見るほど、そしてベトナムの関係者やその他の人々と話をすればするほど、チャールズ・ベイリーはこれについてさらに努力するよう私にやる気を起こさせてくれましたが、私は現状を受け入れるつもりはなく、この問題についてもっと良い方策を試みようと心に決めました。…そこで私のとった行動は、前向きなことをなし遂げ、両国間の集団的な努力に集中することでした。…［さらに］この問題で公的に使用されていた用語や言葉の一部を変更する必要がありました。アメリカ国民とその代表である議会にこの問題と向き合い対処して欲しいのであれば、彼らの頭を叩き続けることはできません。なすべき正しいことであって、正しい方向への前向きな1歩であると、彼らに思わせる方法を見つけなければなりません。[33]

　2006年に引き続き起きた出来事により、エージェントオレンジに関して将来の発展のための準備が整った。フォード財団は助成を強化し、チャールズ・ベイリーはダナン市とクアンガイ省におけるプロジェクトへの支援を強化した。この結果、障がい者へのサービスを増大させる費用対効果の高い方法を示し、深刻な影響を受けた他の地域の障がい者に関する調査を実施し、ビエンホア空港周辺に住む人々のために安全な食品に関する公衆衛生のメッセージを届け、さらに2006年にオスロで開催されたハロゲン化残留性有機汚染物質国際シンポジウムの年次総会にベトナム人科学者を派遣した[34]。9月、フォード財団は33委員会に46万2800ドルの資金を提供し、ダナン空港におけるダイオキシン残

留物の詳細な評価と、ダイオキシンが空港周辺の居住地域に撒布された
と思われる経路の査定、そしてさらなる拡散を阻止するための構造物の
設計を行った。アメリカ大使館は 40 万ドルを寄付し[35]、アメリカ環境
保護庁は継続的な技術支援を行った。ダナン空港でのダイオキシンの状
態がより明らかになるにつれて、財団はさらに 78 万 9800 ドルを提供し、
最も汚染度の高い地域および雨水の排水、ろ過システムにコンクリー
トキャップを取りつけた。33 委員会と国防省はプロジェクトを実行し、
2008 年 1 月までに戦時中のダイオキシンはダナン市の公衆衛生上の脅
威ではなくなった。ハノイのアメリカ大使館は、ダナン市の環境修復の
ため国務省から可能な資金を工面したが、明らかに追加資金が必要とさ
れるであろうということで、アメリカ政府内の他のどこかから調達す
る必要があった。偶然にも、ベトナムは 11 月にアジア太平洋経済協力
（APEC）の首脳たちによる年次会議を主催していたことから、ジョー
ジ・W・ブッシュ大統領がハノイを訪れることになった。

　アメリカの報道機関およびアメリカ議会は、ベトナムおよび 2 国間関
係の状況への関心を高めた。ブッシュ大統領訪問の 10 日前、ワシント
ンポスト紙は第 1 面の記事で、エージェントオレンジ／ダイオキシンが
ベトナム人にどのように影響を与え続けてきたか、また、アメリカがダ
ナン空港の環境修復を計画中であることを報じた[36]。ブッシュ大統領が
APEC の会合のためにハノイに滞在している間に、彼とベトナムのグエ
ン・ミン・チエット国家主席は、エージェントオレンジの負の遺産に取
り組む必要性を最高首脳レベルで初めて認めた。

　彼らの共同声明には以下の文言が含まれていた。

　　チエット国家主席はまた、アメリカ政府のベトナムに対する開発
　援助増加に感謝の意を表明し、不発弾や障がいを持つベトナム人へ
　の継続的な支援といった分野での協力を含めた人道支援を増加させ
　るようアメリカ側を促した。

216

　　アメリカとベトナムはまた、かつてのダイオキシン貯蔵跡地近辺
　の環境汚染に対処するため、さらに協力して努力することが2国間
　関係のさらなる発展にとって貴重な貢献となるということで合意し
　た。[37]

　この声明にもかかわらず、ブッシュ政権は（後に続くオバマ政権も）
大統領予算でベトナムのエージェントオレンジに資金提供する要求を拒
否した。ベトナムでのエージェントオレンジに関する活動に対し、アメ
リカ政府によるいかなる追加資金調達も、議会を通じて行う必要があっ
た。2006年12月下旬、ティム・リーザーはベトナム戦争退役軍人の
リーダーであるボビー・ミュラーを伴い、ハノイへの実態調査団に参加
した。リーザーはパトリック・リーヒー上院議員の外交政策顧問であり、
州、海外事業および関連プログラムに関するアメリカ上院歳出予算小委
員会の専門員であった。リーヒー上院議員は戦争被害者について数十年
にわたって関心を抱いており、リーザーの助けをかりて、ベトナムでの
エージェントオレンジ問題に対するその後のアメリカからの資金提供を
事実上すべて手配した。
　フォード財団は、次のような他の関係者をエージェントオレンジの舞
台に引き出すつもりであった。最終的にはベトナムとアメリカの非政府
組織、ユニセフや国連開発計画などの国連機関、ハイアット・ホテルや
HSBC銀行などの国際ビジネス、そしてロックフェラー、ゲイツおよび
アトランティック・フィランソロピーズ等のアメリカの財団、などであ
る。2006年、基金調達の初期段階の終わりに、ベイリーは、依然とし
て存在する敵対心と近視眼的な見方による行き詰まりを直接の標的とし、
それらを打開する1つの組織が必要であると感じた。この恐ろしい悲劇
について、両国が心から人道的な対話を行う、真に双方向の道筋となる
組織である。そこでベイリーは、行き詰まりを打破するために市民対
市民の高いレベルのグループを作る提案を行った。こうして2007年2

月、ベトナム国会外務委員会副委員長トン・ヌ・ティ・ニン大使とワシントンのアスペン研究所会長ウォルター・アイザックソンをベトナムとアメリカの共同議長として、エージェントオレンジ／ダイオキシンに関するアメリカ・ベトナム対話グループが活動を開始した。当時フォード財団会長であったスーザン・V・ベレスフォードは、対話グループの主催者としての役割を果たすことに同意した[38]。最初の会議においてこのメンバーたちは、「エージェントオレンジは、私たちが何か行動することができる人道問題である」と満場一致で合意した。彼らは両国政府に対し優先順位を示し、公表した。それは、障がいを持つ人々への支援拡大、汚染された土地の現状回復、ダナン市のダイオキシン除去、高解像度ダイオキシン試験研究所の資金調達、そしてアメリカの主要な人々の教育であった。対話グループのメンバーたちは、両国共通の土俵を求め、進捗状況を確認するためにともに双方の当局者を訪問した。2010 年、対話グループは 10 年間にわたるエージェントオレンジの負の遺産に全面的に取り組むための最初の包括的な計画を公開した[39]。この計画は、エージェントオレンジに関する議論の中心となり、その後、対話グループの年次報告書によって補強されていった[40]。

　2007 年 3 月下旬、レ・ケ・ソン博士は、国防省科学技術環境局長のグエン・ゴック・ズオン将軍とともに代表団を率いて訪米し、州、海外事業および関連プログラムに関するアメリカ上院歳出予算小委員会、環境保護庁、国連開発計画／地球環境ファシリティおよびフォード財団との会合でこれらの成果を確たるものにした。この結果、2007 年 5 月にアメリカ議会は、ベトナムにおけるエージェントオレンジの研究に向けて最初の 300 万ドルの支出を承認した。あまり注目を集めないようにとの配慮で金額が少なかったため[41]、支出に伴う歳出委員会の報告書はエージェントオレンジについて言及しなかった。

　報告書は次のように述べている。「ベトナム——環境修復といった国家計画の発展への最初の貢献をするため、ならびにベトナム戦争時の化

218

学物質保管跡地を浄化するパイロットプログラムを目的とした環境修復に関するベトナム当局者の訓練を継続するため、および近隣地域の健康についての要望に応えるため、当委員会は300万ドルの支援を推奨する。当委員会は国務省に対し、これらの資金の提案された使用について、当委員会と時宜を得た協議を行うよう要請する。」[42]

7月、マイケル・W・マリーン大使は、ダナン空港のダイオキシン汚染地域を訪れた最初のアメリカ政府高官となった。しかし、国務省が予算に記載されている業務に国際開発庁（USAID）を割り当て、作業を開始させるのにはさらに15か月を要した。その結果、初期の配分が消化されるまで、議会は2008年にはエージェントオレンジにそれ以上の資金を割り当てなかった。USAIDは、2008年10月に開始された3年間のプロジェクトで「原因のいかんを問わず」ダナン市の障がい者へのサービスを強化するため、アメリカの3つのNGOに資金を提供した。2011年、USAIDは主にダナン市での作業と、他のダイオキシン・ホットスポットであるビエンホアとフーカットへの支援を行うため、アメリカの請負業者DAI社に焦点を合わせ、障がい者支援を行うことにした。2015年、支援機関はこれを第3のアプローチに切り換えた。このアプローチは、広範な障がい者支援プロジェクトを目的に、ベトナムおよびアメリカのNGOに直接支援を仕向けようという助成金プログラムであった。しかしこの時点までに、アメリカ議会はすでにエージェントオレンジの特別な遺産に対する人道的対応として、より具体的で適切な資金を提供していた。

ダナン空港については、除染案の環境影響評価に続いて、2010年9月にマイケル・W・ミカラク大使が国防副大臣グエン・フイ・ヒエウ上級中将に書簡を送り、2011年に開始し2013年に完了する予定のプロジェクトを提案した[43]。当初、費用はアメリカから4200万ドル、ベトナムから対応資金の170万ドルが見積もられていた。しかし、技術的に複雑なさらなる問題が発生した。デビッド・B・シアー大使と国防副大

臣グエン・チー・ヴィン上級中将は 2012 年 8 月 9 日に正式にプロジェクトを開始した。しかしその後、処理を必要とする土壌と池の堆積物の量が最初の推定よりも多いことが判明し、その結果、プロジェクトは合計 1 億 800 万ドルの費用で 2018 年に完了すると現在予想されている。これには、不発弾の除去、変電所、およびプロジェクト管理のため、アメリカからの 1 億 500 万ドル、ベトナム国防省からの 300 万ドルが含まれている[44]。

　2009 年以降の議会予算によって、エージェントオレンジの負の遺産に対処するためのベトナムとアメリカのパートナーシップに拍車がかかった。アメリカ側の経験と知識が向上するにつれて年間の割当額が増加し、その使用に伴う言葉がより具体的になった。チャールズ・ベイリーは、エージェントオレンジ被害者と他のベトナム人障がい者との比較研究を通して、ダイオキシンの影響を受けたと考えられる人々に対するアメリカの支援に焦点を当てる方法を提案した[45]。2016 年までに、年次歳出予算法は次のようになった。

　　ベトナム——（1）ダイオキシン浄化——「経済支援基金」という名目の本法により承認された基金は、ベトナムのダイオキシン汚染地域の環境修復に利用され、そのような目的であれば、軍を含むベトナム政府の支援に利用可能となる。（2）健康および障がいプログラム——「開発援助」という名目の本法により承認された資金は、重度の上肢もしくは下肢の運動機能障がい、および／もしくは、認知機能障がいまたは発達障がいを持つ個人を支援するために、エージェントオレンジが撒布された地域あるいは他の除草剤でダイオキシンに汚染された地域で健康および障がいプログラムのために利用可能となる。[46]

この言葉は、その後の歳出法で引き続き使用されている。

2016 年初頭、アメリカ映画芸術科学アカデミーは、オスカーに『チャウ・ビヨンド・ザ・ラインズ』をノミネートした[47]。コートニー・マーシュ監督のこの映画は、ホーチミン市で育った 10 代の少年で、母親のエージェントオレンジへの曝露によって障がいを抱えたレ・ミン・チャウについての作品である。チャウを 7 年以上追ったこの映画は、プロのアーティストになるという夢を実現するために、現実と奮闘する彼の姿を描いたものである。『チャウ』はオスカーを受賞しなかったが、十分に説得力のある注目すべき物語であり、アメリカとベトナムを近づけるのに役立った。2016 年 3 月、テッド・オシウス大使はこの映画をハノイとホーチミンのアメリカンセンターで上映した。同じ年の 6 月、ベトナムの国連常任代表グエン・フオン・ガー大使が主導して、アメリカ・ベトナム両国は障がい者権利条約のニューヨーク年次総会でこの映画上映を後援した。1 年後、『チャウ』はパトリック・J・リーヒー上院議員の後援によってアメリカ議会で上映された。

　ダイオキシンという戦争遺産に関する両国最初の共同声明から 9 年後の 2016 年、バラク・オバマ大統領はベトナムを訪問した。今回の共同声明は以下のようなものだった。

　　両国は、人道的な努力かつ戦争遺産である問題の解決を前進させる共同の努力に満足の意を表明した。…ベトナムは、最終段階がすでに進行中であるダナン国際空港におけるダイオキシン浄化の第 1 段階を成功に導いた協力関係を歓迎した。アメリカは、ベトナムと提携してビエンホア空軍基地でのダイオキシン汚染の浄化に大きく貢献することを約束した。[48]

　オバマ大統領はハノイの国際センターでの演説で、「私たちは子どもたちを含む障がいを持つベトナムの人々への支援を継続していますが、エージェントオレンジ／ダイオキシンの除去についても支援を続け

ます」[49] と述べた。大統領の発言は、共同声明の内容を超えるもので、エージェントオレンジに言及するとともに、それを障がい、ダイオキシンおよび両者についてベトナムを支援するアメリカの継続的な役割を結びつけるものであった。

　2017 年 5 月、ベトナム側はグエン・スアン・フック首相とドナルド・J・トランプ大統領の会談を確かなものにした。これにより、2017 年 APEC 首脳会議のために 11 月ダナンを訪問したのに続き、トランプ大統領のベトナム公式訪問が実現した[50]。ベトナムは、アメリカの前政権が「ビエンホア空軍基地におけるダイオキシン汚染の浄化に大きく貢献する」とした公約を再確認することを求めた。トランプ政権の反応は、大統領到着前日のダナンでの記者会見と、大統領のハノイ到着後の共同声明の 2 つに分かれて示された。国務省のプレスリリースは次のように述べている。

　　　ドナルド・J・トランプ大統領のベトナム訪問に先立ち、［トーマス・A・］シャノン次官は、ビエンホア空軍基地でのアメリカ・ベトナム共同ダイオキシン浄化活動にアメリカが貢献するのを確約していると発表した。2016 年のアメリカとベトナムの共同環境評価では、ビエンホア空軍基地でのダイオキシン汚染量から、ここがベトナム最大のダイオキシン・ホットスポットであることがわかり、ここから次の地域における協力の重要性が強調された。[51]

　共同声明の第 7 節において、2 人の首脳は戦争の遺産について言及した。

　　　両首脳は、戦争の負の遺産に対処するために継続して協力することの重要性を再確認した。この点に関して、チャン・ダイ・クアン国家主席は、ダナン空港でのダイオキシン浄化に貢献したアメリカ

に謝意を表明し、ビエンホア空港での環境修復に貢献するというアメリカの約束を歓迎した。彼は、さらなるアメリカの障がい者支援を歓迎した。トランプ大統領は、戦争で依然行方不明となっているアメリカ人兵士の行方を明らかにする上で、ベトナムの全面的かつ継続的な協力に感謝の意を表明した。また、行方不明のベトナム兵士を見つける努力をする点でベトナムと協力することを誓約した。2人の指導者は、不発弾除去で協力することを約束した。[52]

　これは、空港のホットスポットでのダイオキシン浄化と、戦争遺産という名のもとの障がい者支援とを併記する初の共同声明である。この共同声明文は、長年にわたるエージェントオレンジへの取り組みが、いかにして1つのプログラムに成長したかを確認するものである。このプログラムは、2つの国が戦争の不幸な結末の1つにどのように対処しようと努力しているか、その例として両国政府が完全に認め指摘するものである。しかし、2017年末の時点でアメリカが直面している問題は、国防総省が国務省と協力してビエンホアの環境修復に有意義な貢献をするために必要な追加資金を提供するかどうかである。同時にUSAIDは、大量に撒布された地域において重度の障がいを持つベトナム人を支援する、強い影響力のあるプログラムを継続する必要がある。

（原注）
[1] ボビー・ミュラーとのインタビュー、ワシントンD.C.、2015年5月3日。
[2] 前掲ミュラーとのインタビュー。
[3] Richard Goldstein, "Elmo R.Zumwalt Jr., Admiral Who Modernized the Navy, Is Dead at 79", New York Times, January 3, 2000.
[4] ジェームズ・ズムウォルトとのインタビュー、レホボスビーチ、デラウェア、2015年5月5日。
[5] ビル・クリントン大統領、ホワイトハウス記者会見、1996年5月28日、http://www.presidency.ucsb.edu/ws/index.php?pid=52876.
[6] レ・ヴァン・バンとのインタビュー、ハタイ省、ベトナム、2015年4月24日。

[7]　前掲バンとのインタビュー。

[8]　30 年戦争（1618 ～ 1648 年）はカトリックとプロテスタントの間の戦争で、ヨーロッパの主要国を巻き込み、多くの戦闘がドイツ国土で戦われた。

[9]　ヴー・コアンとのインタビュー、ハノイ、2015 年 4 月 23 日。

[10]　前掲コアンとのインタビュー。

[11]　特定財産請求権に関するアメリカ合衆国政府とベトナム社会主義共和国政府の合意、ハノイ、1995 年 1 月 28 日。

[12]　前掲バンとのインタビュー。

[13]　アメリカ大使テッド・オシアスとのインタビュー、ハノイ、2015 年 1 月。

[14]　Lewis M.Stern, "Agent Orange and the Normalization of U.S.-Vietnamese Defense Relations", Institute for National Stragetic Studies, National Defense University, Washington, D.C., September 2008, 6.

[15]　フォード財団、Recommendation for Grant Action, ベトナム赤十字社が 2000 年 6 月 1 日から 2 年間で 15 万ドルを提供。2000 ～ 2011 年の間のエージェントオレンジに関係したフォード財団の完全な資金供与リストについては附録 3 を参照。

[16]　ビル・クリントン大統領へのグエン・チョン・ニャンの書簡、ハノイ、2000 年 11 月 18 日。

[17]　グエン・チョン・ニャンへのビル・クリントンの書簡、ワシントン D.C.、2001 年 2 月 12 日。

[18]　Pete Peterson, "U.S. and Vietnam Agree on Agent Orange Study", CNN, July 4, 2001, http://www.cnn.com/2001/WORLD/asiapcf/southeast/07/04/vietnam.agent.orange/.

[19]　次の文献からの引用。Charles Schmidt, "Is Agent Orange Still Causing Birth Defects?", *Scientific American*, March 16, 2016, http://www.scientificamerican.com/article/ is-agentorange-still-causing-birth-defects/.

[20]　この研究はカナダ政府によって、海外支援部局であるカナダ国際開発庁を通じて資金援助された。

[21]　L.Wayne Dwernychuk and Hoang Dinh Cau, "Dioxin Reservoirs in Southern Vietnam － A Legacy of Agent Orange", *Chemosphere* 47, pp.117-137, 2002.

[22]　10-80 委員会フォード財団管理者であるチャン・マイン・フン博士へのチャールズ・ベイリーの書簡、ハノイ、2002 年 5 月 27 日および 2002 年 7 月 12 日。

[23]　フォード財団が、2002 年 9 月 1 日から 2 年間で 24 万 3000 ドルをベトナム保健省10-80 委員会に贈与。

[24]　注［14］の文献 6 ページ。

[25]　チャールズ・ベイリーが、2006 年 3 月 20 日にアールオイ峡谷でベトナム人の地方指導者と行った会談。

[26]　ベトナム・エージェントオレンジ被害者協会の声明、2006 年 3 月 10 日。

[27]　レ・ケ・ソン、ベトナム戦争中にアメリカにより使用された有毒化学物質の影響を克服するための国家運営委員会、2006 年 3 月 10 日。

[28] チャールズ・ベイリーとの会話、ハノイ、ベトナム、2006 年 4 月 25 日。

[29] 最初、ネイサン・セージがこの役職に就き、そのあと 3 人の海外勤務職員、アンド
リュー・ヘラップ、エリック・フレーターそしてダグラス・オニールが就いた。

[30] 環境保護庁は大使館科学技官としてヴァンス・フォンをハノイに 6 か月間派遣した。
それから彼は 2013 年まで環境修復の技術アドバイザーとして働き続けた。

[31] ベトナム・アメリカ合同諮問委員会（JAC）のアメリカ側共同議長（全員が環境保護
庁より）——研究開発局副次長ウィリアム・H・ファーランド博士、研究開発局副次長
ケビン・タイクマン博士（2007 ～ 2011 年）、および国立曝露研究所所長ジェニファー・
オルメ - サバレタ博士（2012 ～ 2014 年）。
JAC のベトナム側共同議長——ベトナム戦争時にアメリカにより使用された有毒化学物
質の影響を克服するための国家運営委員会事務局長のレ・ケ・ソン博士（2006 ～ 2014
年）。
JAC の構成員（2006 年）——国立環境衛生科学研究所所外研究訓練局局長アン・サッ
サマン博士、アメリカ大使館駐在武官マーク・チャクウィン大佐、アメリカ大使館医務
官マリー・ハリング・スウィーニー博士、アメリカ大使館環境・科学・技術・保健官ネ
イサン・セージ、ベトナム科学技術院化学研究所所長チャン・ヴァン・スン教授、ベト
ナム外務省アメリカ局副局長ファム・ヴァン・クエ、ベトナム保健省科学訓練省副局長
ファム・コック・バオ博士、国防省科学技術環境局局長ファム・ゴック・ヴォン少将。

[32] ベトナム・アメリカ合同諮問委員会（JAC）の初会合議事録、ハノイ、2006 年 6 月 6 日。

[33] マイケル・W・マリーンとのインタビュー、ワシントン D.C.、2015 年 4 月 30 日。

[34] ベトナム戦争退役軍人アメリカ基金（45 万ドル）、イースト・ミーツ・ウェスト財団
（66 万 7800 ドル）、社会開発研究所（17 万 600 ドル）およびベトナム公衆衛生協会（17
万 5000 ドル）への資金供与ならびに、ベトナム人科学者への渡航費補助。

[35] レ・ケ・ソン宛のアメリカ大使館使節団副団長ジョナサン・M・アロイシの書簡、
2007 年 1 月 8 日。

[36] "In , Vietnam, Old Foes Take Aim at War's Toxic Legacy", *Washington Post,* November 13,
2006, 1.

[37] ベトナム社会主義共和国・アメリカ合衆国共同声明、2006 年 11 月、https://georgew-
bush-whitehouse.archives.gov/news/releases/2006/11/20061117-4.html.

[38] 他の初期メンバーは、ベトナム共産党外交委員会人間関係局局長のブイ・テー・ジャ
ン、前ニュージャージー州知事ホイットマン戦略研究所代表のクリスティン・トッド・
ホイットマン、ベトナム国家大学ハノイ校天然資源環境研究センターのヴォー・クイ博
士、パーク・アベニューのエクイテイ・パートナー会長 CEO・アスペン研究所評議員
会名誉議長ウィリアム・E・メイヤーであった。構成員は、招集者と 6 人から 10 人へ
と拡大され、時間とともに変化した。トン・ヌ・ティ・ニンの後任として、次の外交委
員会副議長のゴー・クアン・スアンならびにハ・フイ・トンがベトナム側共同議長に就
任した。他の新しいメンバーは、アメリカ全国障がい者団体副代表兼相談役で、障がい

者国際委員会会長のメアリー・ドーラン - ホグレフェ、ベトナム退役軍人協会副会長の
フン・カック・ズアン中将、アメリカ科学振興アカデミー国際問題担当主任オフィサー
のヴォーン・ツァキアン博士、ホーチミン市医科大学産婦人科科長兼ゴック・タム病院
協会会長のグエン・ティ・ゴック・フオン博士、ならびに外交委員会人間関係局副局長
ゾ・ホアン・ロンであった。

[39] U.S.-Vietnam Dialogue Group on Agent Orange/Dioxin, "Declaration and Plan of Action 2010-2019", Aspen Institute, Washington, D.C., June 2010.

[40] U.S.-Vietnam Dialogue Group on Agent Orange/Dioxin, "First Year Report", June 2011; "Second Year Report", May 2012; "Third Year Report", September 2013, Aspen Institute, Washington, D.C.

[41] ティム・リーザーとのインタビュー、2015 年 5 月 6 日。

[42] 110 回アメリカ議会、アメリカ軍部隊準備、退役軍人介護、カトリーナからの復興、イラク説明責任歳出法、2007 年（P.L.110-28 ページ）。

[43] グエン・フイ・ヒエウ准将宛のマイケル・W・ミカラク大使の書簡、2010 年 9 月 28 日。

[44] USAID ハノイのクリストファー・エイブラムスの電子メール、2017 年 12 月 3 日。

[45] Charles R.Bailey, "Delivering Services to People with Disabilities Associated with Exposure to Dioxin in Vietnam", Aspen Institute, June 2, 2014, https://assets. aspeninstitute.org/content/uploads/2016/06/2014-6-2_CBbailey-Focusing_USG_Delivery_of_Services_for_PWDs_in _ Vietnam-EN.pdf.

[46] アメリカ議会、歳出法、2016 年。

[47] 映画『チャウ、ビヨンド・ザ・ラインズ』はアメリカのネットフリックス社で利用できる。背景については次の URL を参照。http://america.cgtn.com/2017/01/03/this-week-on-full-frame-the-power-of-real-life-stories-2.

[48] アメリカ合衆国・ベトナム社会主義共和国共同声明、2016 年 5 月 23 日。

[49] ベトナム人民に向けたオバマ大統領の発言、2016 年 5 月 24 日、https://www.whitehouse.gov/the-press-office/2016/05/24/remarks-president-obama-address-people-vietnam.

[50] アメリカ合衆国とベトナム社会主義共和国の間の包括的パートナーシップを強化するための共同声明、ホワイトハウス、ワシントン D.C.、2017 年 5 月 31 日、https://vn.usembassy. gov/20170601-united-states-vietnam-joint- statement-2017/.

[51] U.S. Embassey Hanoi, Public Affairs Section, "United States and Vietnam Celebrate Dioxin Remediation at Danang Airport, Commit to Continue Cooperation at Bien Hoa Airbase", Me-, dia Release, November 9, 2017, https://vn.usembassy.gov/pr201711010-united-states-vietnam-celebrate-dioxin-remediation-danang-airport-commit-continue-cooperation- bi-enhoa-airbase/.

[52] The White House, Office of the Press Secretary, "Joint Statement between the United States of America and the Socialist Republic of Vietnam", November 12 , 2017, https:// www.whitehouse.gov/the-press-office/2017/11/12/ joint-statement-between- united-states-america-and-socialist-republic/.

終章

エージェントオレンジの未来

　それほど昔のことではないエージェントオレンジ／ダイオキシンの問題がいかに解決不能に見えたか、ということを忘れ去るのは容易なことである。まず、2つの国家が慎重に戦後関係を模索し始めたために、エージェントオレンジ／ダイオキシンの問題は高度に論争の的でありながら「不可侵」のものであった。この問題が暫定的な議論の話題となったときでさえ、なお解決不能と見えた。それはあまりに大きく、実に多くの地域と人々に影響を与えるものであり、因果関係と治療法に関する科学的な確実性を欠いていたからである。エージェントオレンジ問題の最初の突破口は、ダイオキシンのホットスポット仮説であった。つまり、両者が3か所の高濃度に汚染されたダイオキシンのホットスポットの除染に注力することに合意した時であった。第2の突破口は、エージェントオレンジの大多数の被害者が極度に困難な状況にあるという証拠であった。

　ほんの数年前には非常に困難と思われたこれらのパズルを、方法を変えながら2つの国が解き始めたことを、今や私たちは誇りに思うことができる。ベトナム政府は、数十万人のエージェントオレンジ被害者を救済するために、毎月資金を支出することを開始した。また、ビエンホアでダイオキシンに最も重度に汚染された土壌を隔離し、フーカットでダイオキシン残留物を安全に埋め立てる支援を行っていた国連開発計画（UNDP）／地球環境ファシリティに持ち込んだ。さらにフォード財団はダナンでダイオキシン除去を開始した。2007年以来、アメリカ議会はベトナムのエージェントオレンジの問題解決のため2億3120万ドルを投じてきた。その4分の3はダナン空港のダイオキシン除去のためのものであり、4分の1はベトナム人障がい者を支援するためのものであった。ダナン空港は今やダイオキシンがなくなり、数万人のベトナム人障がい者が援助を受け取った。最も重要なことだが、2つの政府は今では実質的な協力関係を有している。この問題への過敏さは過去のものなのである。

　しかし、やるべきことは多く残されている。フーカットとダナンは、環境修復が必要な土壌の 15％を占めているに過ぎない。残りの 85％——およそ 49 万 5300㎡あるいは 75 万トンの土壌——はビエンホア空軍基地にあり、ホーチミン市の 850 万人が住んでいる地域から 20 マイル北東にある。USAID は、この土地の環境修復には少なくとも 3 億 9500 万ドルの資金がかかり、10 年の時間を要すると見積もっている。これに対し、ベトナム国防省は 5 億ドルが必要と見積もっている。加えて、数十万人のベトナムの若者たちが、両親または祖父母（あるいは曾祖父母の場合さえもある）がダイオキシンに曝露したことに繋がる障がいの連鎖で、今もなお支援を待っているのである。

　かつての敵同士の信頼と協力はしばしば再構築され、戦争の恐ろしい後遺症を改善するための行動を通じて固められてきている。戦後処理は、深い傷跡を消し去ったり、個人の損失を取り戻したり、あるいは多大な苦難を埋め合わせたりすることは決してできないだろう。しかしながら、両者が崇高な精神で活力と誠意をもって理解し合えば、人々を団結させ、お互いの尊敬と友情にあふれる前進の道のりを歩むことができる。ベトナムとアメリカは双方ともに、この道を前進させたいと考えている。

　エージェントオレンジ／ダイオキシンがもたらした災厄の終焉は、両側の人々——政府と市民の双方——が良き意思を持つに至ることにある。この終焉は、解決方法と終着点に関し、協力と妥協と合意を通じて達成することができるであろう。2007 年以来の協働と協力関係の良き記録が残されれば、災厄の終焉という仕事をなし遂げないことが、いかに愚かで不名誉なことかわかるであろう。

　アメリカ側のある論客たちは、「いつなし遂げられるのか」と問う。エージェントオレンジ／ダイオキシンの負の遺産の大きさや複雑さと、これにベトナム人が深く関わっていることが示されるのであれば、それはもっともな質問である。しかし、簡単な答えはなく、両国のすべての人々を満足させる答えもない。最良の解決方法は、影響を受けている多

くの個人や家族の生活環境を劇的に変えることができる、力強く実質的
な関与が何であるのかを描き出すことである。もし、そのすべてに適切
に時間が費やされ、パートナーシップが強固なままであれば、おそらく
そのときに終焉が達成されたことを目にするであろう。ビエンホア空軍
基地の除染にはおそらく 10 年かかるであろうし、アメリカによる健康
と障がいへの支援はその間も続けられるべきである。これに要する資金
を見積もるのは非常に困難である。しかし、もしアメリカが次の 10 年
間に毎年最低 5000 万ドルを費やすのであれば――ビエンホアと健康／
障がいへの支援に分けて――、顕著な進展がもたらされるであろう。

　ベトナム人が当局に圧力をかけ続けるのは疑いようがない。だが、好
奇心や共感、相互利益といった道徳的な支柱に導かれたアメリカ市民も
また同様に責任を有している。多くのアメリカ人は上院議員や代表者た
ちに物を申すべきなのである。「私たちは、政府がベトナムでなし遂げ
たことを誇りに思う。今が加速して仕事を終わらせるときだ。重度の障
がいと闘っているベトナム人たちを助けよう。ベトナムのビエンホア空
軍基地に置き去りにしたダイオキシンを除去しよう」、と。

　私たちは皆さんに謙虚に訴えたい。いかにしてアメリカ人とベトナム
人が成功裏に共通の土俵を見いだし、証拠に同意し、そしてできるだけ
十分な拡がりをもって、エージェントオレンジの恐ろしい遺産に終わり
を告げるために何をなすべきかを一緒に提案できるか、と。そのモデル
として本書に関わった著者たちの共同作業以上のものを見つけることは
できない、と。本書が、エージェントオレンジの負の遺産に終わりを告
げるための有益な手段の 1 つであるのを見出していただければ幸いであ
る。

謝　辞

　本書を執筆するのと同じように、エージェントオレンジの影響を研究し、これを克服するのに際し、ソンの家族は多くの励ましと援助をしてくれました。妻であるタイ・ティ・ホアと、息子のレ・トゥアン・アインとレ・タイ・アインに深く感謝します。何年もの間、チャールズの家族は彼の話に耳を傾け、不在に耐え、エージェントオレンジ問題の紆余曲折に苦労しながらも前に進むよう励ましてくれました。妻のイングリッド・フォイクと、娘のエリザ・ベイリー、サビーナ・ベイリーの迷いの無い支援に深謝します。

　私たちはフォード財団のスーザン・V・ベレスフォードに心より感謝申し上げます。1993 年にスーザンは、ハノイにフォード財団の事務所を開こうとベトナムを訪れたとき、エージェントオレンジの恐ろしい負の遺産を直接目撃しました。それが忘れられませんでした。ほどなく彼女は 1996 年にフォード財団会長となり、財団はハノイに事務所を開き、事務所を統括するためにチャールズ・ベイリーをハノイへと送り出しました。次の 10 年にわたって、彼女はエージェントオレンジに関するフォード財団助成金と政策提言を承認し、それにはレ・ケ・ソンがダナン空港でエージェントオレンジの除去を開始するために使用した補助金が含まれていました。2007 年、スーザンはエージェントオレンジ／ダイオキシンに関するアメリカ・ベトナム対話グループを招集し、現在に至るまで思索と励ましの源泉であり続けました。

　私たちはまた、フォード財団のもうひとりの指導者であるゴー・レ・マイにも感謝申し上げます。レ・マイは 1997 年から 2009 年までの間、ハノイ事務所で助成金管理者を務めました。エージェントオレンジとい

232

う、しばしば細心の注意が必要となる主題を巡る声をまとめ、生産的な
関係を築いた彼女の能力と、次に何をなすべきかという彼女の確かな感
性は、助成金を得たことをはるかに凌駕するものでした。また、彼女は
本書執筆の鍵となり、何時間にもわたって翻訳をやり取りし、私たちが
理解し合うのに他に方法を思いつかなくなるまで助けてくれました。

　2000年から10年以上にわたって、フォード財団はベトナム人とアメ
リカ人に資金を提供し、その結果がエージェントオレンジに関する建設
的な対話に必要とされる事項を発展させ、実際の解決方法を探求すると
ともに指し示し、ともに成功を体験し、前進させる道筋の共通理解を
深めてくれました。財団はさまざまな組織に78件の助成金を認可して、
これらの目的のための資金総額は1710万ドルに達しました。私たちは
財団に対し、この仕事に迅速かつ着実に信頼できる支援をしていただい
たことに御礼申し上げます。とりわけ、この期間中のフォード財団の評
議会議長であったカトリーヌ・フュラーと後任のイレーネ・ヒラノ、そ
して、ベトナムプログラムを監督する副会長であったアリソン・バーン
スタインと後任のパブロ・ファリアスに感謝申し上げます。また、現在
の財団会長であるダレン・ウォーカーの温かい励ましと支援に感謝申し
上げます。

　レ・ケ・ソンの33委員会事務局スタッフは、私たちがこの本でエー
ジェントオレンジの負の遺産を包括的に描き出すために情報を利用でき
るようにしてくれました。彼らに謝意を表するとともに、とりわけ、事
務局副局長グエン・ミー・ハン博士とベトナム環境総局ダイオキシン有
毒化学物質研究所所長グエン・フン・ミン博士に感謝申し上げます。彼
らはエージェントオレンジ／ダイオキシンの被害を克服するのに多大な
貢献をしてくれました。

　本書を執筆中、私たちは37人の人々と公式にインタビューを行ない、
多くの人に相談をしました。この複雑な主題に関する視座をより良く理
解するのを支援してくれたことに対し、彼ら一人ひとりに御礼申し上げ

ます。どんな事実誤認あるいは誤訳も、その責任はもちろん私たち自身にあります。

　　ブイ・テー・ザン（ベトナム共産党外交委員会）

　　ド・フン・ヴィエット（ベトナム外務省）

　　ハ・フィ・トン大使（ベトナム国会外務委員会）

　　レ・ヴァン・バン（ベトナム外務省）

　　ルオン・ティ・フォン（NGOベトナムの子どもたち）

　　ゴー・クアン・スアン大使（ベトナム国会外務委員会）

　　グエン・フオン・ガー大使（ベトナム国連常任代表）

　　グエン・タイン・トゥアン（写真家）

　　グエン・ティ・ヒエン（ベトナム・エージェントオレンジ被害者協会／ダナン）

　　グエン・ティ・ゴック博士（ホーチミン市立医科大学）

　　グエン・ヴァン・リン上級中将（ベトナム・エージェントオレンジ被害者協会）

　　グエン・ビエット・クオン（ベトナム国家経済大学）

　　トン・ヌ・ティ・ニン大使（ベトナム国会外務委員会）

　　ファム・クアン・ヴィン大使（アメリカ駐在ベトナム大使、2015年〜）

　　チャン・ゴック・タム大佐（ベトナム・エージェントオレンジ被害者協会）

　　チュオン・ヴァン・トム（NGOベトナムの子どもたち）

　　ヴォ・ドゥック・ダム（ベトナム副首相）

　　ヴォー・クイ教授（ベトナム天然資源環境研究センター）

　　ヴー・コアン（前ベトナム副首相）

　　ヴー・スアン・ホン（ベトナム友好団体連合）

　　クリストファー・エイブラムズ（アメリカ国際開発庁、ハノイ）

　　トーマス・G・ボアバン（ハットフィールド・コンサルタンツ社）

　　ジェームズ・ボンド（ボンド＆アソシエーツ社）

　　パトリック・ブラディ（ボンド＆アソシエーツ社）

　　サリー・ベンソン（チノ・シエネガ財団）

　　キャシー・ボンク（コミュニケーションズ・コンソーシアム・メディアセンター）

フレディリック・Z・ブラウン（ポール・H・ニッツェ高等国際関係大学院）

レイモンド・ブルクハルト（ベトナム駐在アメリカ大使、2001 〜 2004 年）

デービッド・デブリン - フォルツ（アスペン研究所）

マイケル・ディグレゴリオ（アジア財団）

ゲイ・ディリンガム（CNS コミュニケーションズ社）

ウェイン・ドウェルニチュク（ハットフィールド・コンサルタンツ社）

ウィリアム・ファーランド（アメリカ環境保護庁）

ケネス・ファインバーグ（弁護士、ファインバーグ・ローゼン社）

ヴァンス・フォン（アメリカ環境保護庁）

バージニア・フート（アメリカ・ベトナム貿易評議会）

ジェリー・フランク（プロデューサー、映画『チャウ・ビヨンド・ザ・ラインズ』）

ジョン・フナビキ（サンフランシスコ州立大学）

エリオット・ガーソン（アスペン研究所）

タオ・グリフィス（ベトナム戦争退役軍人アメリカ財団）

マイケル・グリーン（アメリカ国際開発庁、ハノイ）

スーザン・ハモンド（戦争遺産プロジェクト）

クリストファー・ハリス（コンサルタント）

クリス・ハットフィールド（ハットフィールド・コンサルタンツ社）

アンドリュー・ヘラップ（アメリカ国務省）

マレイ・ヒーベルト（戦略国際問題研究所）

ドナ・ホーニー（アスペン研究所）

デービッド・ハルス（フォード財団）

ウォルター・アイザックソン（アスペン研究所）

ウィルモット・ジェームズ（コロンビア大学）

ジャニス・ジョセフ（アスペン研究所）

キャサリン・カーノー（写真家）

ディーン・ココリス（ニューヨーク市労働局）

ガー・レ（起業家）

トゥー・レ博士（バージニア大学）

パトリック・J・リーヒー上院議員（アメリカ上院）

ナンシー・レッテリ（NGOベトナムの子どもたち）

マイケル・W・マリーン（ベトナム駐在アメリカ大使、2004 ～ 2007 年）

コートニー・マーシュ（ディレクター、映画『チャウ・ビヨンド・ザ・ラインズ』）

マイケル・F・マーティン（議会調査局、アメリカ議会図書館）

エドウィン・マーティニ（西ミシガン大学）

ダニエル・モント（包摂政策センター）

ボビー・ミュラー（アメリカ退役軍人会）

スティーブ・ニコルス（チノ・シエネガ財団）

ジョアンヌ・オマーン（コミュニケーションズ・コンソーシアム・メディアセンター）

ダグラス・S・オニール（アメリカ国務省）

チャールズ・オルンスタイン（プロパブリカ社）

テッド・オシアス（ベトナム駐在アメリカ大使、2014 ～ 2017 年）

ジョアキム・パーカー（アメリカ国際開発庁、ハノイ）

トーマス・ボー・ペダーセン（マスコット・インターナショナル、ベトナム）

ソン・マイケル・ファム（国境なき子どもたち）

ティム・リーザー（アメリカ上院歳出委員会）

ネイサン・セージ（アメリカ国務省）

アン・P・サッサマン（国立環境衛生科学研究所）

チュク・サーシー（プロジェクト・リニュー）

ケネス・シャープ（スウォースモア大学）

ロバート・シーファー（アメリカ・ベトナム貿易評議会）

リチャード＆ダブニー・シュミット（ランドン・カーター・シュミット記念財団）

パット・シュローダー（アメリカ議会元議員）

フィル・スパークス（コミュニケーションズ・コンソーシアム・メディアセンター）

リー・A・スミシー（スウォースモア大学）

ジーン・M・ステルマン（コロンビア大学）

ケビン・テイクマン（アメリカ環境保護庁）

カレン・トラモンタノ（ブルー・スター・ストラテジーズ社）

カー・ヴァン・チャン（ベトナム障がい者支援協会）

ディエップ・ヴオン（パシフィック・リンクス財団）

リック・ウェイドマン（ベトナム戦争退役軍人）

クリスティー・トッド・ウィットマン（ウィットマン・ストラテジー・グループ）

ウィリアム・ワイズ（ポール・H・ニッツェ高等国際関係大学院）

リンダ・ヤー（ジョージ・ワシントン大学）

ピーター・ジノマン（カリフォルニア大学バークレイ校）

ジェームズ・G・ズムウォルト（アメリカ海兵隊）

メアリー・ズルブッヘン（インターナショナル・フェローシップ・プログラム）

　シカゴのG・アントン社G・A・ベラー会長は出版までの重要な局面に立ち会い、巧みな舵取りをしてくださいました。G・アントン社総編集長のヴィヴィアン・クレイグには、助言や迅速な対応ならびに尽きない励ましで出版が容易に見通せるようにしていただき、マヤ・メイヤー編集長による細部にわたる配慮は、本書の原稿を熟練の技で磨き上げてくれました。彼らのご恩に深謝申し上げます。

　ニューヨークのアメリカ学術団体評議会（ACLS）には本書のプロジェクトにご支援をしていただきました。ACLS副会長スティーブン・ホィートリー氏、ACLSベトナム交換留学センター、マイン・カウフマン氏、助成金管理者のケリー・バターモア氏、原稿整理編集者のアーヴ・モロツキー氏、そして制作顧問のニコル・バックリー氏に感謝申し上げます。ACLSへの奨励金により、渡航、翻訳、本書の執筆と頒布が賄われました。チノ・シエネガ財団（カリフォルニア州パーム・スプリングス）、フォード財団（ニューヨーク）、カイザー・ファミリー財団（カリフォルニア州メンローパーク）、モット財団（ミシガン州フリント）、パスポート財団（サンフランシスコ）、そして個人支援者のみなさまによるご支援に深謝申し上げます。

附録1

ダイオキシンとは?

　ダイオキシンとは、以下に記述する特徴をもった環境中に高い残留性を示す有機化合物群の総称である。それは、室温でそれとわかるような臭いはなく、無色の結晶体を形成する。ダイオキシンは水にはほとんど溶けず、土壌粒子の表面に強く吸着する傾向がある。熱や酸、アルカリにはきわめて強いが、日光に晒されると分解する[1]原注。

　ダイオキシンは残留性有機汚染物質（POPs）であり、環境中に放出されても分解するのに時間を要することからそのように分類されている。これらは蓄積し、食物連鎖で生物濃縮をきたし、特に動物の脂肪組織に蓄積する。ダイオキシンはきわめて毒性が強い。人間がダイオキシンに曝露する原因の90%以上は、肉、乳製品、魚、魚介類などの食物からである。

　1970 ~ 1980年代の研究によって、ダイオキシンはがん[2]、生殖・発育障がい[3]、さらには免疫システムへの損傷[4]などを引き起こすことが、猿、ラット、モルモットの実験で示された。

　ダイオキシンは、燃焼や冶金の過程、化学物質の製造、自治体の廃棄物や医療廃棄物の不適切な焼却、石炭火力発電所、森林火災や木の燃焼、家庭でのプラスチック燃焼などによる、意図に反して発生する副生成物である。1970年代と1980年代には、ニューヨーク州のナイアガラの滝にあるラブカナル地区で、埋設された化学廃棄物から見つかり、1980年代には、ミズーリ州のタイムズビーチにある田舎道で、防塵用に使用された変圧器の廃油からダイオキシンが検出された。1976年には、イ

タリアのセベソにある化学プラントの事故によりダイオキシンが大気中に拡散された。こうして、環境中のダイオキシンは、曝露した人々の間に深刻な病気や健康上の合併症を引き起こした。

　毒性等価物、あるいは TEQs は、ダイオキシン類混合物の毒性加重質量を報告するのに用いられる。ダイオキシンの TEQ 法による報告は、一部のダイオキシンが他の物質よりも強い毒性があるため、さまざまな毒性混合物の総グラム数をただ報告するよりも意味のある方法である。ダイオキシン濃度は 1 兆分の 1（ppt）TEQ またはグラム分のピコグラム（pg/g）TEQ＊訳注 のどちらかの単位で報告される。これらは測定量としては等価である。

　ダイオキシン化合物の中で毒性がもっとも強いのは、2,3,7,8- テトラクロロジベンゾ -p- ジオキシン（ダイオキシン化合物を代表するものとして単に TCDD と表記する場合もある）である。他のダイオキシン類や、ダイオキシン類と似た働きをするポリ塩化ジベンゾジオキシン（PCBs）などの化学物質の毒性は、TCDD との関係で測られる。2,3,7,8-TCDD が TEQ の 80 〜 100% を占める場合、そのダイオキシンの発生源は、ベトナム戦争でアメリカが使用したエージェントオレンジか他の除草剤の 1 つであると推定するに足る証拠となる。

　TEQ 値を計算するため、各ダイオキシン化合物は次表のように、毒性等価係数（TEF）を設定する。この係数は、2,3,7,8-TCDD に対応する毒性を示すもので、最大毒性値となる 2,3,7,8-TCDD の値を 1 とした比で示されている。混合ダイオキシンの TEQ 値を得るには、混合物中のそれぞれの化合物の濃度にその TEF 値を乗じてから合計すればよい。

＊ 1 ピコグラムは 1 グラムの 1 兆分の 1。

ダイオキシン	毒性等価係数 (TEF)
2,3,7,8-TCDD	1.0
1,2,3,7,8-PnCDD	1.0
1,2,3,4,7,8-HxCDD	0.1
1,2,3,6,7,8-HxCDD	0.1
1,2,3,7,8,9-HxCDD	0.1
1,2,3,4,6,7,8-HpCDD	0.01
OCDD	0.0001
2,3,7,8-TCDF	0.1
1,2,3,7,8-PnCDF	0.05
2,3,4,7,8-PnCDF	0.5
1,2,3,4,7,8-HxCDF	0.1
1,2,3,6,7,8-HxCDF	0.1
1,2,3,7,8,9-HxCDF	0.1
2,3,4,6,7,8-HxCDF	0.1
1,2,3,4,6,7,8-HpCDF	0.01
1,2,3,4,7,8,9-HpCDF	0.01
OCDF	0.0001

（原注）

[1] ダイオキシンの性質に関する詳細な情報は次の URL を参照。http://cfpub.epa.gov/ncea/ iris2/chemicalLanding.cfm?substance_nmbr=1024; http://www.dioxinfacts.org/tri_dioxin_data/ sitedata/test3/def.html.

[2] スプラーグドーリラットの臨床実験では、飼料のダイオキシン曝露は肝細胞がん、肺の扁平上皮がんおよび硬口蓋舌を誘発した。オスよりもメスの方が 2,3,7,8-TCDD 曝露の影響を強く受けた。2,3,7,8-TCDD はまた、慢性的に曝露したハツカネズミで発がん性も示された。以下の文献を参照。

R.J.Kociba, D.G.Keyes, J.E.Beyer, et.al., "Results of a two-year chronic toxicity and oncogenenicity study of 2,3,7,8-tetrachlorodibenzo-p-dioxin in rats", *Toxicology and Applied Pharmacology* 46, pp.279-303, 1978.

R.J.Kociba, D.G.Keyes, J.E.Beyer, et.al., "Toxicologic studies of 2,3,7,8-tetrachlorodibenzo-p-dioxin (TCDD) in rats", Toxicol Occup Med (De Toxicol Environ Sci) 4, pp.281-287, 1978.

NTP.1982b.Carcinogenesis bioassay of 2,3,7,8-tetrachlorodibenzo-p-dioxin(CAS no. 1746-01-6) in Osborne-Mendel rats and B6C3F1 mice (gavage study).Bethesda, Maryland: Carcinogenesis Testing Program, National Cancer Institute, National Institute of Health. Research Triangle Park, North Carolina: National Toxicology Program. (NIH)DHHS publication no.82-1765.

240

NCI-NTP.1980. Bioassay of a mixture of 1,2,3,6,7,8-hexachlorodibenzo-p-dioxin and 1,2,3,7,8, 9-hexachlorodibenzo-p-dioxin (gavage) for possible carcinogenicity: CAS No.57653-85-7, CAS No.19408-74-3. Research Triangle Park, North: U.S. Department of Health and Human Services, Public Health Service, National Institutes of Health/National Toxicology Program. National Cancer Institute Carcinogenesis Technical Report Ser No.198.NTP no.80-12.

J.P.Carolina, Van Miller, J.J.Lalich, J.R.Allen, "Increased incidence of neoplasms in rats exposed to low levels of 2,3,7,8-tetrachlorodibenzo-p-dioxin", *Chemosphere* 6, pp.537-544, 1977.

[3] 生殖への数多くの影響が、動物の 2,3,7,8-TCDD の経口曝露において観察された。これらには、生殖能力減退、着床前後喪失、生殖腺重量の減少、雄性ホルモンの減少ならびに発情周期と排卵の変化が含まれている。また、着床前後喪失の増加が CRCD ラットで観察された。

E. Giavini, M.Prati, C.Vismara, "Embryotoxic effects of 2,3,7,8-tetrachlorodibenzo-p-dioxin administered to female rats before mating", *Environmental Research* 31, pp.105-110, 1983.

G.L.Sparschu Jr., F.L.Dunn Jr., R.W.Lisowe, et.al., "Effects of high levels 2,4,5-trichlorophenoxyacetic acid on fetal development in the rat", *Food and Cosmetics Toxicology* 9, pp.527-530, 1971.

F.A.Smith, B.A.Schwetz, K.D.Nitschke, "Teratogenecity of 2,3,7,8-tetrachlorodibenzo- p-dioxin CF-1 mice", *Toxicology and Applied Pharmacology* 38, pp.517-523, 1976.

[4] リンパ球の枯渇が T 細胞免疫抑制をもたらす。研究された T 細胞反応には、遅延型過敏症反応、皮膚同種移植片の拒絶および試験管内リンパ系細胞の変異原応答が含まれていた。T 細胞への影響は、胸線細胞への影響よりも 3 桁小さい強さの曝露レベルで発現しうる。

A.Hnaberg, H.Hakansson, U.G.Ahlborg, "ED50" values for TCDD-induced reduction of body weight gain, liver enlargement, and thymic atrophy in Hartley guinea pigs, Sprague-Dawley rats, C57BL/6 mice, and golden Syrian hamsters". *Chemosphere* 19, pp.813-816, 1989.

S.D.Holladay, P.Lindstorm, B.L.Blaylock, et.al., "Perinatal thymocyte antigen expression and postnatal immune development altered by gestational exposure to tetrachlorodibenzo-p-dioxin(TCDD)", *Teratology* 44, no.4, pp.385-393, 1991.

J.Silkworth, D.McMartin, A.DeCaprio, et. Al., "Acute toxicity in guinea pigs and rabbits of soot from a polychlorinated biphenyl-containing transformer fire", *Toxicology and Applied Pharmacology* 65, pp.425-439, 1982.

附録 2

エージェントオレンジ／ダイオキシン に関するベトナム政府の 最近の科学研究（2011 ～ 2015 年）

　2011 年 11 月、ベトナム科学技術大臣は、レ・ケ・ソン博士を任命し、エージェントオレンジ／ダイオキシンに関する科学研究の第 2 段階を監督させた。この研究プログラムは 12 のテーマから成り、期間は 2011 ～ 2015 年で、予算は 774 億 9000 万ベトナム・ドン（3 億 7000 万ドル）であった。このプログラムにより、以下の科学論文が公刊された。

N.H. Minh, N.V. Thuong, V.D. Nam, L.K. Son, N.V. Thuy, H.D. Tung, N.A. Tuan, T.B. Minh, D.Q. Huy, "The Emission of Polychlorinated Dibenzo-p-dioxins and Polychlorinated Dibenzo-furans from Steel and Cement-Kiln Plants in Vietnam", *Aerosol and Air Quality Research,* Vol.14, pp.1189-1198, 2014.

N.H. Minh, N.V. Thuong, V.D. Nam, L.K. Son, N.V. Thuy, H.D. Tung, N.A. Tuan, T.B. Minh, D.Q. Huy, "Determination of PCDD/Fs in breast milk of women living in the vicinity of Da Nang Agent Orange hotspot (Vietnam) and estimation of the infant's daily intake", *Science of the Total Environment,* Vol.491-492,pp.212-218, 2014.

N.H. Minh, N.V. Thuong, V.D. Nam, L.K. Son, N.V. Thuy, H.D. Tung, N.A. Tuan, T.B. Minh, D.Q. Huy, "Transport and bioaccumulation of Polychlorinated dibenzo-p-dioxins and polychlorinated dibenzo-furans at the Bien Hoa Agent Orange Hotspot", *Environmental Science and Pollution Research,* Vol.22, pp.14431-14441, 2015.

V.L. Anh, H.K. Hue, P.V. Duc, "Proposed integrated technology to thoroughly treat Agent Orange/Dioxin in soil and sediment", *Journal of Catalysis and Adsorption,* No.4, 2015.

V.C. Thang, P.L. Anh, V.T. Son, D.T. Tuyen, "Dioxin content in human blood after 1972 (U.S.military ended spraying of Agent Orange/dioxin)", *Journal of Practical Medicine,* Issue 10, Hanoi, 2015.

V.C. Thang, P.L. Anh, V.T. Son, D.T. Tuyen, "Dioxin content in fish samples in regions of Vietnam", *Journal of Toxicology,* Vol.32, Hanoi, 2016.

T.V. Khoa, N.D. Bac, D.T. Truong, N.V. Dieu, N.M. Tam, D.M. Trung, N.X. Truong, "Study of the health dynamics of Agent Orange/dioxin victims through clinical examination", *Journal of Clinical Medicine* 108, Hanoi, 2015.

T.V. Khoa, N.D. Bac, D.T. Truong, N.V. Dieu, N.M. Tam, D.M. Trung, N.X. Truong, "Study of the change of blood biochemical index on subjects with high levels of dioxin in blood", *Jounal of Vietnamese Medicine,* No.2. Hanoi, 2015.

T.D. Phan, T.Q. Dai, L.T. Lan Anh, P.T. Hoan, P.T. Phuong, "Research and Application of Some Methods to Prenatal Diagnosis and Genetic Counseling for Avoiding Adverse Pregnancy Outcomes and Birth Defects", *Proceedings* of the Scientific Program on "Research on the Consequences of Agent Orange/Dioxin used by the United States in the Vietnam War for Human and the Environment in Vietnam", Hanoi, 2016.

N.D. Ton, V.P. Nhung, N.H. Ha, P.N. Khoi, N.T. Duong, "Research on Change of Gene and Chromosome in human with high level of dioxin in blood", *Proceedings* of the Scientific Program on "Research on the Consequences of Agent Orange/Dioxin used by the United States in the Vietnam War for Humans and the Environment in Vietnam", Hanoi, 2016.

N.H. Tanh, N.M. An, D. Quyet, N.B. Vuong, "Evaluate the effect of treatment with nonspecific detoxification method for those exposed to sioxin", *Journal of Toxicology,* No.30, Hanoi, 2015.

P.T. Tai, M. Nishijo, H.V. Luong, D.M. Trung, N.V. Long, N.T. Linh, P.V. Son, H. Nishijo, "Dioxin concentrations in blood and food consumption habits of a population living near Bien Hoa Air Base, a hotspot of dioxin contamination in Vietnam", *Organohalogen Compounds,* Vol.77, pp.123-126, 2015.

N.M. Phuong, N.T. Linh, H.C. Sa, "Psychological trauma of Agent Orange victims in Bien Hoa city", *Journal of Vietnamese Medicine,* No.2, Hanoi, 2015.

N.B. Vuong, N.L. Toan, H.A. Son, P.T. Hien Luong, "Research on clinical characteristics, hi-stopathological histories of liver parenchyma, some liver function tests in humans exposed to Agent Orange/dioxin", *Journal of Military Medicine,* 433, Hanoi, 2015.

N.B. Vuong, N.L. Toan, H.A. Son, P.T. Hien Luong, "Study of CYPIA1 genes in people exposed to Agent Orange/dioxin", *Journal of Practical Medicine,* No.994, Hanoi, 2016.

P.V. Loi, B.H. Nam, N.T. Thu Hoai, N.H. Dung, T.V. Chau, "Method of assessing the damage to forest resources used by Agent Orange/dioxin during the Vietnam War", *Journal of Environment,* No.11, Hanoi, 2015.

N.T. Luc, T.N. Tam, "Research evaluation of the policy for Resistance Fighters and for other exposed people", *Proceedings* of the Scientific Program on "Research on the Consequences of Agent Orange/Dioxin used by the United States in the VietnamWar for Human and the Environment in Vietnam", Hanoi, 2016.

附録 3

フォード財団助成金受領者：
ベトナム・エージェントオレンジ /
ダイオキシン・プログラム（2000 ～ 2011 年）

総額：12 年間にわたる 78 件の助成金 1710 万ドル相当

目的：ベトナム人障がい者支援と公衆衛生へのリスク削減
（26 件の助成金、738 万 5339 ドル）

助成金受領者	年	説　明
ベトナム赤十字社、エージェントオレンジ被害者基金	2000	3省のベトナム人障がい者を支援するための地域に根ざしたリハビリテーションプログラムへの支援
ベトナム公衆衛生協会	2006	ビエンホア空軍基地近隣における食の安全に関する教育
ベトナム戦争退役軍人アメリカ財団（VVAF）	2006	11省のベトナム人障がい者のヘルスケアの要望調査、地元NGOによるサービスと支援の評価
社会開発研究所	2007	ベトナム人障がい者の状況と要望に関するフィールド調査ならびに国際会議
タイビン赤十字社	2007	タイビン省におけるベトナム人障がい者のためのサービスならびに家族とヘルスケア提供者のためのトレーニング
イースト・ミーツ・ウェスト財団	2007	タイビン赤十字社への技術支援ならびに省のベトナム人障がい者のための医療・教育・職業訓練サービス
イースト・ミーツ・ウェスト財団	2007	クアンガイ省のベトナム人障がい者向け外科・補装具・教育と職業訓練のためのダナン・リハビリテーションセンターとの協働

ベトナム戦争退役軍人アメリカ財団（VVAF）	2008	タイビン、ニンディン、ナムディン、トゥアティエンフエ、クアンナム各省およびダナン市のベトナム人障がい者のためのサービス向上ならびに自助グループの組織化
ベトナム障がい者支援協会（VNAH）	2008	ベトナム人障がい者のためのサービスと海外支援の構築
障がい者の資源と開発（DRD）	2008	ベトナム人障がい者の自助グループのためのサービスならびに小規模助成金基金
障がい者の資源と開発（DRD）	2008	ベトナム人障がい者の自助グループのためのカウンセリング、トレーニングの実施と、ウェブサイトならびにクラブハウスの構築
社会開発研究所	2008	障がい者への烙印と差別と闘うための公的支援を受けたプログラム向けのトレーナー育成
UNICEFアメリカ基金	2008	ベトナムの障がい児に関するUNICEFプログラムに支援者を動員するためのマッチング基金
ダナン市ハイチャウ区人民委員会	2008	区の障がい児のためのケースマネジメントに基づく個別サービス"ホープ・システム・オブ・ケア"の実施
ベトナムの子どもたち	2008	障がい児のためのハイチャウ区"ホープ・システム・オブ・ケア"への技術支援
カントー障がい者協会	2009	カントー省のベトナム人障がい者のための仕事の創出と収入向上
ソーシャルワークとコミュニティ開発センター（SRDC）	2009	ビエンホア市のベトナム人障がい者のためのカウンセリングならびに職業訓練
社会開発研究所	2009	障がい者の人権意識の向上
ダナン市グーハインソン区人民委員会	2009	区の障がい児のためのケースマネジメントに基づく個別サービス"ホープ・システム・オブ・ケア"の導入
ベトナムの子どもたち	2009	障がい児のためのグーハインソン区"ホープ・システム・オブ・ケア"への技術支援
国際教育研究所	2009	ベトナム人のための旅行補助
ベトナム公衆衛生協会	2009	ダナン空港近隣における食の安全に関する公教育
33委員会	2010	合同諮問委員会（JAC）の2010年会議の前にある、先天性欠損症と新生児スクリーニングに関する国際セミナー
疾病管理センター国際財団	2010	全国セミナーへのアメリカ人科学者の参加
33委員会	2010	全国セミナーのフォローアップ活動
ベトナム障がい者支援協会（VNAH）	2011	ダナン市の障がい者に関するパイロットデータベースの拡張

目的：ダイオキシンに汚染された土壌の環境修復
（16件の助成金、268万300ドル）

助成金受取者	年	説　明
保健省、10-80委員会とハットフィールド・コンサルタンツ社	2002	ベトナム中部および南部にあるすべての旧アメリカ軍軍基地におけるダイオキシンのホットスポットの特定と評価
国際教育研究所	2006	第26回ハロゲン化残留性有機汚染物質国際シンポジウム（オスロ）で研究発表するベトナム人科学者への旅費補助
33委員会とハットフィールド・コンサルタンツ社	2006	土壌と食物連鎖を通じたダナン空港のダイオキシン・ホットスポットでの現在の危険性に関する分析
33委員会とハットフィールド・コンサルタンツ社	2006	ダイオキシンのホットスポットから離れた場所におけるダイオキシン汚染土壌流出の特性を評価し、ダナン空港の完全修復を待つ間、さらなる拡散を防止する封じ込め策のための選択肢を分析
33委員会	2007	ダナン空港周辺の居住地域へのダイオキシンの流出を止め、食物連鎖の汚染を防ぐためのコンクリートキャップの敷設と汚染水の濾過
ベトナム国家大学ハノイ校、天然資源環境研究センター	2007	クアンチ省のエージェントオレンジに汚染された高地を修復するための農民、技術者ならびに土地所有者の訓練
国際教育研究所	2007	第27回ハロゲン化残留性有機汚染物質国際シンポジウム（東京）で研究発表するベトナム人科学者への旅費補助
国際教育研究所	2008	ベトナム人のための旅費補助
33委員会	2008	ダナン空港内のダイオキシン汚染物を収納する方法を構築した後に、土壌、食料ならびにダナン空港近隣の住民の現在のダイオキシンレベルの分析を行う
国際教育研究所	2009	ベトナム人のための旅費補助
33委員会	2009	ダナン空港でのダイオキシン汚染土壌除去のための生物学的環境修復技術の有効性テストならびにアメリカ・ベトナム環境修復タスクフォースのための後方支援
アメリカ環境保護庁	2009	ダナン空港での生物学的環境修復の試験プロジェクトのための科学的支援
アメリカ環境保護庁	2010	ダナン空港での生物学的環境修復のフィールドテストの評価
SGS北アメリカ	2010	ダナン空港でのダイオキシンの生物学的環境修復のフィールド調査の実験室分析

33委員会とハットフィールド・コンサルタンツ社	2010	ビエンホア空軍基地近隣の土壌、食料および住民の現在のダイオキシンレベルのサンプル抽出と分析
ベトナム国家大学ハノイ校、天然資源環境研究センター	2010	トゥアティエンフエ省のエージェントオレンジに汚染された高地を修復するための農民、技術者ならびに土地所有者の訓練

目的：アメリカ人の教育
（36件の助成金、706万7501ドル）

助成金受取者	年	説　明
ベトナム外交アカデミー	2003	"アメリカ・ベトナム関係の未来"に関する会議、ワシントンD.C
アスペン研究所	2007	エージェントオレンジに関するアメリカ・ベトナム間のトラックIIプロセス*訳注 の可能性に関する研究
アスペン研究所	2007	エージェントオレンジに関するアメリカ・ベトナム間の対話とアメリカにおける対話の促進
全国障がい者団体	2008	エージェントオレンジのアメリカ退役軍人の健康への影響調査
国際教育研究所	2008	ベトナム人のための旅費補助
ワシントン月刊マガジン	2009	12ページのスペシャルレポート"エージェントオレンジというブーメラン：ベトナム戦争の負の遺産が問題全体を産み出している"に関する準備ならびにその出版
アジア系アメリカ人ジャーナリスト協会（AAJA）	2009	AAJA年次総会でのエージェントオレンジに関する最新報告のための機会に関するパネル討論
イースト・ミーツ・ウェスト財団	2009	最善の障がい者サービス実施のための調査ならびに資金調達戦略
国際教育研究所	2009	ベトナム人のための旅費補助
チーヴィェット大学プロジェクト	2009	エージェントオレンジ／ダイオキシンに関するアメリカ・ベトナム対話グループへの後方支援
コミュニケーションズ・コンソーシアム・メディアセンター	2009	ベトナムにおけるエージェントオレンジ・インフォメーション・イニシアティブ（AOVII）の計画と招集ならびに、エージェントオレンジへの認識と、それに対する有効なメッセージとは何かに関するフォーカスグループおよび全国世論調査の実施
戦争遺産プロジェクト−AOVII	2009	エージェントオレンジに関する正確で総合的な情報ウェブサイト（www.AgentOrangeRecord.org）の構築と維持

* 政府間の対話をトラックIプロセス、民間同士の対話をトラックIIプロセスと呼ぶ。

社会奉仕におけるアジア系アメリカ人と太平洋島嶼民－AOVII	2009	エージェントオレンジの遺産について学び、ベトナム人障がい者へのサービスを提供しているNGOとともにボランティアを行うため、ベトナム系アメリカ人学生や若い専門家のベトナムへの招聘
ルネッサンス・ジャーナリズムセンター／ゼロディバイド・レポーティングプロジェクト－AOVII	2009	ベトナムにおけるエージェントオレンジをカバーするオリジナルニュース報道のため、中心となる15人のベトナム系アメリカ人と学生ジャーナリストの選出・訓練・支援
アクティブ・ボイス－AOVII	2009	エージェントオレンジに関する全国世論調査の結果と既存メディアの取り扱いとの比較および、新たなメッセージならびに社会メディア戦略の開発
コミュニケーションズ・コンソーシアム・メディアセンター－AOVII	2010	コミュニケーション戦略の実施ならびにアメリカ議会とメディアへの啓蒙活動
社会奉仕におけるアジア系アメリカ人と太平洋島嶼民－AOVII	2010	エージェントオレンジの負の遺産について学び、ベトナム人障がい者へのサービスを提供しているNGOとともにボランティアを行うため、ベトナム系アメリカ人学生や若い専門家のベトナムへの招聘
アクティブ・ボイス－AOVII	2010	ウェブサイトwww.MakeAgentOrangeHistory.orgの構築ならびに、エージェントオレンジに関するアメリカの取り組みに対する公的支援イベントの組織化
アスペン研究所－AOVII	2010	エージェントオレンジに関する対話グループの2010年‘活動の宣言と計画’への公的支援拡大・深化ならびに、メディアへの影響監視
ベトナム戦争退役軍人アメリカ財団	2010	エージェントオレンジ／ダイオキシンに関するアメリカ・ベトナム対話グループへの後方支援
イースト・ミーツ・ウェスト財団／繁栄ネットワークプログラム	2010	アメリカ・ベトナム対話グループの10か年計画の目標達成を促進するため、ベトナム内外での基金集めの展開
イースト・ミーツ・ウェスト財団／繁栄ネットワークプログラム	2010	世界に離散したベトナム人社会に向けたエージェントオレンジに関する新たなウェブサイトの起ち上げ
アメリカベトナム戦争退役軍人会（VVA）	2010	アメリカにおけるVVAの活動とベトナムで必要とされるヘルスケア支援を結びつけるためのメディアへの啓蒙活動
国際教育研究所	2010	聖カトリーヌ大学（セントポール、ミネソタ州）およびエッジウッド大学（マジソン、ウィスコンシン州）でのペトロネラ・イツマによる写真展示
国際教育研究所	2010	アメリカ・ベトナム対話グループによる2010年4月アメリカツアーへの後方支援
国際教育研究所	2010	コモンコーズ異宗教代表団による2010年5月ベトナム訪問への後方支援

コモンコーズ教育基金	2010	異宗教代表団の訪問をフォローするエー-ジェントオレンジに関するアメリカ信仰コミュニティへの啓蒙活動
国際教育研究所	2010	アメリカ・ベトナム対話グループの2010年11月アメリカツアーへの後方支援
アスペン研究所	2010	エージェントオレンジ・ベトナム・プログラムの事務局員ならびにアメリカ・ベトナム対話グループへの支援
ベトナム交換留学センター	2010	アメリカ・ベトナム対話グループへの後方支援
コミュニケーションズ・コンソーシアム・メディアセンター—AOVII	2011	政策展開ならびに報道とアメリカ議会との関係
アクティブ・ボイス—AOVII	2011	ウェブサイトの充実化とアメリカ中の市民グループとのスピーキング・イベントと対話の実施
ルネッサンス・ジャーナリズムセンター／ゼロディバイド・レポーティングプロジェクト—AOVII	2011	ベトナム報告プロジェクトの下で、ジャーナリストによって作られた、ベトナムのエージェントオレンジについて報道したオリジナルニュースを含んだウェブサイトの普及
戦争遺産プロジェクト—AOVII	2011	ベトナム・インフォメーション・イニシアティブにおけるエージェントオレンジのパートナーへのアドバイスならびに支援
サンフランシスコロータリークラブ	2011	カリフォルニア大学バークレイ校でのベトナムならびにエージェントオレンジ会議へのロータリークラブの動員
イースト・ミーツ・ウェスト財団	2011	ベトナムにおける障がい者サービスのための個人ドナーからの寄附を増大させる試験的戦略

附録 4

エージェントオレンジの 55 年：
重要な声明、決定および出来事の年表
（1961 ～ 2016 年）

1961 年

アメリカ大統領 J・F・ケネディがサイゴン政府を支援するためにベトナムへ 3000 人の軍事アドバイザー、支援要員および装備を送出。

1961 年 8 月 10 日

アメリカが、ベトナムのコントゥム省で枯れ葉剤の空中撒布をテスト。ベトナムはこの 8 月 10 日をエージェントオレンジの日と定めている。

1961 年 11 月 20 日

アメリカは、「重要ルート一掃を開始するベトナムにおける枯れ葉剤作戦という選択的で注意深くコントロールされた共同プログラムに踏み込み、その後、最も注意を要する再定住の根拠がある場合、ならびに代替食糧供給が形成される場合に限り食糧を絶つ作戦に進むべきである」として、ケネディ大統領が軍事アドバイザーに同意。

1962 年 1 月 13 日

C-123 機を用い、アメリカ軍にとって初めての軍事行動となるランチハンド作戦が 15 号線に沿って始まる。

1962 年 9 月 22 日

レイチェル・カーソンが『沈黙の春』を出版。この本で、アメリカにおける現代の環境運動が開始された。

1965 年

アメリカがベトナムに戦闘部隊を派遣。

1967 年

ベトナムにおけるエージェントオレンジ撒布ピークの年。

1970 年 4 月 22 日

アメリカで最初のアースデイ＊訳注 開催。

1970 年 5 月

アメリカ大統領リチャード・ニクソンがベトナムにおけるエージェントオレンジ撒布終了を命令。

1970 年 12 月 2 日

ニクソン大統領がアメリカ環境保護庁設立法に署名。

1971 年 1 月 7 日

アメリカ空軍が最後の撒布任務を実施。9 月に、ペーサー・アイヴィ作戦を通じてアメリカ軍の手中にあるエージェントオレンジの残留物を集める。それらはベトナムから太平洋上のジョンストン島に船で搬送され、1977 年にアメリカ国内のエージェントオレンジの備蓄とともに処理される。南ベトナム軍は 1972 年まで、残されたエージェントブルーとエージェントホワイトの撒布を継続。

1973 年 1 月 28 日

ベトナム戦争におけるすべての戦争当事国がパリで停戦協定に調印。アメリカ科学アカデミーが、戦争中の枯れ葉剤使用がベトナムの生態系に長期にわたって被害を与えたことを確認したとする調査報告書を公表。

1975 年 4 月 30 日

北ベトナム軍がサイゴンを陥落させ、ベトナムを再統一。

1983 年 1 月 13 ～ 20 日

戦争中に使用された枯れ葉剤に関する最初の国際会議がホーチミン市で開かれ、21 か国から 160 人の科学者と、国連食糧農業機関（FAO）、国連環境計画（UNEP）ならびにユネスコ（UNESCO）の代表が参加。ベトナムにおけるエージェントオレンジに関する 72 篇の科学論文を公表。

＊　地球環境を考える日が 1969 年にユネスコの会議で提案され、1970 年 3 月 21 日にサンフランシスコ市がこの日をアースデイと最初に宣言。そのあと、4 月 22 日に大学生が多数参加する討論会が開かれ、これが世界へと広まった。

1984 年 5 月 7 日
アメリカのベトナム退役軍人とエージェントオレンジを製造したアメリカの化学会社が、ニューヨーク州東部地方裁判所のジャック・ワインスタイン判事の前で、会社を訴えた退役軍人に対して 1 億 8000 万ドルで和解することに合意。

1989 年
アメリカが、対人地雷や不発弾（UXO）によって移動に困難をきたす傷や障がいを負ったベトナム人のために財政的、技術的な支援を提供するための、リーヒー戦争被害者基金を創設。

1990 年 10 月
ベトナム退役軍人であるアメリカ人のジョージ・ミズ、フランス旧陸軍兵士・戦没者協会のジョルジュ・ドゥッサン、イギリス・ベトナム友好協会のレン・アルディス、そして日本平和協会の山内武夫がベトナム友好村の建設を決める。友好村は最初の入居者として 6 人の退役軍人と 9 人の子どもを受け入れて 1998 年 3 月に開所。

1991 年 2 月 6 日
ダイオキシンに曝露したと推定されることに伴う疾患を後に発症したベトナム戦争のアメリカ退役軍人を支援するためのエージェントオレンジ法がアメリカ議会を通過。

1993 年 3 月
フォード財団副会長（当時）であるスーザン・V・ベレスフォードが、ハノイの新しいフォード財団の事務所で再びプログラムを実行できるか、その可能性を調べるためにベトナムを訪問。ベトナム人が種々の問題の一つとしてエージェントオレンジの未解決問題を伝える。

1993 年 11 月 15 ～ 18 日
戦争中に使用された枯れ葉剤に関する第 2 回国際会議がハノイで開かれ、オーストラリア、イギリス、ドイツ、日本、インド、韓国、ロシアならびにアメリカを含む 10 か国から代表者 180 人が参加。

1997 年 10 月
現在のフォード財団会長であるスーザン・V・ベレスフォードが、ベトナムにおける財団の代表としてチャールズ・ベイリーを指名。着任数か月後にベイリーは、1960 年代にエージェントオレンジが撒布された地域であるダクラク省の農民を訪問。

1998 年 6 月 9 日
ベトナム赤十字社が、エージェントオレンジによる健康被害にある人々を助けるこ

とを目的として、ベトナムにおける人道支援を動員するため、ベトナム戦争のエージェントオレンジ被害者基金を設立。

1998 年 10 月 5 〜 9 日

ベトナム国防副大臣チャン・ハイン中将が、ワシントンでアメリカ国防長官ウィリアム・コーエンとエージェントオレンジについて会談。

1999 年 3 月 1 日

ベトナム政府が、国家運営員会（33 委員会）を創設。委員会は 13 の省と機関の代表からなり、「ベトナム戦争中にアメリカが使用した有害化学物質の影響を克服するための活動を一元的に調整し、実施すること」を任務とする（首相決定 No.33/1999/QD-TTg）。

1999 年 9 月 9 〜 10 日

ファン・ヴァン・カイ首相が、ニュージーランドのオークランドで行なわれた APEC 首脳会議でビル・クリントンアメリカ大統領にエージェントオレンジの問題を提起。

2000 年 3 月 7 日

グエン・ジー・ニエン外相が、ピート・ピーターソンベトナム駐在アメリカ大使にエージェントオレンジの問題を提起。

2000 年 3 月 15 日

チャン・ドゥック・ルオン国家主席とファン・ヴァン・カイ首相が、ウィリアム・コーエンアメリカ国防長官を訪れ、ベトナムにおけるエージェントオレンジの問題に言及。

2000 年 4 月

カナダの環境問題を取り扱う会社ハットフィールド・コンサルタンツ社とベトナム保健省のエージェントオレンジに関する研究機関である 10-80 委員会が、トゥアティエンフエ省アールオイ渓谷の土壌と水中のダイオキシン濃度についての 5 年間の調査を完了。土壌、魚の脂肪、アヒルの脂肪、同渓谷の旧アメリカ軍基地に住む住民の血液と母乳から、高濃度の TCDD ダイオキシンが検出されたことを報告。この調査は、ダイオキシンが旧アメリカ軍基地の大部分に危険なレベルで残留しているという「ダイオキシン・ホットスポット仮説」の根拠となった。

2000 年 5 月 23 日

ベトナム政府が、化学物質に曝露し、もはや働くことができなくなった戦争従事者や形成不全をもって生まれた彼らの子どもたちを支援する政策を発令（首相決定

No.26/2000/QD-TTg）。

2000 年 5 月 27 日

ベトナム労働傷病兵社会省（MOLISA）が、16 省 45 県で戦時中化学物質に曝露し、その影響で苦しんでいる人々を調査。調査結果は、多重疾患、教育や労働での限られた能力、困難な生活ならびに不十分な治療と介護といった、ベトナムにおけるエージェントオレンジ被害者の現在の状況を色濃く描き出した。

2000 年 6 月

フォード財団理事とベレスフォード会長がベトナムを訪問。彼らは、グエン・マイン・カム副首相との会談で、赤十字社エージェントオレンジ被害者基金に 15 万ドルの助成金を提供するチャールズ・ベイリー勧告案を支持。これにより、エージェントオレンジ／ダイオキシン問題の解決に向けたフォード財団の取り組みが開始された。

2000 年 11 月 17 ～ 18 日

ビル・クリントン大統領がハノイを訪問し、レー・カー・フューベトナム共産党書記長、チャン・ドゥック・ルオン国家主席、ファン・ヴァン・カイ首相、グエン・チョン・ニャンベトナム赤十字社代表およびハノイ国家大学学生らと会談。ベトナム人がエージェントオレンジの問題を提起し、クリントン大統領は戦争の傷跡を癒す持続的な責務があることを認めた。

2000 年 11 月 27 日～ 12 月 1 日

アメリカとベトナムの政府高官および科学者がシンガポールで会合を開き、ダイオキシンの人間の健康および環境への影響に関する共同研究について議論。この問題を解決するためのアプローチと方法について、両者の意見は一致せず、会合は失敗に終わった。

2001 年 1 月 9 日

10-80 委員会の前委員長ホアン・ディン・カウ教授が、ファン・ヴァン・カイ首相に対し、これまでの秘密主義をやめ、エージェントオレンジに関するベトナムと日本の 7 年間の研究結果を公表するよう要請。6 月、科学技術環境相が、エージェントオレンジに関する報告書の編集委員会を設立。編集委員会は、医学、生物学、化学、環境学の科学者と政府高官 41 人で構成される。ホアン・ディン・カウ教授が会長兼編集者となるが、報告書は作成されることなく 2005 年に死去。

2001 年 7 月 2 ～ 6 日

33 委員会事務局の初代事務局長、グエン・ゴック・シン博士を団長とする科学者代表団が訪米し、アメリカ国家毒物学プログラムのクリストファー・ポルティエ所長

（兼国立環境衛生科学研究所副所長）、およびアメリカの科学者チームと会談。両者
は、ベトナム・アメリカ科学会議の開催と、ダイオキシンで汚染された土壌と堆積
物の生物学的修復に関する試験研究を行なうことに合意。

2002 年 3 月

ベトナム、アメリカ、その他 11 か国の科学者がハノイの大宇ホテルで会議を開き、
ダイオキシンの人間の健康と環境への影響に関する最近の研究について議論。会議
後のワークショップで、ダイオキシンに曝露した人々への影響、人体のダイオキシ
ン濃度低減療法、旧アメリカ軍基地でのダイオキシン濃度とダイオキシン自体のそ
の後についての研究が優先項目となった。アメリカ・ベトナム両政府は、共同研究
の計画、資金調達、科学者の交流方法に合意。 しかし、この合意は、具体的な約束
や責任の所在が欠けており、その結果、成果は乏しいものとなった。

2002 年 6 月 7 日

アメリカ国立環境衛生科学研究所所長のケネス・オールデン博士が、科学技術環境
省副大臣で、33 委員会副委員長のファム・コイ・グエンに書簡を送り、人間の健康
と環境へのダイオキシンの影響に関する共同研究を提案。

2002 年 7 月 28 日

自然科学、社会科学、公衆衛生および関連分野の専門家 60 人以上が、カンボジア、
ラオスおよびベトナムに関する環境問題を扱うため、ストックホルムで会議。会議
の宣言で、インドシナの人々の生命、生活、環境に対する現在および継続的な影響
に対処するための大規模な取り組みを求めた。

2002 年 9 月

フォード財団が、保健省の 10-80 委員会に 28 万 9000 ドルの助成金を提供。同委員
会はこの資金を使用して、ハットフィールド・コンサルタンツ社と共同で、ベトナ
ム中・南部にある旧アメリカ軍施設 2735 か所すべてのダイオキシン残留の可能性
についての初めて評価と調査を実施。

2003 年 6 月 6 日

アメリカ国務副長官リチャード・アーミテージが、ワシントンでグエン・ビン・ディ
ン外務副大臣と会談し、ダイオキシンに関するベトナムの支援要求を認め、両国が、
2002 年 3 月の大宇ホテルでの会議で示された合意に従って前進させることを提案。

2003 年 7 月 3 日

アーミテージとの会談に続き、グエン・ディン・ビン外務副大臣がレイモンド・
バーガート大使と会談し、研究・技術プロジェクトにおける協力と両国間の共同諮

問委員会の早期設立について協議。

2003 年 10 月

ハノイの国際関係研究所とワシントンのジョンズ・ホプキンス大学高等国際関係大学院が、カーネギー平和財団（ワシントン）で開催した「アメリカ・ベトナム関係の将来」に関する2国間会議において、エージェントオレンジを議題とした。参加者には、両国の政府高官をはじめ、学界、ベトナム系アメリカ人社会、非政府組織、アメリカ実業界などが含まれていた。会議を学術的な場にしたことと、非政府組織からの参加者がいたことで、エージェントオレンジについての議論がよりしやすくなった。

2004 年 1 月 30 日

ベトナム・エージェントオレンジ被害者協会（VAVA）と27人のベトナム人たちが、ベトナム戦争中にアメリカ政府のためにエージェントオレンジおよび同様の除草剤を製造したアメリカの企業を相手取り、アメリカ連邦裁判所ニューヨーク東部地区地方裁判所に提訴。

2004 年 4 月 30 日

アメリカ国防総省の東南アジア担当局長ルイス・M・スターンが、アメリカ駐在武官グエン・ゴック・ザオ上級大佐宛てに書簡を送付。1995年にアメリカとベトナムは戦争に関連するすべての政府および民間の請求権を解決済みで、それゆえに、アメリカはエージェントオレンジに関連するとされる損害については責任を負わないことをザオに念を押して伝えた。さらに、アメリカの法律では、国防総省がダイオキシンの浄化に関与することは禁じられているとつけ加えた。しかし、国防総省はベトナムに枯れ葉剤撒布行動の記録と環境修復技術の情報を提供することができ、また、アメリカにおけるダイオキシン汚染の管理経験を共有することができることも伝えた。

2004 年 6 月

ニューヨーク州立大学オルバニー校とハノイ医科大学が、アメリカ国立環境衛生科学研究所の資金提供により、ベトナムにおける先天性欠損症の疫学に関する研究を300万ドルで実施する計画を立案。結局、研究計画や実施方法についてアメリカとベトナムの間で折り合いがつかず、2005年3月に同研究所は研究資金を取り消した。

2005 年 3 月 11 日

ベトナムにおけるエージェントオレンジの影響に関する国際会議がパリで開催された。

2005 年 6 月

ベトナムのファム・ヴァン・チャ国防相が、ワシントンでドナルド・ラムズフェルド国防長官と会談し、ベトナムにエージェントオレンジとランチハンド作戦に関する情報提供を求める。ラムズフェルドが同意し、国防総省（アメリカ）と国防省（ベトナム）が、2005 年 8 月 16 〜 18 日に、アメリカにおけるダイオキシン浄化の技術情報、記録保存データ、経験などを交換するワークショップを開催。

2005 年 11 月

ベトナム科学技術研究所所長のダン・ヴー・ミン教授、アメリカ環境保護庁研究室副室長のウィリアム・ファーランド博士ならびにアメリカ大使のマイケル・W・マリーンが、ベトナム科学技術院にダイオキシン分析研究室を開設。分析研究室の主要機器は、アメリカ疾病管理センターから寄贈された。

2006 年 1 月 9 日

マイケル・W・マリーン大使が、33 委員会副委員長ファム・コイ・グエンに書簡を送り、ダナン空港の修復計画について、国防省、33 委員会、BEM システムズ社[*訳注]と協力（連携）するためにアメリカ環境保護庁の科学者ヴァンス・S・フォンを紹介。

2006 年 2 月

10-80 委員会とハットフィールド・コンサルタンツ社が、旧アメリカ軍基地のダイオキシン・ホットスポットを探し出し、その毒性濃度を定量化するための調査結果を発表。この調査結果は、アメリカ政府とこの問題に正面から取り組むベトナムの決意を固めるものとなった。

2006 年 6 月 5 〜 6 日

ダイオキシン対策と健康・障害に関する技術的・科学的情報交換の場である合同諮問委員会（JAC）の初会合が開催された。2006 〜 2014 年の 8 年間、毎年ベトナムで開催を予定した。アメリカ側からは、ウィリアム・ファーランド博士（アメリカ環境保護庁、共同議長）、アン・サッサマン博士（アメリカ国立環境衛生科学研究所）、マーク・チャクウィン大佐（アメリカ大使館駐在武官）、マリー・スウィーニー博士（アメリカ大使館保健担当）、ネイサン・セージ（アメリカ大使館環境担当）が第 1 回 JAC メンバーを務めた。

ベトナム側は、レ・ケ・ソン博士（33 委員会、共同議長）、チャン・ヴァン・スン教授（科学技術院化学研究所）、ファム・クオック・バオ博士（保健省科学訓練局）、ファム・バン・クエ（外務省アメリカ局）、グエン・ゴック・ドゥオン少将（国防

---

* 環境アセスメントや環境修復を手がけている、アメリカのニュージャージー州に本社がある会社。

省科学技術環境局）が参加。

2006 年 7 月

フォード財団が、障がいを持つベトナム人の支援、ダイオキシン汚染土壌の修復、ベトナムで続いているエージェントオレンジへの挑戦についてアメリカ人を教育するプロジェクト、これらに対して複数年にわたる助成金プログラムを開始。2011 年のプログラム終了までに、同財団はこれらの目的のために 1700 万ドルの助成金を提供する予定とした。

2006 年 8 月

ベトナム人科学者が、ノルウェーのオスロで開催された第 26 回ハロゲン化残留性有機汚染物質国際シンポジウムに受理された論文で、エージェントオレンジ／ダイオキシンの研究を公表。

2006 年 11 月 12 日

ブッシュ大統領のベトナム訪問を前に、ワシントンポスト紙は一面トップでエージェントオレンジに関する記事を掲載（アンソニー・ファイオラ記者、「ベトナムでは、古い敵が戦争の有毒な遺産に狙いを定めている」、ワシントンポスト、2006 年 11 月 12 日）。フォード財団がハノイで記者会見し、ベトナムにおける新たな大規模助成金の創設を発表。

2006 年 11 月 17 日

ブッシュ大統領とグエン・ミン・チエット国家主席が、大統領のベトナム訪問の最後に共同声明を発表し、ダイオキシン問題を初めて公式に認めた。共同声明で、「チエット国家主席はまた、アメリカ政府によるベトナムへの開発援助の拡大に謝意を表明するとともに、アメリカ側に対し、不発弾処理などの分野での協力や、ベトナムの障がい者への援助の継続などを通じて人道支援を増やすよう求め、さらに、ダイオキシン貯蔵所跡地周辺の環境汚染に対処するためにさらに一層協力してして取り組みむことが、両国の関係の継続的発展に大いに寄与するということで、合意に達した」とした。

2006 年 12 月 19 ～ 22 日

アメリカ上院歳出委員会（州、海外事業および関連プログラム小委員会）の多数派民主党の主要スタッフであるティム・リーザーとベトナム戦争退役軍人アメリカ基金のボビー・ミュラーがベトナムを訪問し、マイケル・W・マリーンアメリカ大使、ジョナサン・アロイージ使節団副団長、レ・ケ・ソン博士（33 委員会）、チャールズ・R・ベイリー（フォード財団）たちと会談。ハノイでの記者会見でリーザーは、アメリカは戦争の未解決の問題に取り組む「共有の責任」を負っていると発表。

2007年4月

レ・ケ・ソン博士を団長とするベトナム代表団がワシントンとニューヨークを訪れ、
政府関係者と会談し、議会の当初の予算をどのように使うかについて議論。

2007年2月5～9日

ベトナムで、著名なベトナム人とアメリカ人による市民委員会「エージェントオ
レンジ／ダイオキシンに関するアメリカ・ベトナム対話グループ」が結成され、
フォード財団理事長のスーザン・V・ベレスフォードを呼びかけ人として会合が持
たれた。最初の共同議長には、アスペン研究所のウォルター・アイザックソン所長
とベトナム国会外交委員会のトン・ヌ・ティ・ニン副委員長が就任。対話グループ
は、エージェントオレンジ問題への人道的対応を求め、アメリカでこの問題の主流
化を目指し、5つの優先課題に新たな資源を動員することを目的とした。また、今
後7年間、ベトナムとアメリカで交互に開催し、被害者家族との面談、プロジェク
トの検討、報告書の公表、記者会見などを行なうとした。2010年6月に対話グルー
プは「宣言と行動計画」を発表し、今後10年間で3億5000万ドルの費用で、両国
が共同で取り組むことを呼びかけた。

2007年2月

マイケル・W・マリーンアメリカ大使が、ダナンのダイオキシン浄化費用に充てる
ため国務省の助成金と環境保護庁からの40万ドルのカウンターパート資金を確保。

2007年7月24日

マイケル・W・マリーンアメリカ大使とカーメラ夫人、ケン・フェアファックスア
メリカ総領事が、33委員会事務局長のレ・ケ・ソン博士、国防省環境科学技術部長
のチャン・ゴック・タム大佐とともに、ダナン空港のダイオキシン汚染地域を視察。

2007年8月24日

国連開発計画（UNDP）とベトナムが、「ベトナムのダイオキシン・ホットスポット
の環境修復に向けた能力開発とマスタープランの作成」プロジェクトに35万ドル
を計上。

2008年2月

アメリカ国務省が、ベトナムのエージェントオレンジのために議会から割り当てられ
た資金を管理する機関としてアメリカ国際開発庁（USAID）を指名。

2008年2月20日

ベトナム保健相が、エージェントオレンジ／ダイオキシン曝露に関連する疾病・障
がいのリストを発表（決定No.09/2008/QD-BYT）。

2008年2月

ユニセフアメリカ基金会長のキャリル・スターン、および同基金の理事会メンバーがベトナムを訪問。6月までに、同基金はベトナム障がい児のための新しいプログラムに230万ドルを調達。

2008年5月15日

アメリカ下院アジア太平洋地球環境小委員会議長エニ・ファレオマバエガが、「忘却した責任：何をすればエージェントオレンジの犠牲者を救えるのか」に関する公聴会を開催。アメリカ・ベトナム対話グループの4人のメンバーが証言し、10-80委員会／ハットフィールド・コンサルタンツ社によるダイオキシン・ホットスポットの調査結果がアメリカ議会議事録に記載された。

2008年5月

33委員会が、アメリカ環境保護庁（EPA）、UNDP、アメリカ大使館、BEMシステムズ社との科学会議を主催し、ビエンホア空軍基地におけるダイオキシン浄化の試験的取り組みをレビューし、代替技術の検討を行なった。

2008年6月25日

グエン・タン・ズン首相がワシントンでブッシュ大統領と会談。共同声明で、「首相は、旧アメリカ軍基地周辺地域の環境汚染に対処するための2国間の取り組み、特にアメリカが健康プロジェクトと環境修復のために300万ドルを支出することを歓迎した」と発表。

2008年10月29日

USAIDが、ダイオキシン・ホットスポットの除染と周辺のコミュニティにおける健康プログラムのために、2007年議会で割り当てられた300万ドルのうち最初の100万ドルの投入を通告。資金は、ダナン市で選ばれた地区の障がい児に対するさまざまな直接的なサービスのため、3つのアメリカのNGO（イーストミーツウェスト財団、セーブ・ザ・チルドレンおよびベトナム障がい者支援協会）に提供されるとした。

2009年2月24〜25日

33委員会とUNDPが、環境ダイオキシン除去に関わる主要な関係者を集めた最初のワークショップを主催。33委員会、国防省、アメリカ国務省、EPAならびにチェコの関係者が一堂に会した。参加者は、さまざまな資金源から提供された主要なダイオキシン・ホットスポット——ダナン（フォード財団）、フーカットおよびビエンホア（UNDP）——に関するデータを共有し、これら3か所すべての除去戦略に

ついて結論を得た。

2009 年 3 月

オバマ大統領が、「ダイオキシンで汚染された場所の環境修復と、これに関連する健康プログラムを継続させるため」にベトナムへの支援として 300 万ドルを含む歳出予算案に署名。

2009 年 3 月

アメリカ最高裁判所が、エージェントオレンジおよび同様の除草剤を製造した企業に対するベトナム人の上告を棄却。

2009 年 5 月

EPA とベトナム科学技術院が、ダナン空港におけるダイオキシンの生物学的環境修復の試験的プロジェクトを開始。

2009 年 5 月 18 日

ベトナム天然資源環境省が 675 万ドルを投じて省内にダイオキシン研究室を設立。アトランティック・フィランソロピーズおよびビル&メリンダ・ゲイツ財団がプロジェクトへの資金支援として 530 万ドルを供与し、ベトナム政府が残りを供与。

2009 年 6 月 4 日

アメリカ下院アジア太平洋・地球環境小委員会のエニ・ファレオマバエガ委員長が、ベトナムのエージェントオレンジ／ダイオキシンに関する 2 回目の公聴会を開催。アメリカ・ベトナム対話グループのメンバーと同様に、東アジア太平洋地域担当国務副次官補スコット・マルシエルが証言。

2010 年 6 月 17 日

ベトナム国会が、エージェントオレンジ被害者を含む障がい者の権利を定めた障がい者法を承認（No.51/2010/QH 12）。

2010 年 6 月 28 日

ベトナムのファム・コイ・グエン天然資源相と UNDP のジョン・ヘンドラ駐在コーディネーターが、7500㎡のダイオキシン汚染土壌を、フーカット空港から遠隔地にある受動埋立地に埋めて浄化する、497 万 7000 ドルの地球環境ファシリティの計画に関する合意書に署名。また、ビエンホア空軍基地におけるダイオキシンの状況の評価、ダイオキシンのさらなる拡散防止のための隔離、代替浄化技術の比較、ダイオキシンに関する過去の研究をまとめて発表し、科学会議を開催するための資金も割り当てられた。

2010年7月6日
トム・ハーキン、バーニー・サンダース両アメリカ上院議員が、チャールズ・ベイリーとともに、ダナン空港とリハビリテーション病院を訪問。これは、エージェントオレンジの環境と人体への影響について、国会で投票権を持つ議員が現地で調査する初めての機会となった。

2010年7月22日
ハノイでの記者会見でヒラリー・クリントン国務長官が、「首相と私は、エージェントオレンジと、それが人々にもたらした影響について、ベトナムとアメリカ双方が抱いている懸念について話し合いました。私は首相に、私たちの協力を増強し、さらに大きな進歩を遂げるためにともに努力したいと話しました」と述べた。

2010年9月
パトリック・リーヒー上院議員が、エージェントオレンジに関する声明を議会記録に掲載し、「ベトナムが、被害を受けた人々の要望に応えることを重要視していることは、言い過ぎではないでしょう」と述懐。

2010年9月
サンフランシスコのKPIXチャンネル5でニュースキャスターを務めるトゥイ・ヴーが、CBS News（http://www.youtube.com/watch?v=kkbnFfldsOc）で、ベトナムのエージェントオレンジについてレポート。彼女のレポートは数々のジャーナリズム賞を受賞した。

2010年9月28日
マイケル・W・マリーン大使が、グエン・フイ・ヒエウ国防副大臣宛てに、2011〜2013年のダナンにおけるダイオキシン浄化の計画案を書簡で送付。

2010年10月
ヒラリー・クリントン国務長官がハノイに戻り、3大ダイオキシン・ホットスポットの1つであるダナン空港のダイオキシン汚染土壌の完全浄化をアメリカが支援する、と発表。

2011年1月30日
ピューリッツァー賞受賞者のコニー・シュルツとニック・ウット*訳注が、オハイオ州クリーブランドの主要紙「プレイン・ディーラー」紙 (http://bit.ly/fP59JT) にエージェントオレンジに関する8ページの特別レポートを発表。

---

* シュルツは2005年に論説部門で、ウットは1973年にニュース速報写真部門で、それぞれピューリッツァー賞を受賞している。

2011 年 3 月

アメリカの社会的弱者の権利を擁護する NGO コモンコーズ代表のボブ・エドガーが、視察団を率いてベトナムを訪問。視察団には、公共政策、公衆衛生、環境、障がい者運動、宗教の各分野で著名なアメリカ人が含まれていた。

2011 年 4 月 14 日

アメリカ議会が、ベトナムでのエージェントオレンジ対策を継続するため、新たに1850 万ドルの予算を計上。このうち、1550 万ドルはダナンのダイオキシン・ホットスポットの除染費用に充当し、300 万ドルは関連する健康活動に留保された。

2011 年 8 月

アスペン研究所、ダナン市政府、カムレー区政府、NGO ベトナムの子どもたち、ロックフェラー財団が、ダナンにおいて官民パートナーシップ（PPP）を設立。この PPP は障がいのある子どもと若年成人のための社会サービスの地区レベルでの改革を継続するもので、PPP をベトナムの障がい者プログラムの資金調達に初めて適用したものである。

2011 年 8 月 29 日

ベトナム科学技術大臣が、エージェントオレンジ／ダイオキシンの影響を克服するための研究プログラムの目的、内容及び期待される成果を承認（決定 No.2631/QD-BKHCN）。

2011 年 10 月 19 日

ベトナム科学技術大臣が、レ・ケ・ソン博士を、エージェントオレンジ／ダイオキシンに関する 13 の新国家研究プロジェクトを監督する管理委員会委員長に任命（決定 No.3242/QD）。

2011 年 10 月 28 ～ 29 日

カリフォルニア大学バークレー校の学生 160 人、ベトナム系アメリカ人、アメリカ・ベトナム対話グループのメンバー、ロータリークラブの会員が、「エージェントオレンジとベトナム戦争の遺産への取り組み」に関するロータリークラブ平和会議に参加。

2011 年 12 月 22 日

オバマ大統領が、ベトナムのエージェントオレンジ対策のために 2000 万ドルを割り当てる 2012 年包括予算割当法案に署名。このうち 1500 万ドルで、ダナン空港のダイオキシン・ホットスポットの完全修復のための資金調達を完了させ、さらにビエンホアおよびその他のホットスポットの修復に着手する予定とした。残りの 500

万ドルは、ベトナムでエージェントオレンジの標的となった地域、あるいはダイオキシンに汚染されたままの地域の健康・障がい者プログラムに充当されることになった。

2011 年 12 月 30 日

USAID が、障がい者に対する 3 年間のサービスプログラム（年間 300 万ドル、総額 900 万ドル）の試みへの援助要請を発表。資金の 70％はダナンのプログラムに使われ、30％は障がい者へのサービスに直接使われることとした。

2012 年 6 月 1 日

ベトナム首相が、エージェントオレンジの遺産に取り組む各省庁の指針となる「ベトナム戦争でアメリカが使用した有害化学物質の基本的影響を克服するための 2015 年までの国家行動計画および 2020 年ビジョン」を承認（決定 No.651/QD-TTg）。

2012 年 6 月 27 日

USAID ベトナム所長フランク・ドノバンが、USAID はビエンホア空港のダイオキシン汚染の環境調査を行う旨、計画投資省海外経済関係局副局長グエン・ズアン・ティエンに書簡を送付。

2012 年 7 月

対話グループならびに国際ロータリーが、トゥアンティエンフエ省アールオイ県ドンソン村で資金提供をした水道システムの開通式を実施。システムは濾過水を 259 世帯にもたらすもので、戦争中にエージェントオレンジが使われた旧アメリカ軍基地のそばに延びている。

2012 年 7 月 16 日

ベトナム国会が、革命に貢献した人々への支援、特に有毒化学物質の被害者への支援に関する条例のうち、いくつかの条項を改正 (条例 No.26/2005/PL-UBTVQH 11 および 条例 No.35/2007/PL-11)。

2012 年 8 月 9 日

アメリカとベトナムの両政府が、ダナン空港のダイオキシン汚染土壌 7 万 3000㎥を浄化する工期予定の 4 年間で 4300 万ドルのプロジェクトを着工。この着工は、アメリカ人とベトナム人にとって大きな喜びであり、ベトナムとアメリカの関係では画期的な出来事となった。

2012 年 10 月

USAID がダナン、ビエンホア、フーカットで 3 年間、900 万ドルの障がい者支援プロジェクトを開始。

2013 年 1 月

ダナン空港のダイオキシン除去にかかる費用は、作業が進むにつれて明らかになり、見積額は 4300 万ドルから 8400 万ドルに増加。

2013 年 3 月

アメリカ議会のスタッフ一行がビエンホア空軍基地を訪問し、ホーチミン市の平和村で対話グループメンバーのグエン・ティ・ゴック・フオン（教授・医師）と会談し、ベトナム・エージェントオレンジ被害者協会と協議を行い、ベトナム中部の他の被害地域を訪問。

2013 年 4 月 26 日

ベトナム首相が、孤児、見捨てられた子ども、HIV/AIDS の子ども、有毒化学物質の被害者の子ども、重度の障がいを持つ子ども、2013 ～ 2020 年の間に災害の影響を受けた子どもの世話をするプロジェクトを承認（決定 No.647/QD-TTg）。

2013 年 5 月

ユニセフが、「世界の子どもたちの現状に関する報告書 2013」で障がいのある子どもたちを特集。ユニセフのアンソニー・レイク事務局長とベトナムのグエン・ティ・ゾアン国家副主席がダナンで報告書を発表。

2013 年 7 月 15 日

アメリカ・ベトナム対話グループの呼びかけ人であるスーザン・V・ベレスフォードが、チュオン・タン・サン国家主席のワシントン訪問前夜に、アメリカ国務長官ジョン・F・ケリー宛てに書簡を送付。ベレスフォードは、紛争や貧困、限られた医療サービスなどに起因するベトナムの障がい者問題の包括的な取り組みを推進するよう要請。ケリー長官は、「アメリカは、原因のいかんを問わず、ベトナム政府が障がいのあるベトナム人のために、包括的で統合されたサービスの持続可能なシステムを構築するための支援を約束します」と答えた。

2013 年 7 月 25 日

バラク・オバマ大統領とチュオン・タン・サン国家主席がホワイトハウスで会談し、関係を前進させるための枠組みとしてアメリカ・ベトナム包括的パートナーシップを形成することにより、2 国間関係の新たな段階を開くことに合意。会談後の共同声明でオバマ大統領は、「アメリカは、原因のいかんを問わず、障がい者の医療およびその他のケアと支援をさらに提供することを約束します」と再確認。

2014 年 11 月 13 日

ミャンマーで開催された第 25 回 ASEAN 首脳会議で、グエン・タン・ズン首相とバ

ラク・オバマ大統領が会談。オバマ大統領は、ダイオキシンの浄化についてアメリカがベトナムを継続的に支援することを確認。

2014 年 12 月 12 日

パトリック・リーヒー上院議員が、ダナン空港の環境修復や障がいを持つベトナム人のためのアメリカの支援について、チュオン・タン・サン国家主席に書簡を送り、ベトナムの人権について継続的に懸念していることを伝えた。

2015 年 6 月 23 日

ワシントン DC の戦略国際問題研究所で、パトリック・リーヒー上院議員が「ベトナムのエージェントオレンジへの対応」について講演し、その後ティム・リーザー、レ・ケ・ソン、マイケル・マーティン、チャールズ・ベイリーとのパネルディスカッションに臨んだ。

2015 年 12 月 18 日

アメリカ議会が 2016 年連結歳出法を可決。「資金は――ベトナムにおけるダイオキシン汚染地の浄化のために利用できるものとし、そのために軍を含むベトナム政府が利用できるものとする」と規定された。さらに「資金は――エージェントオレンジが撒布され、その他ダイオキシンに汚染された地域における健康・障がいプログラムのために利用可能とし、重度の上半身または下半身の運動機能障がいおよび／または認知機能あるいは発達障がいを持つ個人を支援する」となった。

2016 年 2 月 29 日

コートニー・マーシュ監督の映画『チャウ、ビヨンド・ザ・ラインズ』が、アカデミー賞短編ドキュメンタリー部門の最終候補にノミネートされた。この映画は、エージェントオレンジの影響で形成不全児として生まれたレ・ミン・チャウが、芸術家として成功するまでの奮闘を描いた作品。テッド・オシアスアメリカ大使が、ハノイとホーチミンのアメリカセンターで同作品を上映。

2016 年 5 月 24 日

バラク・オバマ大統領がベトナムを訪問し、ハノイでの演説で「私たちは子どもを含む障がいを持つベトナム人の支援を続ける一方で、エージェントオレンジ／ダイオキシの除去を続けます」と宣言。

2017 年 5 月 31 日

ドナルド・J・トランプ大統領とグエン・スアン・フック首相が会談し、人道的協力と戦争遺産における共同作業を拡大するための方策について議論。

訳者あとがき

　本書は、Le Ke Son & Charles R.Bailey, FROM ENEMIES TO PARTNERS-Vietnam, the U.S.and Agent Orange, G.Anton, 2017 の全訳である。

　翻訳書の原書は英語版だが、英語版出版の 8 か月後にはベトナム語版も出版された。日本語版の出版によって、英語圏・ベトナム・日本のトライアングルで形成される連帯が可能となっていく。さらに、本書は、自然科学と社会科学とを統合した俯瞰的かつ包括的な専門書であり、きわめて精緻で科学的な分析も行っている。しかも著者たちは、この分野において学術研究にとどまらず、テクノクラートあるいは NGO ワーカーとしても、長年実践的な活動——支援活動や政治的な交渉——にも携わってきた。それだけに本書の主張はきわめて説得力がある。多くの読者にとって必読書になる要素が散りばめられており、ベトナムの枯れ葉剤の情報でこれほどまとまった著書は類をみない。

　本書附録 4 の「エージェントオレンジの 55 年」を読み終えると、ベトナムへのアメリカの歩み寄りが分かってくる。これはベトナム戦争後から両国の国交回復までの、ベトナム社会主義共和国（以下ベトナム）の苦渋の 20 数年があったことを振り返るともっと理解しやすい。いわば、その 20 年はベトナムが苦悶しながら変わっていく歴史でもあった。その後の 20 年近くは、アメリカが歩み寄りをしていく時期で、その変遷が見事に描かれている。その詳述に、私は惹かれた。過去 40 数年の間では、ベトナムもアメリカも変わった。ただし、アメリカの政府は大きな変化を見せていないが、議会が大きく変わっていった。そこでまず初めに、アメリカ・ベトナム関係の前半の 20 年について、ごく簡略に触れておきたい。

　ベトナムは戦争終結後からアメリカに働きかけ、1976年11月からパリで関係正常化の予備会談が開催された。しかし、両国の主張する条件が違いすぎ、話し合いは行き詰まった。ベトナム側は復興援助を正常化の前提条件として譲らず、アメリカ側は行方不明のアメリカ兵（MIA）に関する情報提供をしない限り援助は実施しないと主張していたのである。

　カーター政権は、1976年6月に成立したベトナム社会主義共和国の国連加盟を支持した結果、それまでに3度国連総会で阻止されていた国連加盟が1977年9月の国連総会で承認された[1]参考文献。

　ベトナムは同年、アメリカとの関係正常化を進めるためにMIA問題と復興援助問題とを切り離してパリの代表者会談に臨んだが、物別れに終わった。

　ベトナム共産党は、1978年にアメリカとの秘密会談で無条件の国交正常化に同意したものの、アメリカは、1979年1月に、先に中国との国交樹立をしてしまった。しかも、同年12月にベトナムは民主カンボジアに軍事侵攻し、ポル・ポト政権を打倒した。この侵攻が地域の安定を揺るがすものとして、ベトナムは国際批判を受けた。カンボジア問題が障害となり、アメリカ・ベトナムの国交正常化交渉は先が見えなくなった。さらに、アメリカ議会は、カンボジア軍事侵攻発生後の1979年にベトナムへの経済制裁措置を含む外国援助法案の修正案を可決した。

　1978年秋から1991年末にかけて、アメリカは、ベトナムのカンボジア占領とMIAの「完全な説明」を理由に、ベトナムとの正式な国交正常化交渉を拒否している。しかし、この間も両国関係は完全に凍結されたわけではなかった。アメリカとベトナムは、多国間および2国間のフォーラムで、MIAの説明と、東南アジアで進行中の難民危機について協議した。直線的なプロセスではないにせよ、こうした話し合いはアメリカとベトナムとの正常化のための人的、制度的基盤の構築に貢献し

たと言える[2]。

　クリントン新政権が、MIA 問題などでベトナム側と実務的な協議を進めたのは、それから 14 年後であった。そして、アメリカ上院は 1994年 1 月に対ベトナム経済制裁の即時全面解除を求める国務省案を可決し、2 月 3 日にはクリントン大統領は、ベトナム戦争で北ベトナム軍が南ベトナムのサイゴンを占領した 1975 年以来実施されてきた経済制裁の全面解除を発表した[3]。

　戦争終結から 20 年目の 1995 年 7 月 12 日、アメリカとベトナム両国は正式に国交を回復し、ベトナム戦争以来の敵対関係に終止符を打った。私は、ちょうどハノイ在勤中で、大きな出来事にハノイ市民は喜びを爆発させていた。

　ベトナムは自らの主張を取り下げたり、アメリカの要求に応じたりしながら、長い時間をかけてアメリカとの国交正常化を達成したわけだが、枯れ葉剤問題でアメリカと呼吸が合い始めるのは、2006 年に入ってからになる。

　原著者 2 人は、2006 年の初対面から 8 年以上にわたり協力し合い、「エージェントオレンジ問題突破大作戦」を推進し、成功への道を切り開いた開拓者であり旗手である。2 人は奇遇にも 2014 年 6 月、同時に定年退職したが、20 世紀を象徴する環境破壊（エコサイド）と人災というベトナム戦争の負の遺産を克服しようと苦闘してきた歩みを書くために再び力を合わせることになった。「ソン」「ベイリー」コンビが、過去 20 年間に蓄積されたエージェントオレンジとその遺産に関する膨大な研究と豊富な実体験をもとに執筆したのが、本書である。著者たちは、「1 年半で書けると思ったが、3 年もかかってしまった」と言う。濃密な内容はそれを十分に裏付けている。ソン氏は、その知識、人柄と信頼で、ベトナムにおけるエージェントオレンジ／ダイオキシン問題の徹底的な検証を行なった。ベイリー氏は、長年にわたってエージェントオレンジ

／ダイオキシン問題に関わり、フォード財団を舞台にリーヒー上院議員らアメリカ側のキーパーソンを推進力と熱力にして、難問を処理してきた。

　2010年、「アメリカ・ベトナム対話グループ」(2007年2月設立)は両国の10年計画を提案し、エージェントオレンジに対する人道的な取り組みを大きく前進させることを呼びかけた。計画の目標は、残る27カ所のホットスポットをすべて浄化し、傷ついた生態系を回復させることと、障がい者へのサービスを拡充することだった。自然は、人間が一方的に支配する対象では絶対にない。「自然と人間は一体不二」という対話グループの考えである。

　この時に、ベイリー氏はこう言い放ったという。「対話グループの『ユニークな貢献』は、ダイオキシンが人体に害を及ぼすかどうかをめぐる果てしない論争を超越することである。グループのメンバーは、障がい者の今日の実際の人道的ニーズに応えるべきであり、(障がいの)原因について議論するのはやめるべきだという点で一致している」と。苦しんでいる人を目の前にして、この人は、どこが悪いのかと議論することほど愚かなことはない。まず助けることが人道なのである。

　時を経て、アメリカ政府もこの立場に近づいてきた。この変化には、ベイリー氏たちの「対話グループ」が大きな役目を果たしている。彼は、エージェントオレンジの後遺症について「不毛の地から共通の大地へ」「死地からベトナム人とアメリカ人を巻き込んだ現実的な行動へ」というゆるぎなき目標を掲げている人だ。

　エージェントオレンジ／ダイオキシンの被害者への援助の拡大を実現したことについては、これ以上の喜びはない。ベトナムには、「王様の法律も垣根まで」という有名な諺がある。地方自治が強いということを表した諺だ。しかし、政府が自治体と話し合って、支援する側にもバリアフリーの状態が生まれることを期待したい。フォード財団のような大

きな組織が障がい者を支援すれば、障がい者の包摂は社会の重要なテーマとなり、ベトナム社会も変わってくる。「ソン」「ベイリー」コンビが、周りの有能な人材を生かしながら、知の空間を広げてきたからこそ、障がい者への支援拡大への突破口を開くことができたのであり、偉業と言える。

　ベイリー氏の心を動かした人がいる。ベトナム赤十字の元総裁で医学博士のグエン・チョン・ニャン氏（氏は、ベトナム赤十字でソン氏の大先輩である。元VAVA副会長、ベトナム共和国時代の保健相）である。ベイリー氏は、「"障がいや病気と共存することの意味"と、障がい者とその家族が"逃げ場のない重荷"を背負っていることを教わりました。ニャン氏の不屈の精神に敬服し、人間として、アメリカ人としてエージェントオレンジの問題に挑戦しなければならないと思いました」と語っている。

　ちなみに、グエン・チョン・ニャン博士は、1950年に旧北ベトナム人民軍に入隊後、1953年から1960年まで、旧ソ連時代モスクワのセチェノフ医科大学で医学を学んだ。1964年に旧ソ連のオデッサ（現ウクライナ）にあるフィラトフ研究所で博士号を取得。専門は眼科である。ベトナム赤十字総裁、ベトナム枯れ葉剤被害者基金会長、ハノイ中央眼科病院の院長を歴任された。同基金の初代事務局長はエージェントオレンジ被害の初期の重要な調査研究を主導されたレ・カオダイ教授であり、次の事務局長をレ・ケ・ソン博士が引き継がれたが、枯れ葉剤被害の調査と支援の系譜の中心におられた方々である。そしてニャン博士は、私がベトナムにおける枯れ葉剤被害者支援活動のために起ち上げた「愛のベトナム支援隊」の最大の理解者の一人であった。ロシア軍のウクライナ侵攻を、博士はどう語られるだろうか。2017年にお亡くなりになった。ご冥福を祈りたい。

　言葉の力とは、心の力であり、知の力であり、慈悲の力である。2人

が、エージェントオレンジとダイオキシンの状況・問題点をこれほどまでに徹底的に調査・研究して纏めたことは、神業であると言うしかない。本書では、行動と変化の必要性を感じ取り、アメリカが歩み寄って「問題を終結させる」ために、何が必要かを正確に理解できるように書かれている。さらに、著者がこれらの問題に立ち向かう時に、単に批判や不満を述べあったりするのではなく、建設的で成熟した姿勢で向き合っていることが、読者を前向きな気持ちにさせてくれる。高邁な理想を掲げたり、鋭い呵責を繰り広げても、被害者や弱者に寄り添う行動がなければ空理空論になってしまう。交渉の過程では、欲望の追求より志の達成が大事であることを思い知らせてくれる。意識を変革すれば、「自他ともに喜びあえる」文化の波動を、広げてゆけるものなのだと確信させてくれた。

　私は、1989 年から始めたベトナムの戦争被害者支援に加えて、2001 年からは、枯れ葉剤被害者に関する拙著『アメリカの化学戦争犯罪――ベトナム戦争枯れ葉剤被害者の証言』（梨の木舎、2005 年 8 月 10 日刊）を執筆するために、ベトナム通いを始めた。

　しかし、ベトナムで枯れ葉剤調査をする中で、私は 10-80 委員会のある委員長には冷遇されていた。私の医療通訳をお願いしていたラン・フオンさんが、「北村さんが冷たくされる理由がわかりません」と言って、陰で代わりの適任者を探してくれていた。枯れ葉剤被害者の支援と調査にあたり、的確な情報を提供してくれる協力者を探していたときだったので、「赤十字社のソンさんに会ってみませんか」と言われたときには、ぜひお会いしたいと思い、ベトナム赤十字社に出向いた。狭いオフィスで 1 時間以上、枯れ葉剤の話を多岐にわたって聞かせていただいた。2003 年 3 月のことであった。これが、レ・ケ・ソン博士との初めての出会いであった。この時、ソン氏とは、長いお付き合いになるのではないかと予感がした。その後、ベトナム訪問のたびにお会いするのがルー

ティンになった。

　それから何年後だったか、ソン氏は赤十字社から天然資源環境省に転勤された。ベトナムでダイオキシン問題を扱う主務官庁である。ダイオキシンの除去を主務とする33委員会が誕生したのは1999年3月であるが、ソン氏が委員会事務局長に就かれた。ソン氏は、その役職に最もふさわしい人物であると、私はかねがね思っていたので、うれしさもひとしおだった。

　ソン氏が所属する33委員会発行の機関紙「毒学」は、「毒学」の博士号を持つソンさんらしいタイトルの機関紙である。直球・ストライク！という感じのタイトルである。私も、寄稿の依頼をいただいたことがあった。

　ソン氏が33委員会の事務局長をしていた時期には、常に若いスタッフがいたが、普段から若い人をとても大事にしていた。われわれの翻訳チームの一人、野崎明氏が大学に勤務していたころ、学生を連れてフィールドワークを行うために何度かベトナムを訪れる機会があった。その折に、学生たちのためにソンさんに講義の依頼をすると、2つ返事で講師を引き受けてくれて、日曜日にもかかわらず午前中2時間余りを割いて、パワーポイントを使いながら学生にとても熱心に講義してくださった。

　私は、もう1人の著者であるベイリー氏には、まだお目にかかったことはないが、メールの交換を通じて、誠実さと正義感を備えた素晴らしい人柄だと強く感じている。ベトナム語も会議を進められるほど流暢だと伺った。今年の1月にアスペン研究所主催の国際フォーラムをオンラインで拝見した。ご自宅のベイリー氏の背後にあるテーブルに、本書の英語版とベトナム語版と思える2冊が飾られているのを発見した。そこに3冊目として日本語版を飾っていただこうと改めて心に誓ったものだ。

　ベイリー氏は、スワースモア大学で学士号を取得後、プリンストン大

学ウッドローウィルソンスクールで公共政策の修士号を、コーネル大学で農業経済学の博士号をそれぞれ取得された。大学の学部を卒業後、ネパールの平和部隊に参加し、高校で教鞭をとった経験がある。

　ベイリー氏は、フォード財団ベトナム代表として10年以上にわたる活動が認められ、2011年10月にベトナム政府から外国人に対して与えられる最高の栄誉である「ベトナム友好メダル」が贈られた。ベトナム国家主席の顕彰の文言には、こう綴られている。「ベトナム社会主義共和国と国際機関との友好協力関係の強化に貢献し、ベトナムの教育、訓練、人道分野における協力に多くの貢献をした、アメリカ国籍でフォード財団のエージェントオレンジ／ダイオキシンのプログラムディレクター、チャールズ・R・ベイリー博士に贈る」と。

　1998年以来、ベイリー氏がベトナム戦争の負の遺産を解決しようと執念深く続けてきた氏のバックボーン、それは、「自分にできることは何か」を問い続ける「使命感」であり、「ベトナム人の苦しみを軽くしなければ」という「正義感」であり、そして確固たる信念に基づいてそれを実行できるという「行動力」である。

　本書の翻訳は、5名の共同翻訳チームによって行われた。私たちにはチーム名はない。弦楽五重奏をイメージして優雅な雰囲気で翻訳を始めたが、最初からフォルテッシモになり体力との勝負になったのは、私だけかもしれない。あえて言うなら、翻訳は、日露戦争中の1905年5月23日、宮古島近海に現れたロシアのバルチック艦隊現る、の緊急報を、久松の若い漁師たちが石垣島まで船を漕いで伝えたのに因んで、「アメリカ・ベトナム和解の報を伝える訳者・5勇士」の気概で日本語訳に挑戦してきた。力不足はある。誤訳や間違いがあれば、ご教示願いたい。

　地名は、ベトナム語の標準語とされるハノイ方言とした。人名は、1語ずつの間に「・」を挿入した。

　最後に、この本が世に出ることができたのは、2021年11月にクラウドファンディングを立ち上げた結果、出版の趣旨に共感してくださった111人の温かい真心と志による寄金のおかげだった。本年1月21日の締め切りは目標を達成してのゴールインであった。出版を待ち焦がれてくださっている方々に、深い感謝の気持ちを送らせていただくことは、本当に私たちの喜びである。深謝したい。

　原著者お2人にも、感謝が尽きない。種々の問い合わせ、土木工事の専門用語の説明など、懇切丁寧に、また迅速に答えていただき、お2人の心の大きさを感じた。

　アメリカのイリノイ州シカゴにあるG・アントン出版社のヴィヴィアン・クレイグ社長には、私たちのリクエストをすべて受け入れてくださった。アメリカ人の広い寛容の心を強く感じた。

　そして、終始、笑顔で的確な指示をくださった梨の木舎の羽田ゆみ子CEO、難解な訳文に磨きをかけてくださった長谷川健樹編集員には深甚よりお礼を申し上げたい。

　2022年5月3日　訳者を代表して　　　北村　元

【参考・引用文献】
1. https://www.nytimes.com/1977/09/21/archives/ vietnam-is-admitted-to-the-un-as-32d-general-assembly-opens.html（2022年3月7日アクセス）
2. https://oxfordre.com/americanhistory/americanhistory/view/ 10.1093/acrefore/9780199329175.001.0001/ acrefore-9780199329175-e-612（2022年3月7日アクセス）
3. https://ne-np.facebook.com/newspintwentyfour/posts/president-bill-clinton-lifts-a-19-y-ear-old-trade-embargo-of-the-republic-of-viet/306771508145291/（2022年3月7日アクセス）

【著者紹介】

レ・ケ・ソン（Le Ke Son）

1954 年ベトナム生まれ。陸軍医科大学卒業後、医学博士号（毒学）を取得。2004
年から 2014 年まで、天然資源環境省 33 委員会事務局長として戦争遺産処理の一番
大事な時に、ダイオキシン汚染対策や被害者救援対策などに奔走。環境保護の国家
管理に努め、国と人民に奉仕した。主な著作：『ベトナムのホットエリアにおける
ダイオキシン汚染』（ベトナム語）など多数。

チャールズ・R・ベイリー（Charles R. Bailey）

1945 年生まれ。プリンストン大学卒業後、コーネル大学で博士号取得（農業経済学）。
その後フォード財団駐在員として、バングラデシュ、インド、ネパール、スリラン
カで活躍。特にベトナムではレ・ケ・ソン氏とタッグを組んで、ダイオキシン除染
の実現とエージェントオレンジに起因する枯れ葉剤障がい者支援に奔走。専門分野
は公共政策。主な論文："Delivering Services to People with Disabilities Associated with
Exposure to Dioxin in Vietnam," June 2, 2014, The Aspen Institute など。最近のエッセー：
https://www.aspeninstitute.org/programs/-agent-orange-in-vietnam-program/。ウェビナー
2022 年 4 月 25 日：https://www.stimson.org/project/war-legacies-working-group/。

【訳者紹介】

北村　元（きたむら　はじめ）

大阪市出身。日本大学卒業。テレビ朝日にアナウンサーとして入社後、報道局へ異
動。バンコク、ハノイ、シドニーの各支局長を務める。1989 年にベトナムのエー
ジェントオレンジ被害者支援を開始。1999 年、「戦争後遺症による障害児支援」で、
ハノイ市より表彰。単著：『アメリカの化学戦争犯罪』（梨の木舎、2005 年）など。
［著者紹介〜 2 章担当］

野崎　明（のざき　あきら）

青森県出身。東北大学大学院経済学研究科博士課程中退。東北学院大学名誉教授。
専攻は開発経済学。単著：「ベトナムの枯れ葉剤被害の現状と今日的課題」、東北学

院大学社会福祉研究所編『福祉社会論―人間の共生を考える（パート2)』、同大学同研究所研究叢書第9巻、2013年。編著：『格差社会論』（同文館、2016年）など。[3章〜7章担当]

生田目　学文（なまため　のりふみ）

宮城県出身。デンバー大学ジョセフ・コーベル国際学大学院博士課程修了（国際政治学博士）。東北福祉大学総合マネジメント学部教授。専攻は国際安全保障・人間の安全保障。主要著作は『危機の時代と「知」の挑戦（下）』（共著、論創社、2018年）など。訳書はP・V・ネス、M・ガートフ編『フクシマの教訓』（論創社、2019年）など。[8章〜10章担当]

石野　莞司（いしの　かんじ）

北海道出身。東北大学大学院理学研究科博士後期課程修了（理学博士）。東北福祉大学総合マネジメント学部教授。現在の専攻は国際協力。2016年より障がい者支援を行うNPOの理事長を務める。単著：「国際協力の潮目を測る － MDGsからSDGsへ」、東北福祉大学研究紀要第46巻、pp137-147、2022年。[終章〜附録4・著者注釈担当]

桑原　真弓（くわはら　まゆみ）

宮城県出身。山形大学理学研究科修士課程修了（理学修士）。東北福祉大学総合マネジメント学部教授。専攻は有機化学、ジェンダー平等。最近の研究成果："Case Studies on Actual Living Conditions of Agent Orange Victims and Families in Thanh Hoa Province- Gender-Related Issues and Recommendations Based on Interviews-", International Seminar on "Diseases Associated with Exposure to Agent Orange - Status and Solutions to Increase the Effectiveness of Prevention and of the treatment of these diseases", Vietnam Association for Victims of Agent Orange/Dioxin, Hanoi, December 20, 2021 など。[図表作成・化学的記述校閲・全訳監修担当]

■教科書に書かれなかった戦争　Part 74

敵対から協力へ──ベトナム戦争と枯れ葉剤被害

2022 年 8 月 10 日初版

著　者：レ・ケ・ソン　チャールズ・R・ベイリー

訳　者：北村元・野崎明・生田目学文・石野莞司・桑原真弓

装　丁：宮部浩司

発行者：羽田ゆみ子

発行所：梨の木舎

　　　　〒101-0061 東京都千代田区神田三崎町2-2-12 エコービル 1階
　　　　TEL.　03(6256)9517　FAX.　03(6256)9518
　　　　E メール　info@nashinoki-sha.com
　　　　　　　　http://nashinoki-sha.com

DTP：具羅夢

印　刷：㈱厚徳社

原著書の書評

「このテーマについて語るのに、この2人以上にふさわしい人物はいません。チャールズ・ベイリー博士とレ・ケ・ソン博士です。彼らの仕事は、人々の生活をより良いものに変えてきました。そのためには、忍耐と辛抱そして協力が必要でした。私たちは、彼らの例から多くのことを学ぶことができます。」

　　　クリスティン・トッド・ホイットマン
　　　元ニュージャージー州知事、アメリカ合衆国環境保護庁長官

「戦争の衝撃と悲劇は、銃声が消えたからといって終わるものではありません。戦争終結から40年以上経った今でも、エージェントオレンジ／ダイオキシンはベトナムの環境と人体に深刻な悪影響を及ぼし続けています。アメリカとベトナムの良心的な市民たちが、エージェントオレンジとダイオキシンに関するアメリカ・ベトナム対話グループに参加し、この負の遺産に取り組み、戦争を真に過去のものとすることを目指しています。それは、ベトナムのために、ベトナムのエージェントオレンジ／ダイオキシンの被害者のために、そして、両国の本格的で成熟した関係のためにも、正しいことです。この説得力のある物語を語り継がなくてはなりません。この物語を語れるのは、これまでの活動の中心人物であるチャールズ・ベイリー博士とレ・ケ・ソン博士の2人しかいません。」

　　　トン・ヌ・ティ・ニン大使
　　　元ベトナム国会外交委員会副委員長

「後始末というものは、人間が避けて通ろうとするものです。特にエージェントオレンジのような毒物が壊滅的な被害をもたらした場合においては。チャールズ・ベイリー博士とレ・ケ・ソン博士は、政策立案者たちにこの課題に取り組ませるという仕事を引き受けました。本書は、こ

の課題とまだやり残している課題に政府の目を向けさせるために、彼らが遭遇したすべての問題について書かれた力強い本です。戦争では、どちらの側にも英雄と呼ばれる兵士がいるものですが、チャールズ・ベイリーとレ・ケ・ソンもまた不屈の英雄なのです。」

　　　　パット・シュローダー
　　元コロラド州議会議員

「本書は、ベトナム戦争で使用されたエージェントオレンジについて、率直かつ見事に解明している探求の書です。チャールズ・ベイリー博士とレ・ケ・ソン博士は、この毒物の起源、ベトナムの生態系への影響、そして今もなお曝露の影響を受け続けているコミュニティを支援するために、ベトナムとアメリカが構築しなければならない関係について、詳細かつ衝撃的に描いています。エージェントオレンジの複雑な負の遺産を理解し、両国がどのように対処していくかに関心をもつ人々にとって必読の書です。」

　　　　ダレン・ウォーカー
　　フォード財団理事長

「本書は、エージェントオレンジ、ダイオキシン、そしてアメリカのベトナム戦争の負の遺産をめぐる対話を進展させるために、まさに必要とされている本です。数十年以上にわたりこの複雑な問題に関する論争や間違った情報そして不信を乗り越えて、過去を認めつつ未来を見すえる道を示しています。ベイリー氏とソン氏は、このテーマにつきものの、レトリックやセンセーショナリズムを超えて、さまざまな重要な課題について思慮深く、合理的で学識ある手引き書を提供しているのです。本書は、指導者、政策立案者、そして戦争とその負の遺産を学ぶすべての人々に読まれるべきものです。」

　　　　エドウィン・A・マーティニ博士
　　『エージェントオレンジ：歴史、科学そして不確実性の政治学』の著者

梨の木舎の本

教科書に書かれなかった戦争 PART47

アメリカの化学戦争犯罪
──ベトナム戦争枯れ葉剤被害者の証言

北村　元:著

ISBN4-8166-0502-9
C0030 Y3500E

1961年8月10日、アメリカ軍は枯れ葉作戦を開始、14年にわたって散布された枯れ葉剤の総量は8000万ℓ。10億分の1gで染色体を傷つけるといわれる史上最強の猛毒ダイオキシンが366kg含まれていた。75年ベトナム戦争は終了したが、その30年後(本書刊行の年)も被害は続く。多くの人ががんで亡くなり、多くの子どもたちがさまざまな疾病や先天性障害をもって生まれた。著者は元兵士、看護師、医者、弁護士などへインタビューにより、生活の苦しみと生きる困難を伝え、類を見ない長期にわたる大量の枯れ葉剤散布、アメリカの化学戦争犯罪とは何だったかを追う。本書はベトナム市民がアメリカの化学企業37社を訴えた2004年の翌年の刊行。

目次:1章 提訴──2004年1月30日／ 2章 七色の霧を浴びて／
　　　3章 医療現場からの証言／ 4章 アメリカの化学戦争犯罪